中华学人丛书

钦定、协定与民定

清季制宪研究

◎ 彭 剑 著

北京师范大学出版集团
BEIJING NORMAL UNIVERSITY PUBLISHING GROUP
北京师范大学出版社

本书为国家社会科学基金项目（编号：12CZS032）成果

献给我的母亲邓雪梅(1951—2019)。

当我是个村野顽童的时候，她在我幼小的心灵里植入了一个词语：大学。从那之后，我一直在追问这一词语的含义，并将继续追问下去。

目　录

楔子：寻找《大清帝国宪法》

一、王晓秋的新见

2005—2007 年，为了完成博士后出站报告《清季宪政编查馆研究》，我经常到北京，查阅中国第一历史档案馆所藏的清宫档案。有一天，当我调阅资政院全宗的时候，在其第三卷中看到了一份名为"清政府拟定宪法草案"的文件，我当即决定全文抄录。这一份文件，为楷体抄本，除宪法条文外，还有大量说明性文字，因此体量比较大。为慎重起见，我每抄写一条，就校对一次。待全文都抄完了，再从头到尾校对一次。如此一来，颇费了些时日。但我不觉得这么做浪费时间，因为当看到它的时候，我有一种如获至宝的感觉。

但实际上，在我之前，已经有学者注意到这一文件。俞江在 1999 年发表了一篇很有分量的文章，文中写到他在资政院全宗中看到了两种宪法性文件。其中的"乙全本"，就是我抄录的这一文件。

提到清季的宪法，人们都会想到《钦定宪法大纲》（以下简称《宪法大纲》）和《宪法重大信条十九条》（以下简称《十九信条》）。这两种文献，是民国以来学术界研究清季制宪时都会提到的。并且，学者们也没有提到过在二者之外，官方尚有其他制宪行为。

但在 1989 年，王晓秋通过对《汪荣宝日记》的研究，发现除了《宪法大纲》和《十九信条》之外，清廷还在 1911 年起草了一份完整的宪法草案，这就是俞江笔下的"李汪宪草"。不过，王晓秋没有用这一称呼，他用的是"《钦定宪法》"①。俞江之所以将其称为"李汪宪草",乃是因为它出自李家驹和汪荣宝二人之手。如此称呼,有一定道理。因此,当尚小明在 2007 年与俞江商榷的时候,沿用了这一称呼。② 我也受其影响而沿用之。③ 但是,仔细想想,这一称呼其实有些不妥。与其相较,"钦定宪法"的提法更符合实际一些。而考虑到如果清廷有机会颁布一部宪法,以"大清帝国宪法"为名的可能性比较大④,因此,本书拟改用这一称呼。

王晓秋的发现具有重大学术价值,使学术界对于清季制宪的研究,不再仅仅在《宪法大纲》和《十九信条》中打转。但是,他并未看到《大清帝国宪法》草案的全貌。因此,当俞江在 1998 年 3 月当面向他请教的时候,他说:"学界尚未有发现清末宪草的公开消息。"⑤

---

① 王晓秋:《清末政坛变化的写照——宣统年间〈汪荣宝日记〉剖析》,载《历史研究》,1989(1)。

② 尚小明:《"两种清末宪法草案稿本"质疑》,载《历史研究》,2007(2)。

③ 彭剑:《清季宪政编查馆研究》,61～87 页,北京,北京大学出版社,2011;《"乙全本"不是"李汪宪草"》,载《史学集刊》,2015(6)。

④ 虽然没有看到将 1911 年由李家驹和汪荣宝执笔的宪法草案称为"大清帝国宪法"的例子,但是,在预备立宪期间,不止一个官员在建议制定宪法时,都用了这个名称,1911 年清廷宣布将制宪全权授予资政院的时候,也宣称将来所要起草的,是"大清帝国宪法",因此,我觉得,如果那次制宪工作没有被打断,清廷将其颁布时,以"大清帝国宪法"为名的可能性比较大。参见《出使各国大臣奏请宣布立宪折》,载《宪政初纲》(《东方杂志》临时增刊),光绪三十二年十二月;《两江总督端方奏请迅将帝国宪法及皇室典范编定颁布以息排满之说折》(光绪三十三年七月初七日),见故宫博物院明清档案部编:《清末筹备立宪档案史料》上册,47 页,北京,中华书局,1979;《宣统政纪》,"宣统三年九月丙子",见《清实录》第 60 册,1163 页,北京,中华书局,1987。

⑤ 俞江:《两种清末宪法草案稿本的发现及初步研究》,载《历史研究》,1999(6)。

二、俞江的论断

俞江在发现"乙全本"的同时，还在资政院全宗中发现了"甲残本"。所谓"甲残本"，是一份只有三条宪法条文和按语的文件。"甲残本"收在第二卷，"乙全本"收在第三卷。因为王晓秋告诉他，学界尚无人发现《大清帝国宪法》的草案，所以当他发现这两种文献时，曾经产生过它们中是否有一部就是该草案的疑问。但是，经过一番研究，俞江发现，"甲残本"原来是日本人北鬼三郎的《大清宪法案》的中译本残件，译者为李景铭。显然，"甲残本"不是《大清帝国宪法》。至于"乙全本"，通过与《汪荣宝日记》比勘，俞江发现它与《大清帝国宪法》存在很大差别，因此，它们不可能是同一份文件。① 并且，《汪荣宝日记》显示，起草《大清帝国宪法》的时候，完全以《宪法大纲》为纲领，而"乙全本"

----

① 俞江《两种清末宪法草案稿本的发现及初步研究》一文的"清末宪草乙全本初考"一目从四个方面论证"乙全本"不是《大清帝国宪法》。第一，从条文数目看，"乙全本"是八十一条九十三项，《大清帝国宪法》则是八十六条一百一十六项。前者比后者少了五条二十三项。俞江指出，"乙全本"基本上没有一条多项的情况，只有第八十五条例外。第二，从章目结构及名称来看，虽然二者章目分类大致相同，但"名称多有差异"。并且，"乙全本"比《大清帝国宪法》少了"摄政"一章。第三，从具体的章节条文数目来看，二者的不同也很明显。他指出，从《汪荣宝日记》可以知道，《大清帝国宪法》的"皇帝"一章共有十九条，而与之对应的"乙全本"的"皇帝大权"一章是十二条，相差七条。此外，《大清帝国宪法》的"附则"是两条，而"乙全本"的"通例"则是四条。第四，从已知的《大清帝国宪法》的条文安排与内容来看，也与"乙全本"不同。在这方面，他也举出来两条证据。其一是关于皇室大典的制定。汪荣宝和李家驹在起草《大清帝国宪法》的过程中，起初拟将这一内容作为第二条第二项，经反复讨论，决定单独列出，作为第十九条。但是，在"乙全本"中，则没有"皇室大典之制定"这一内容。其二是，《汪荣宝日记》中提到，他们有过将"国务审判院"修改为"弹劾惩戒院"的举动，但是，"遍查乙全本"，也找不到"弹劾惩戒院"这一名称。参见俞江：《两种清末宪法草案稿本的发现及初步研究》，载《历史研究》，1999(6)。

则在很大程度上与《宪法大纲》相背离。①

并且，俞江还推断，"乙全本"的起草者，既有可能是宪政编查馆，也有可能来自民间。"在没有充分的证据支持乙全本宪草为宪政馆修纂前，只能将其修纂机构和时间暂时存疑。"②

这一段议论引起了我的极大兴趣。"乙全本"究竟是不是宪政编查馆起草的，这是我必须回答的一个问题。并且，看了王、俞二位的大作之后，我对《大清帝国宪法》充满了好奇，总希望能有机会一睹它的真容。因此，当我翻阅资政院全宗时，将俞江所看过的"甲残本"和"乙全本"，都一字不落地抄了回来。

在抄录的过程中，我就认识到，不论是"甲残本"还是"乙全本"，都不是我们所寻找的《大清帝国宪法》。"甲残本"确实是北鬼氏作品的中译残本，"乙全本"给人的直观感受，应该是出于民间，而不是出于官方。

我的这种认识，与尚小明不谋而合。他在 2007 年发表的《"两种清末宪法草案稿本"质疑》一文中提出："乙全本宪草很可能为民间立宪派

---

① 俞江在《两种清末宪法草案稿本的发现及初步研究》一文的"宪草乙全本的初步研究"一目中指出，"乙全本"在四个方面与《宪法大纲》有不同。在立法权方面，虽然二者都规定议会并不享有完整的立法权，而只能"参与立法权"，但是，从提交法律案的权责这一点看，"乙全本"中议会的权力要大一些。因为《宪法大纲》规定只有皇帝有发交议案之权，而"乙全本"第四十条则规定，政府与上下两院均有提交法案之权。"从这一意义上说，乙全本对于议会立法权是有所扩大的。"在司法独立方面，按照《宪法大纲》的规定，"法官地位受到君主的有力控制"，而按照"乙全本"的规定，司法官的地位"是相对独立的"，"减少了君主随意操纵法官任免的可能性"。在议会与君主的权限方面，与《宪法大纲》相比，"乙全本""从多方面加强了对皇帝大权的限制"。在公民权利义务方面，《宪法大纲》在这方面的内容"极不完善"，并且，第八条（"当紧急时，得以诏令限制臣民之自由"）使得其后所附的"臣民权利"处于"极不稳定的状态"，而"乙全本"则在事实上否定了这一条。并且，"乙全本"所规定的臣民权利的内容比《宪法大纲》增加了很多，"有明显的完善和进步"。参见俞江：《两种清末宪法草案稿本的发现及初步研究》，载《历史研究》，1999(6)。

② 俞江：《两种清末宪法草案稿本的发现及初步研究》，载《历史研究》，1999(6)。

人士或团体所草拟，然后提交资政院讨论，或供清廷纂拟宪法时参考。"①

认识到"乙全本"不是由官方起草，对我研究宪政编查馆很有帮助，使我不至于张冠李戴，将其误认作宪政编查馆的作品。

但是，与此同时，这也意味着寻找《大清帝国宪法》草案一事遇到了瓶颈。这无疑是一件令人沮丧的事情。在2011年出版的《清季宪政编查馆研究》一书中，我表达过对未能找到《大清帝国宪法》草案的遗憾，并提出，到目前为止真正知道这一草案的庐山真面目的，很可能只有起草者李家驹和汪荣宝二人。

但是，我又觉得，将来还是可能会有人发现其残本或全本的。因为起草班子曾经分批将草案进呈给摄政王"钦定"，前后进呈了四十条左右。这些已经进呈的宪草条文，或许还有只鳞片羽留存在清宫档案中，只是尚未被发现而已。随着清宫档案利用率的提高，有心人将来说不定能找到其中的一部分。另外，《汪荣宝日记》告诉我们，在条文起草好之后，汪荣宝曾经将条文全部"清写一通"。② 他的这一写本如果历经岁月洗礼之后尚存留于世，则总有幸运者能见得到。

若有人能见到汪氏抄本，那真是对中国宪政史研究的一大贡献。或者退一步，能找到该宪草已进呈部分中的全部或一部，也都是了不起的发现。因为，这一宪草毕竟是在中国宪政的最初阶段，由国家制定的第一部完整的宪法草案，在中国宪政史上，具有不言而喻的重要性。

然而，谁会是那个幸运者呢？

三、迟云飞的发现

只隔了两年，就有学者宣称发现了《大清帝国宪法》草案。这位学者就是迟云飞。在2013年出版的《清末预备立宪研究》一书中，迟云飞谈到，当他在1996—1999年写博士学位论文的时候，在中国第一历史

---

① 尚小明：《"两种清末宪法草案稿本"质疑》，载《历史研究》，2007(2)。

② 北京大学图书馆藏稿本丛书编委会编辑：《汪荣宝日记》（"北京大学图书馆馆藏稿本丛书"第1册），1007页，天津，天津古籍出版社，1987。

档案馆的资政院全宗里发现了一部宪法草案抄本。他判断，这一抄本就是人们苦苦寻觅的《大清帝国宪法》草案。

这真是一个振奋人心的了不起的学术发现！若果真如此，则困扰学界多年的一桩公案就此解决，人们此后不必再费精劳神去寻找《大清帝国宪法》草案了。

不过，仔细一看，我感觉有些问题。从迟云飞对他所发现的宪法草案抄本的介绍，我们可以知道，这一抄本就是前文提到的"乙全本"。迟云飞似乎没有注意到俞江的论文，因此虽然提出了与俞江针锋相对的结论，却未对俞江的论文做任何回应。其实，虽然俞江谦虚地说自己所做的是"初步的研究"，但要提出相反的见解，不与他讨论是说不过去的。

迟云飞论证"乙全本"是《大清帝国宪法》草案的"最重要的"一条理由是，"据《汪荣宝日记》，汪荣宝等起草宪法草案时，每一条都写了按语，而档案中的宪法草案，恰好每一条都有名为'法理'的按语"①。

但我发现，他的这一"最重要的"理由并不成立。

首先，据《汪荣宝日记》，我们只能判断汪荣宝肯定是第一章和第四章按语的起草者。第四章各条的按语是否已经起草完毕，无从判断。至于其他各章是否都加了按语，更是无法知晓。因此，仅仅依据《汪荣宝

---

① 迟云飞：《清末预备立宪研究》，303 页，北京，中国社会科学出版社，2013。迟云飞提出"乙全本"是《大清帝国宪法》的其他理由主要包括：其一，二者的各章名称和顺序大略相同，二者之所以有所不同，是因为李、汪二人在起草期间对所拟章目做了修改；其二，在当时，除了清廷，应无人能撰写完整的宪法。他论证"乙全本"时说："宣统年间，很难有别的什么人有时间和精力撰写出如此完整的宪法草案，而且如果不是清政府组织纂拟，不会公然放到清政府的档案里。"因此，资政院全宗中保存的"乙全本"，必然就是清廷组织纂拟的宪法草案。（迟云飞：《清末预备立宪研究》，303 页，北京，中国社会科学出版社，2013。）关于章目名称，如果仔细研究《汪荣宝日记》，我们可以发现，其实在李家驹、汪荣宝起草宪法的过程中，章目名称并无变化，因此，"乙全本"和《大清帝国宪法》章目名称的差异，正好说明二者不是同一份文件。至于宣统年间除了清廷无人会起草宪法，民间起草的文件不可能出现在清宫档案中，更是误判。参见彭剑：《"乙全本"不是"李汪宪草"》，载《史学集刊》，2015(6)。

日记》，我们无法得出《大清帝国宪法》草案每一条都加了按语的结论。①

更重要的是，"乙全本"每条正文之下的文字不是冠以"按语"或"案"或"按"等词语，而是"法理"一词。迟云飞认为，"乙全本"的法理就是按语，因此称之为"名为'法理'的按语"。这一判断无从坐实。

实际上，在"乙全本"中，法理是法理，按语是按语，两者并存，而非同一。法理前面七十七条都有（"通例"四条没有），按语则只有第三、第七、第十、第十八、第十九、第二十、第二十三、第二十八、第七十二等少数条款有。有法理而无按语各条，都是正文之后紧接法理，法理部分以法理二字开头。既有法理又有按语各条，则是按照正文、法理、按语的顺序排列，按语部分以"案"字打头。

这种相异之处，显示"乙全本"和《大清帝国宪法》草案在体例上有所不同。《大清帝国宪法》是正文加按语（是否每条都加按语，尚不能断定），"乙全本"则大部分是正文加法理，部分条文是正文加法理加按语，最后四条只有正文。

如此，迟云飞发现的"新大陆"，看来靠不住。《大清帝国宪法》草案的神秘面纱，还有待学界去努力揭开。

四、关于本书

本书所述，是我个人寻找《大清帝国宪法》草案的历程。我并没有找到李家驹和汪荣宝所起草的那一份《大清帝国宪法》草案，但是，在寻找的途中，我看到了一些有趣的风景。这些风景对于深化理解清朝季年的风云，似乎有些助益。

我所发现的最有趣的现象，也许是朝野围绕制宪权所展开的博弈。清廷坚持宪法要钦定，草泽精英则努力打破钦定，争取协定。最后，出乎双方意料之外，宪法竟走向了民定。

本书关于清季制宪的故事，就以朝野关于制宪权的博弈为主线展开。

那么，请先看看清廷是如何发现宪法钦定的奥秘的吧。

---

① 关于此事的详细论证，见本书附录"《大清帝国宪法》草案若干识别点"。

第一章 宪法可巩固君权

大清的宪法一定要用钦定的办法制定，这是清廷派遣大员到外国尤其是日本考察得出的结论。

清廷派人出国考察的活动从 19 世纪 70 年代就开始了。但以宪政改革为目标的考察，则在 20 世纪初年才开始。这种考察先后有两次，第一次即人们所熟知的"五大臣出洋"。

一、北京炸弹案：两种制宪方案的竞争

日俄战争前后，朝野上下要求宪政改革的呼声高涨，清廷乃于 1905 年 7 月 16 日宣布，派遣载泽、戴鸿慈、徐世昌、端方四人出洋考察①，后又于同月 27 日加派绍英一同出洋②。出洋者遂由"四大臣"变成"五大臣"。

1905 年 9 月 24 日，五大臣高调出发。那天上午，北京火车站人山人海，热闹非凡。但是，当载着五大臣和随从人员的火车启动之际，传来了爆炸声。最后加入本次出洋考察之列的绍英受伤较重，载泽的

---

① 《派载泽等分赴东西洋考察政治谕》(光绪三十一年六月十四日)，见故宫博物院明清档案部编：《清末筹备立宪档案史料》上册，1 页，北京，中华书局，1979。

② 《出使各国考察政治大臣载泽等奏出洋考察政治请调员随同差委折》(光绪三十一年七月二十八日)，见故宫博物院明清档案部编：《清末筹备立宪档案史料》上册，1～2 页，北京，中华书局，1979。

额角也受了点轻伤，随从人员以及车外的送行者也有受伤甚至毙命的。①

这显然是有人搞破坏！

由于引爆炸弹的人当场身亡，当时未能查出个所以然来。次年出版的革命派杂志《民报》第 3 号则揭示了真相。原来，试图炸死五大臣的是一个革命者，名叫吴樾。而其要炸死五大臣的原因正是清廷要推进政治改革。在吴樾留下的《意见书》中，他谈及自己之所以走上暗杀五大臣之路，是因为朝野间兴起的"钦定宪法"等"谬说"让他有了紧迫感，作为"中华革命男子"，他不愿意做清廷的立宪国民，因此要破坏清廷的立宪，"剪除此考求宪政之五大臣"。②

虽然当时清廷没有能够生擒吴樾，也没有看到他的《意见书》，因此无从得知他丢炸弹的意图，但是，从吴樾的自述可以看出，在清廷尚未正式开启宪政改革之际，就已经隐伏着两种宪政道路的竞争。如果启动宪政改革，清廷必然以君主立宪为依归，而革命派所追求的，则是民主立宪。正如后文将要揭示的，20 世纪初的社会精英一般都认为，若比较君主立宪国家的宪法与民主立宪国家的宪法，不但人民的权利有大小的不同，而且制定宪法的方式也不同。因此，五大臣出洋时的那一声爆炸，堪称不同制宪方式的一次较量。

这次暗杀令清廷震惊。为了加强治安，清廷决定成立巡警部，任徐世昌为尚书。③ 这样，徐世昌便不能出洋了。邵英受伤较重，需要治疗调养，也不能出洋了。清廷乃另派尚其亨和李盛铎出洋④，仍为五大臣。

---

① 《出使各国考察政治大臣载泽等奏出京乘坐火车遇炸情形折》（光绪三十一年八月二十七日），见故宫博物院明清档案部编：《清末筹备立宪档案史料》上册，2～3 页，北京，中华书局，1979。

② 《烈士吴樾君意见书》，载《民报》，第 3 号，光绪三十二年。

③ 朱寿朋编，张静庐等校点：《光绪朝东华录》，5408 页，北京，中华书局，1958。

④ 光绪三十一年（1905）九月"戊戌，命尚其亨、李盛铎会同载泽、戴鸿慈、端方前往各国考察政治"（朱寿朋编，张静庐等校点：《光绪朝东华录》，5426 页，北京，中华书局，1958）。

重新出发的时候，大臣们就再也不敢招摇了。他们分两批出发。端方和戴鸿慈为一路，于 1905 年 12 月 7 日离京，到天津后，购买美国"西伯里亚"号轮船船票，于 19 日放洋，先考察美国。[①] 载泽、尚其亨和李盛铎为一路，于 1905 年 12 月 11 日离京，取道天津、塘沽等地，于 17 日抵达吴淞口。载泽一行不久得到消息，日本方面因故要求其暂缓赴日。因此，他们在上海逗留了将近一个月，于 1906 年 1 月 14 日才搭乘法国"喀利刀连"号，前往日本。[②]

载泽一行于 1906 年 1 月 16 日到达日本，在神户上岸。次日，到京都；20 日，到名古屋；22 日，到横滨，同日到达东京，入住芝离宫。其后在各处参观，并呈递国书，觐见明治天皇。27 日和 28 日，分别由穗积八束和伊藤博文讲解日本宪法。之后，载泽一行继续宴游、参观，甚至一度离开东京，前往箱根享受温泉。最后于 2 月 28 日搭乘美国大北公司的"达柯达"号轮船赴美。

二、穗积博士：君主主权，初无所损

1906 年 1 月 27 日，时值中国农历正月初三日。当国内的人们尚忙于春节应酬之际，载泽一行却忙于公务。[③] 那天上午 11 点多（"午

---

① 《出使各国考察政治大臣戴鸿慈等奏出使各国考察政治放洋日期折》（光绪三十一年十一月二十三日），见故宫博物院明清档案部编：《清末筹备立宪档案史料》上册，4～5 页，北京，中华书局，1979。

② 载泽：《考察政治日记》，见钟叔河主编：《走向世界丛书》第 9 册，571 页，长沙，岳麓书社，2008。

③ 那一年过年，载泽一行肯定印象深刻。因为在除夕那天，他们还参观了常磐高等小学校和东京府立高等中学校。正月初一日，觐见明治天皇，呈递国书。其后，拜访日本亲王，访问伊藤博文。初二日，接受明治天皇赠送的宝星，拜访英国驻日公使，参加东京市市长举行的欢迎会。对于一个特别重视春节的国家的臣民而言，在过节期间有如此多公务，应是生平罕有。不过，忙碌之中，也有休闲。比如，初一日晚上，他们欣赏了日本宫内省官员赠送的电影（"电光影戏"）；初二日中午，他们在中国驻日公使馆有大型宴会，晚上也有东京市市长设于上野公园梅川楼的宴会。参见载泽：《考察政治日记》，见钟叔河主编：《走向世界丛书》第 9 册，574～575 页，长沙，岳麓书社，2008。

初"），他们迎来了穗积八束的宪法讲座。

穗积八束是一位法学博士，在日本法学界享有盛誉。这一天，他受日本内阁之命，专门为清廷派来的考察政治大臣一行介绍日本宪法。

穗积八束有着学者本色，为了便于听者理解，他将日本宪法中关于君主大权的条款制成了一张简明表，挂在墙上。

日本宪法中，"君主大权"只是其中的一章。穗积八束讲解日本宪法，却只挂一张与君权相关的简明表，似乎有些问题。但是对于穗积八束等日本学者而言，这不成其为问题。因为在他看来，日本宪法的特点就在于："凡统治一国之权，皆隶属于皇位。"[1]天皇拥有统治日本的全权，因此，从天皇大权入手讲解日本宪法，可谓提纲挈领。

穗积八束的演讲，围绕如何实现君主的统治权，介绍统治权的种类和统治的机关。据他所讲，统治权分为立法权、大权和司法权。他所说的大权，大致相当于行政权。[2] 为了实现这些统治权，必须有相应的统治机关。在日本，与立法权对应的是帝国议会，与大权对应的是国务大臣及枢密顾问，与司法权对应的是裁判所。这几种机关都是为君主实现统治权服务的："君主行立法权，则国会参与之；君主行大权，则国务大臣、枢密顾问辅弼之；君主行司法权，则有裁判所之审判。"[3]

之后，穗积八束继续介绍议会、国务大臣与枢密顾问、裁判所的

---

① 载泽：《考察政治日记》，见钟叔河主编：《走向世界丛书》第 9 册，575 页，长沙，岳麓书社，2008。穗积八束在早先的著作中已提出，宪法不是限制君权的，在日本尤其如此。参见［日］穗积八束：《宪法大意》，11 页，东京，八尾书店，明治三十年(1897)。

② 穗积八束如此介绍大权："大权者，君主所独裁，不委任于他种权限之内，非如立法、司法之必经议会裁判也。有宪法上之大权，如召集议会，解散议会，统率海陆军等事，宪法书所载有，非议会所得参与者，此外皆行政之事。"(载泽：《考察政治日记》，见钟叔河主编：《走向世界丛书》第 9 册，577 页，长沙，岳麓书社，2008。)

③ 载泽：《考察政治日记》，见钟叔河主编：《走向世界丛书》第 9 册，575 页，长沙，岳麓书社，2008。

权限。介绍议会时，他告诉听众，日本议会的权限有实质的，也有形式的。实质的权限，一为参与立法，二为预算。他特别强调，"参与立法与立法有别"，因为立法权是君主所有的，议会只能参与其中，"议定法案"，至于法案的裁可之权，则握于君主之手。①

穗积八束的演讲对于初出国门的载泽等人而言，确有增进宪政知识的效果。其中令载泽印象最为深刻的，应该是穗积所言，立宪之后，统治权都握于天皇之手，以及议会所拥有的是"参与立法"权，而不是"立法"权。当然，穗积八束在演讲开始时所说的如下话语，也令载泽等人欢欣鼓舞："明治维新，虽采用立宪制度，君主主权，初无所损。"②

清廷派载泽等五大臣出洋考察，目的在于论证中国是否可以搞政治改革。时人一提政治改革，马上想到的都是宪政改革。但是，清廷对于可否改变传统，朝宪政的方向迈进，疑虑重重。据闻，派大臣出洋，原本是要打出"考察宪政"的旗号的。但在慈禧太后看来，考察之后，并不一定会搞宪政改革，因此，要求不用"宪政"名义。于是，五大臣出洋，便只能打"考察政治"的旗号。③ 清廷对宪政的疑虑，主要就是担心立宪之后，君权受损，皇统断绝。而日本学者告诉载泽等人，日本在立宪之后，君主的大权毫无损害。这对于考察政治大臣而言，应该是非常有吸引力的。

三、伊藤侯爵：不可旁落于臣民

但是，载泽等人对于穗积八束所说的，还是存有疑虑。毕竟，穗积八束是一个学者型人物，所谈是否尽是书生之言呢？

次日午后，伊藤博文来访。伊藤博文是明治宪法的起草者，曾数

① 载泽：《考察政治日记》，见钟叔河主编：《走向世界丛书》第9册，576页，长沙，岳麓书社，2008。

② 载泽：《考察政治日记》，见钟叔河主编：《走向世界丛书》第9册，575页，长沙，岳麓书社，2008。

③ 陶菊隐：《筹安会"六君子"传》，22页，北京，中华书局，1981。

度组阁，是日本的一位政治明星。载泽没有放过向他请教的机会。在伊藤向载泽赠送自己的著作《皇室典范义解》和《宪法义解》之后，载泽趁机向他请教宪法相关问题。

因为萦绕载泽心头的首要问题是中国究竟能否推行宪政改革，因此，他的第一个问题便是："敝国考察各国政治，锐意图强，当以何者为纲领？"

伊藤告诉他："贵国欲变法自强，必以立宪为先务。"

那么，"立宪当以法何国为宜？"载泽接着问道。

伊藤博文回答，当今的宪政有两种，一种是君主立宪，另一种是民主立宪。中国跟日本一样，数千年来都是君主国，因此，中国立宪，"似宜参用日本政体"。

是时候提一提自己和太后最关心的问题了，于是载泽问道："立宪后于君主国政体有无窒碍？"

伊藤博文的回答等于给载泽吃了一颗定心丸："并无窒碍。"并且他面授机宜，告诉载泽，"贵国为君主国，主权必集于君主，不可旁落于臣民"，又举出日本宪法，以便于载泽理解："日本宪法第三、四条，天皇神圣不可侵犯，天皇为国之元首，总揽统治权云云，即此意也。"

伊藤博文的这种说法，跟前一日穗积八束的说法一样。但问题是，在专制时代，君主享有大权，立宪之后，君主一样享有大权，那岂不是说，立宪与专制没有区别？于是，载泽问道："君主立宪与专制有何区别？"

伊藤博文告诉他："君主立宪与专制不同之处，最紧要者，立宪国之法律，必经议会协参。"他举出日本宪法第五、第六条，指出在君主立宪国，法律之制定、改正、废止，都要由议会议决，呈君主裁可，然后公布。这与"专制国之法律，以君主一人之意见而定"是不同的。

载泽往下所关注的便是一些具体的君主大权。

既然伊藤博文谈到了专制国与立宪国的区别在于立法程序不同，专制国是以君主一人的意志立法，而立宪国的法律须经议会议决，于是，载泽接着问君主对于议会的权力："君主立宪国之议会，君主有开会、闭会、停会之特权否？"

伊藤博文给了肯定的回答。他告诉载泽，从日本宪法第七条可知，"凡议会之开会、闭会、停会及下议院之解散，必皆候君主之敕令而行。若议员随意集会，不得谓之正式国会"。

立宪之国，议会要"协参"法律，但是，如果遇到了紧急事故，而议会却又在停会或闭会期间，无法议决，这时君主该怎么办？

针对载泽的这一问题，伊藤博文答道："此时君主可发紧急敕令以代法律，于次期开议会时，提交议院，使之承认。"

在专制时代，任命官员是君主的大权，君主借以笼络天下英杰之士。载泽很好奇，立宪之后，这项权力归谁。

伊藤博文十分肯定地回答："任命大权，必归之君主。"不论文官还是武官，都是如此，没有例外。

讲到武官，载泽马上想到了军队，于是问道："君主立宪，有统帅权否？"

伊藤博文回答，日本宪法第十一条规定，凡编制海陆军及酌定军额，都是君主大权的范畴。并且，这项大权很重要，"失此权力，即成共和之国"。

载泽又问："如遇国际交涉，君主有无宣战、讲和、定结条约之权？"

伊藤博文给出了肯定的回答。他举出日本宪法第十四条，该条规定，凡宣战、讲和、定约，均由君主命臣僚集议，议定请君主裁可施行。

接着，载泽还就戒严、赏罚、摄政等问题有所咨询，均与君主大权有关。伊藤博文一一作答，并说，日本宪法中，"载君主之大权凡十七条"，"贵国如行立宪制度，大权必归君主"。

谈到这里，大概问答双方都有点累了，于是休息了一会儿。

接着，载泽继续提问："君主立宪国所予民言论自由诸权，与民主国有何区别？"

此时，谈话内容终于离开君主大权，转至臣民权利了。

伊藤博文答道，君主立宪国臣民的自由，"乃法律所定，出自政府之界与，非人民所可随意自由也"。听他的意思，似乎在共和国，人民可以"随意自由"。

出乎意料的是，载泽的下一个问题，又回到君主大权上去了："立宪后之行政，有不洽众望者，君主仍负责任否？"可见他念兹在兹的，全在君权。

伊藤博文告诉他，虽然君主有那么多大权，但负责行政事务的则是政府，即使遇到了舆论不服之事，大家也只诘责政府，最多总理大臣去职，"不得归责于君主"。

听伊藤博文所言，君主立宪制度实在是妙不可言。立宪之后，君主依然享有大权，但是，他却可以不负责任。君主领导，政府负责。事情办得好，是君主英明领导的结果；事情办得不好，却有行政诸臣担当责任。天下哪有这等好事？载泽昨天听了穗积八束的演讲，难免心生狐疑，如今听伊藤博文也这么说，便忍不住问道："如侯所言，皆见诸实行否？"这么好的事情，不会只是纸上谈兵吧？

伊藤博文答："凡余所谈，皆身经艰难阅历，实行有效，非如学问家之仅由研究理想而得也。"

听到这里，载泽再无疑问。他觉得自己有了足够的劝说朝廷立宪的理由，也觉得中国将来一定会开启宪政改革。于是，他往后问的与宪政有关的问题，一是"敝国立宪，将何以提纲挈领，行之有利无弊"，二是"敝国将来实行立宪，其方法次序，究竟若何"①，考虑的也都是宪政改革的操作层面的问题了。

如果那天伊藤博文愿意就立宪的"方法次序"细细谈来，可能会涉及制宪的方法。但是，伊藤博文已经跟来自清廷的这位年轻皇族交流了两小时，累了，他不想再讲下去了，于是对载泽说："此问题甚大，不易解决"，只能"他日再详思以对"。② 可惜，那天与伊藤博文握别之

---

① 载泽最后的提问，也涉及练军、外交、派遣赴日留学生等问题，此处不赘。参见载泽：《考察政治日记》，见钟叔河主编：《走向世界丛书》第 9 册，582页，长沙，岳麓书社，2008。

② 载泽与伊藤博文的对话，参见载泽：《考察政治日记》，见钟叔河主编：《走向世界丛书》第 9 册，579～583 页，长沙，岳麓书社，2008。

后，载泽没有再向他请教。

四、载泽：宪法可巩固君权

考察归来之后，考察政治大臣（因李盛铎被任命为驻比利时大使，他便直接赴任了，因此，出去的时候是五大臣，回来的时候则是四大臣）均受到慈禧太后、光绪皇帝召见，并且，他们都认为可以进行宪政改革。但是，慈禧太后还是没法下决心。据时人观察，其原因是，她的周围有一群人反对改革。①

为了打消慈禧太后的顾虑，顺利启动宪政改革，载泽向两宫递交了一封奏折。在奏折的末尾，载泽请求两宫不要公布这份文件，将其作为密折处理。但是，嗅觉灵敏的报刊界还是设法得到了它，并公之于世。那年年底出版的《东方杂志》临时增刊《宪政初纲》，就刊登了这一密折。《宪政初纲》对这一密折给予很高评价，认为中国能走上宪政改革之路，此折是关键，处于"枢纽"地位。② 载泽也受到人们追捧，《东方杂志》称他为开启宪政改革立下了"首功"。③

这一密折在后世也受到学界重视。不过，在相当长的时间里，该密折都被视为清廷假立宪的证据。到了 20 世纪 90 年代，才有人为其

---

① "吾闻四大臣（李已赴比使任，故未回国）之回京复命也，两宫召见泽公二次、端大臣三次、戴、尚两大臣各一次，垂问周详，皆痛陈中国不立宪之害及立宪后之利，两宫动容，谕以只要办妥，深宫初无成见。于是顽固诸臣，百端阻挠，设为疑似之词，故作异同之论，或以立宪有防君主大权为说，或以立宪利汉不利满为言，肆其簧鼓，淆乱群听。泽、戴、端诸大臣势处孤立，几有不能自克之势。"[《考政大臣之陈奏及廷臣会议立宪情形》，载《宪政初纲》（《东方杂志》临时增刊），光绪三十二年十二月。]

② 《宪政初纲》刊登此折后加了一段按语，其中有言："按此为泽公回京后第二次所奏，辞意恳挚，颇动圣听。吾国之得由专制而进于立宪，实以此折为之枢纽。"[《镇国公载奏请宣布立宪密折》，载《宪政初纲》（《东方杂志》临时增刊），光绪三十二年十二月。]

③ 《考政大臣之陈奏及廷臣会议立宪情形》，载《宪政初纲》（《东方杂志》临时增刊），光绪三十二年十二月。

翻案，认为载泽密折不能说明清廷是假立宪，反而说明了载泽推动改革的诚心，并且，客观上也促进了清廷预备立宪国策的出台。① 这种评价与载泽提交密折那年的《东方杂志》的评价相似。

学者们争论的焦点，在于载泽在密折中提出，实行宪政有三大利：皇位永固、外患渐轻、内乱可弭。看不惯载泽的人将其作为载泽为清廷制定假立宪方案的铁证，而欣赏载泽的人则认为作为统治者，希望通过改革保住皇位、消除外患内忧是可以理解的，并且，通过宪政改革，这些目标并非完全不可能实现。

立宪政治有三大利，确实是载泽密折的主体内容。不过，在说立宪三大利之前，载泽还说过如下一段话，提出了清季制宪的一个关键词。其文曰：

> 旬日以来，夙夜筹虑，以为宪法之行，利于国，利于民，而最不利于官。若非公忠谋国之臣，化私心，破成见，则必有多为之说，以荧惑圣听者。盖宪法既立，在外各督抚，在内诸大臣，其权必不如往日之重，其利必不如往日之优，于是设为疑似之词，故作异同之论，以阻挠于无形。彼其心，非有所爱于朝廷也，保一己之私权而已，护一己之私利而已。顾其立言则必曰防损主权。不知君主立宪，大意在于尊崇国体，巩固君权，并无损之可言。以日本宪法考之，证以伊藤侯爵之所指陈，穗积博士之所讲说，君主统治大权，凡十七条……以上言之，凡国之内政外交，军备财政，赏罚黜陟，生杀予夺，以及操纵议会，君主皆有权以统治之。论其君权之完全严密，而无有丝毫下移，盖有过于中国者矣。②

---

① 罗华庆：《载泽奏闻清廷立宪"三利"平议》，载《近代史研究》，1991(2)。
② 《出使各国考察政治大臣载泽奏请宣布立宪密折》（光绪三十二年），见故宫博物院明清档案部编：《清末筹备立宪档案史料》上册，173～174页，北京，中华书局，1979。

看了这一段，我们就能够理解，载泽为什么要在奏折末尾"乞无露奴才此奏"①了。原来，他并不是因为自己给清廷定下了"假立宪"的秘计而要求如此，而是因为指出了反对宪政的官员们的一个小秘密而要求如此：立宪于国于民都有利，唯独不利于官，其阻挠立宪的目的，在于保持自己的权与利。载泽这么说很容易招致官员们的反感。为了日后好与他们相处，还是不要让他们知道自己说了他们的坏话为好。

反对立宪的人经常挂在嘴边的一句话，是立宪会"防损主权"。时人口中的"主权"，所指乃是君权，因为君主乃是这个国家的主人。因此，所谓"防损主权"，就是侵害君权。但是，在载泽看来，行宪不会防损主权，反而可以"巩固君权"。为了增强说服力，他举出了日本的例子，列举了日本宪法中关于君主大权的条款，并拿伊藤博文和穗积八束说事，企图使两宫明白，宪法确实可以"巩固君权"，因为日本在立宪之后，君权毫无下移，其君权之"完全严密"，且超过未立宪的中国。

载泽在说明行宪可以"巩固君权"时的说辞令人印象深刻。虽然他出洋考察的国度甚多，但是，他却只举出了日本的例子，并且，不惜笔墨，将日本宪法第一章的内容几乎全部抄录。他对两宫说日本宪法中"君主统治大权，凡十七条"，令人马上想起，前不久在日本考察时，伊藤博文曾对他说过，日本宪法"载君主之大权凡十七条"，真有点现学现卖的味道。

我相信，载泽密折给慈禧太后和光绪皇帝留下深刻印象的，不仅仅是"立宪三利"，应该还有行宪可以"巩固君权"。预备立宪期间，清廷之所以愿意推行一些制宪举措，与其认识到宪法可以"巩固君权"有很大关系。"巩固君权"堪称清季制宪的关键词之一。它是载泽在日本考察宪法之后得到的最重要的启示（这一启示是否正确，另当别论）。

---

① 《出使各国考察政治大臣载泽奏请宣布立宪密折》（光绪三十二年），见故宫博物院明清档案部编：《清末筹备立宪档案史料》上册，176页，北京，中华书局，1979。

通过这一密折，两宫得以了解。因此，载泽密折的作用，除了已为人们所反复指陈的促成了预备立宪国策的宣布之外，尚有使清廷认识到宪法可以巩固君权的一面。

其实，载泽此处关于宪法利国、利民、不利官和宪法可以巩固君权的说法，已见于他在考察途中和尚其亨、李盛铎连衔呈递的一道奏折。① 此处的"利于国，利于民，而最不利于官"，在彼处为"利于君，利于民，而独不便于庶官"。此处的"巩固君权"，在彼处为"各国宪法，皆有君位尊严无对、君统万世不易、君权神圣不可侵犯诸条"。两相对照，我们可以看出，此处所说的"利于国"，其实就是彼处的"利于君"，而"巩固君权"的提法，则是对彼处"君位尊严无对"等说辞的很好总结。显然，密折中的提法，有继承，有提升，两宫见了，似曾相识，有助于他们接受。而"巩固君权"的提法，更是令人动心。难怪慈禧太后览奏之后，不久就做出决定，确立"仿行宪政"的国策。

通过宪政改革，借助宪法来"巩固君权"，是清廷的一场好梦。但是，由于载泽考察政治时，只关注了宪法条文所规定的权力，尚未关注到制宪的权力，更未想到制宪权掌握在不同人的手里将对宪法条文直接产生影响，因此，载泽密折虽然开启了清廷借助宪法"巩固君权"

---

① 在那封奏折中，他们写道："且夫立宪政体，利于君，利于民，而独不便于庶官者也。考各国宪法，皆有君位尊严无对、君统万世不易、君权神圣不可侵犯诸条，而凡安乐尊荣之典，君得独享其成，艰钜疑难之事，君不必独肩其责。民间之利，则租税得平均也，讼狱得控诉也，下情得上达也，身命财产得保护也，地方政事得参预补救也。此数者，皆公共之利权，而受治于法律之下。至臣下则自首相以至乡官，或特简，所（或）公推，无不有一定之责成，听上下之监督，其贪墨疲冗、败常溺职，上得而罢斥之，下得而攻退之。东西诸国，大军大政，更易内阁，解散国会，习为常事，而指视所集，从未及于国君。此宪法利君利民不便庶官之说也。诸国臣工，方以致君泽民，视为义务，未闻有以一己之私，阻挠至计者。"[沈桐生辑：《光绪政要》，见沈云龙主编：《近代中国史料丛刊》(345)，2238 页，台北，文海出版社，1969。]

的梦之旅，但尚未提供如何借助宪法巩固君权的妙法。①

这一妙法是通过第二次出洋考察找到的。

––––––––––––––––

① 此处所言，仅限于载泽自身而言。从其考察日记和回朝前后所上的奏折来看，他确实只关注到了宪法条文可以"巩固君权"的问题，而未涉及制宪问题。但是，当时的考察，除了大臣与外国学者、官员交流外，尚有随员的考察工作，在很大程度上，随员的考察可能比大臣更为深入。正如后文将要提到的，作为五大臣的随员，翰林院检讨唐宝锷对穗积八束进行过一场关于宪法问题的采访，并且问到了制宪问题，而穗积八束在回答时提到，君主国的制宪方式中，有一种是"钦定宪法"。但是，唐宝锷和穗积八束的对谈内容，在载泽等人的奏折中并无反映，其公开出版是在 1908 年。考察工作结束之后，他们翻译了一批外国政法类书籍，每本书都附有提要，将这些提要汇集起来，也出了一本书，名曰《译书提要》，这些提要也曾经在《政治官报》上刊登。其中，《日本立宪史谭》的提要中有"钦定宪法"字样，而《日本丙午议会》的提要中，则提到了各国宪法制定方式的不同。但是，译书有一个过程，不可能在开启预备立宪阶段对统治者产生影响。研究显示，光绪皇帝得到这两本书，已是 1908 年春。参见叶晓青：《光绪帝最后的阅读书目》，载《历史研究》，2007(2)。其时光绪帝健康状况已不佳，这些书到他手上后是否都读过，尚可存疑。并且，即使读过，也未必就会联想到可以通过钦定宪法巩固君权的问题，因为从提要来看，这两本书似乎都不是从巩固君权的角度来谈钦定宪法的。《日本立宪史谭》的提要中提到"钦定宪法"的那一段如下："凡事莫不有历史，于于日本他政治上皆不详其历史，则以宪法一事为各国政治之根本，不能不详其沿革。且宪法之异同，亦由其历史而定，不明其历史，无以知其宪法之必如此制定。试观今世界各国，虽同为立宪，而宪法中之权限，各国之分配不同，此即历史所致。有本一部落，初无君主，后其团体发达，成为国家，因而制定宪法者，此等国家，本无所谓君主，如北美合众国等是。有其国虽旧有君主，而古来本有君民并治之习惯，其后遂以成不成文之宪法者，此等国家，民权甚重，如英国等是。此二种国家，其宪政均极稳固，而其国亦易发达。有君民因权利而相争，遂致决裂，有时则君统全去，有时则君统仅存，而改为立宪者，此等国家，上下之权本不定，宪法时有摇动之象，如昔之法、今之俄等是。亦有君民尚未致冲突，而其君观天时人事之所趋，知欲固国基，必不可以不先立宪，而钦定宪法以颁之民者，此等国家，君权至重，而其宪法亦甚稳固，国力亦易发达，如昔之德、今之日本是。此皆宪法根于历史之实据也。"(《日本立宪史谭提要》，载《政治官报》，光绪三十三年九月二十三日。)显然，这一提要是从历史的角度，而不是从制宪的角度谈的。《日本丙午议会》一书的提要中涉及制宪问题的一段如下："盖宪法之效力，有二者不同。有自上所颁之宪法，有自下所撰之宪法。自上所颁之宪法，则以君主为宪法之原，权利皆其所固有，所谓宪法者，乃君主所让与人民，而人民不啻沐君主之赐也。自下所撰之宪法，则其法实为国民所自定，既定之后，择一人以行使之，自无论为皇帝、为伯理玺天德，皆不过代行宪法之一经理人而已。二者均由其历史而成。使出于第二者，则其议会有绝对之大权；使出于第一例，则议院不能不承政府之意旨。而日本宪法之成立，则为由于第一例者，故君权之大，为列国宪法之冠。且日本旧行之封建藩阀贵族独握利权，此等阶级，已深入人心。今在上诸元勋，积威重矣。议员来自田间，岂能与之相抗。"(《日本丙午议会提要》，载《政治官报》，光绪三十三年九月二十六日。)这里明确谈到宪法有"自上所颁"与"自下所撰"两种，并指明日本宪法是"自上所颁"的，因此君权独大。很明显，这里涉及了制宪问题。但是，作为《日本丙午议会》的提要，此处是从日本议会权力的大小的角度谈的，而不是专门谈制宪权的。并且，该提要也未将"自上颁布"的宪法冠以"钦定"字样。明确向清廷提出用钦定的办法制宪是巩固君权的不二法门的人，应该是下文要论述的达寿。

第二章　巩固君权的妙法

一、袁世凯建议派员考察德、日两国宪法

第一次出洋考察政治的大臣们回国一年之后，直隶总督袁世凯奏请清廷再次派大员出国考察。

袁世凯写道，最近数十年来，"环球各国无不颁布宪法"。但是，各国情形不同，宪法互有差异。而宪法一经制定，就不能修改，"永永不易"。因此，制定之前，未雨绸缪，斟酌别择，必须假以岁月。但前次派载泽等人出洋考察，"原为考求一切政治，本非专意宪法"，对宪法问题考察得不深。加上时日有限，"往返仅八阅月"，无法洞见源流。而日本在制宪之前，则派遣了伊藤博文等人周游欧美，"绵历九年"，考察周详，然后才发布了七十六条的宪法。

基于以上考虑，袁世凯觉得，有必要再次派员出洋，专门考察宪法问题。不过，他觉得没有必要像上次那样周游列国，重点考察日本和德国就可以了。因为"各国政体，以德意志、日本为近似吾国"，考察这两个国家，最有参考价值。

考察宪政大臣的工作方式，袁世凯也有所筹划："会同出使大臣专就宪法一门，详细调查，博访通人，详征故事，何者为入手之始，何者为收效之时，悬鉴照形，立杆取影，分别后先缓急，随时呈报政府核交资政院会议定夺，请旨施行。政府居出治之地，资政院当发轫之初，遇有疑难，正可与该大臣函电相商，使其发明真理。"

袁世凯还提出，不要限定考察的时间，"总以调查完竣巨细不遗为断"。唯其如此，才能"由浅及深，随时搜录"。这样，方可"折衷至当，

层递推行"。①

在那道奏片中，袁世凯除建议清廷派员赴德、日两国考察宪法外，还建议从近支王公中选派"聪颖特出"者到英国和德国学习政治和军事。②

有人担心，现在革命党在海外的势力很大，王公大臣外出，"危险堪虞"。袁世凯觉得这是过虑了。在他看来，"逆党阴谋，深恐立宪既成，绝其生路，故乘此人心未定之日，以恫吓为阻挠"，如果因此而不敢出洋，那真是因噎废食。并且，载泽等人出洋的时候，虽然在北京火车站遭遇了袭击，但出国之后，"东西徂征"，都毫无危险。尤其是王公们前往的英国和德国，"警察严密，防范甚周"，不必担忧。③

袁世凯所提出的革命党人不足成为安全隐患值得关注。他说革命党人担心立宪成功，似是而非，并不准确。因为革命党人并非反对宪政，他们所反对的是君主立宪，他们所向往的是民主立宪。如果君主立宪成功，革命党所主张的民主立宪方案就无法实行，革命派也会被绝了生路。因此，革命者中间，确实有人担心清廷的宪政改革成功，袁世凯的推测有一定道理。不过，说革命党只会"以恫吓为阻挠"，恐怕也过于小瞧了革命党。

但必须承认，袁世凯此言，确实反映了君主立宪与民主立宪两条道路竞争的事实。这两条道路之间的竞赛，其中包含了两种制宪方案的分歧。袁世凯奏请派大员再度出洋，专门考察宪法，包含了请清廷赶紧摸索出一套君主立宪体制下的制宪方案的意思。他的一套说辞，实际上是在告诉清廷，只要坚持走宪政之路，国内人心便可大定，革命党便没有生路，皇朝便可长久。倘若不如此，则革命党人的"恫吓"

---

① 以上引文，均引自袁世凯：《请派大臣赴德日详考宪法并派王公近支赴英德学习政治兵备片》（光绪三十三年六月十九日），见骆宝善、刘路生主编：《袁世凯全集》第 16 卷，342～343 页，郑州，河南大学出版社，2013。

② 袁世凯论道，要选派王公出国留学的原因，一则符合清朝重用亲贵的祖制，二则欧洲各国都这么做。其中第一条值得注意。数年后，皇族内阁出台，绅士集团否定它的一大理由，就是按清朝旧制，亲贵不能担任政府首脑，与袁世凯的说法完全相反。看来，如何看待清朝的"旧制"，尚需斟酌。

③ 袁世凯：《请派大臣赴德日详考宪法并派王公近支赴英德学习政治兵备片》（光绪三十三年六月十九日），见骆宝善、刘路生主编：《袁世凯全集》第 16 卷，343 页，郑州，河南大学出版社，2013。

就会持续下去，威胁皇朝的统治。

二、三大臣出洋

听取了袁世凯的合理建议，清廷于 1907 年 9 月 9 日颁发谕旨，派遣大臣再度出洋考察。不过，与袁世凯所主张的只考察日本和德国不同，清廷决定考察英、德、日三国，分别派汪大燮、于式枚、达寿前往；与袁世凯所提考察"宪法"不同，谕旨要求考察的是"宪政"。① 不过，宪法问题还是关键。

为了三大臣出洋之后能更好地开展工作，相关部门制订了一份《考察宪政要目》。在这份文件中，"考察要目"的前面有一段文字，其最后一句是"兹将关于宪法重要事项亟待调查之处胪举如左"。至于"要目"的条文，确实都是围绕着宪法问题铺开的。②

---

① 《德宗景皇帝实录》，"光绪三十三年八月辛酉"，见《清实录》第 59 册，639～640 页，北京，中华书局，1987。

② "考察要目"包括如下八个方面。第一，宪法源流问题，包括：（1）宪法成立前之历史；（2）宪法成立后之改革；（3）宪法组织时之情形；（4）宪法条文及附属法。第二，君主之大权问题，包括：（1）大权之范围及其种类；（2）皇帝亲任总理大臣及各国务大臣办法；（3）大权施行之形式，如法律裁可式、爵位授与式之类。第三，皇室问题，包括：（1）皇帝及皇族兼陆海军职务之办法；（2）宫内省之制度；（3）皇室经费之定额及其增办法（附皇室财产之范围）；（4）皇族之地位及其范围；（5）皇族之特权及义务；（6）皇族之诉讼及惩戒法；（7）贵族之阶级；（8）贵族之特权及义务。第四，政府问题，包括：（1）国务大臣兼任行政大臣之实益；（2）国务大臣之资格；（3）国务大臣之权限及其责任；（4）组织内阁办法。第五，官吏问题，包括：（1）官吏之责任及其权利义务；（2）官吏任用法；（3）官吏惩戒法。第六，臣民问题，包括：（1）臣民国籍之取得及丧失法；（2）臣民之义务及权利之种类。第七，议院问题，包括：（1）议院之权限及其责任；（2）议院之种类及其组织法；（3）议员选举法（附选举区划分方法及上院议员之资格、下院纳税若干有选举权及被选举权之资格）；（4）议员之地位及其权利义务；（5）议会停止、解散之原因并其办法；（6）议会之细则。第八，其余宪法上之重要问题，包括：（1）枢密顾问之地位及其权限；（2）会计检查院之组织及其权限；（3）行政裁判所之组织及其权限；（4）政党之组织及其势力；（5）司法权独力之范围；（6）预算编制之方法；（7）国税之征收方法；（8）地方官对于国务大臣之责任职务及监督地方权限；（9）地方自治之组织及其权限；（10）地方税之办法；（11）地方公民之资格；（12）英国三岛之制人民权利办法各自不同，其人民亦非同一种族，并须特别详细调查。参见《内阁会议政务处酌定日英德宪政大臣考察宪政要目》，载《申报》，光绪三十三年十一月初一日。

　　三大臣奉命之后，与宪政编查馆有一番沟通磋商①，然后低调出发，免得招惹麻烦。

　　三大臣中，赴日的达寿出洋最早，1907 年农历十月就动身了。② 赴德的于式枚在 1908 年农历三月初九日才到达德国。③ 汪大燮也于 1908 年农历三月间抵达英国首都伦敦。④

　　学界对五大臣出洋关注较多，对三大臣出洋则研究较少。其实，三大臣出洋对于清廷的政治改革，同样意义重大。五大臣出洋，高举"考察政治"的旗号，已属难能可贵。三大臣出洋，则进一步明确目标，高举"考察宪政"的旗号，显示了改革的深化。五大臣考察的范围包举一切政治，而三大臣则专攻宪政，并将宪法作为最重要的考察对象。五大臣出洋使清廷最终下定决心启动了宪政改革，三大臣出洋则使清廷进一步认识到改革的可行性，并且为改革找到了一些确切的方法。就宪法方面而言，通过五大臣出洋，清廷确信宪法是可以"巩固君权"的，而通过三大臣出洋，清廷则进一步明白，钦定宪法是确保宪法巩固君权的不二法门。清廷的宪法可巩固君权的见识，主要是载泽提供的。而其钦定宪法的见识，则主要是达寿提供的。

　　达寿到日本之后，日本派子爵伊东巳代治与他沟通。经与伊东商定，将《考察宪政要目》归纳为日本宪法历史、比较各国宪法、议院法、司法、行政、财政六类，拟由穗积八束、有贺长雄、太田峰三郎等学者分别跟他讲论。从 1908 年年初（丁未十二月）开始，达寿"与该博士

────────────

①　例如，于式枚宣称，"奉命以来，日与宪政馆诸臣详细讨论"（《出使德国考察宪政大臣于式枚奏考察宪政谨拟办法宗旨折》，载《政治官报》，光绪三十三年十月二十六日）。

②　"奴才于上年十月恭荷恩命出使日本考察宪政，迄今半载。"（《考察宪政大臣达寿奏考察日本宪政情形具陈管见折》，载《政治官报》，光绪三十四年七月二十三日。）

③　"臣于三月初九日行抵差次，当经奏报在案。"（《考察宪政大臣于式枚奏呈递国书礼成折》，载《政治官报》，光绪三十四年六月十四日。）

④　"臣奉命赴英考察宪政，于上年三月间行抵英京。"（《考察宪政大臣汪大燮奏陈明考察宪政编辑情形并报起程日期折》，载《政治官报》，宣统元年闰二月二十一日。）

等逐日讨论"①，到该年 3 月底，他被一道谕旨调回北京当差，考察宪政事宜由李家驹接手。② 由于当时前三类尚未讨论完毕，而日本方面也希望能够一口气将前三类讲完，达寿和李家驹乃向军机处打电报，要求由达寿完成前三类的考察，后三类则交给李家驹。③ 获得批准之后，达寿继续与日本学者进行探讨，终于在 1908 年农历五月完成了考察工作。④

归国之后，达寿向清廷进呈了一批书籍⑤，并递交了几份重要的奏折。从其中的两份奏折中，我们可以很清晰地看出他对钦定宪法的认识。

---

① 《考察宪政大臣达寿奏宪政重要谨就考察事件择要进呈折并单》，载《政治官报》，光绪三十四年七月二十二日。

② "命考查宪政大臣达寿回京供职，以出使日本国大臣李家驹充考查宪政大臣。"（《清德宗景皇帝实录》，"光绪三十四年二月丁丑"，见《清实录》第 59 册，767 页，北京，中华书局，1987。）

③ 《考政大臣请示听讲宪政事宜》，载《申报》，光绪三十四年三月二十日。此处所收电报如下："寿奉命考察宪政，业由日本政府委伊东、穗积、有贺等按照编查馆条目，区为六类，分期讲论。其立宪沿革、宪法比较、议院法三类即由伊东等主讲，其司法、行政、财政三类另派他人主讲。现伊东等所讲者计已过半，约一个月可毕。适家驹奉派接充，因使事、学务均极繁重，须俟胡使到东交替后始能接办。惟伊东等意欲一气讲毕，不欲重复再讲，屡以接替之期相询，现在是否将伊东等所讲之三类仍由寿一手接洽，其余三类将来由驹另派他人讲论之处，请迅赐示。"据此，伊东巳代治是参与了主讲的。但是，《考察宪政大臣达寿奏宪政重要谨就考察事件择要进呈折并单》却说："奴才奉命出使日本国考察宪政，遵依宪政编查馆所开要目，与日本子爵伊东巳代治商订，区分六类，一日本宪法历史，一比较各国宪法，一议院法，一司法，一行政，一财政，由日本大学法科学长穗积八束、法学博士有贺长雄、贵族院书记官长太田峰三郎分类讲论。"（《考察宪政大臣达寿奏宪政重要谨就考察事件择要进呈折并单》，载《政治官报》，光绪三十四年七月二十二日。）观此，则伊东巳代治只是组织者，并不负责授课。达寿在日考察的真实情形，有待进一步考证。

④ 《考察宪政大臣达寿奏宪政重要谨就考察事件择要进呈折并单》，载《政治官报》，光绪三十四年七月二十二日。

⑤ 达寿所进呈的书籍有五种，共十五册，包括《日本宪政史》（上下两卷、附录一卷）、《日本宪法论》（上中下三卷、参考一卷）、《比较宪法》（五卷）、《议院说明书》（上下两卷）。参见《考察宪政大臣达寿奏宪政重要谨就考察事件择要进呈折并单》，载《政治官报》，光绪三十四年七月二十二日。

三、大权政治必用钦定宪法

《考察宪政大臣达寿奏考察日本宪政情形具陈管见折》（下文简称《具陈管见折》）是达寿归国后呈递的分量最重的一份奏折，共一万三千字。奏折中，谈在日考察情形的文字甚少，主体是"具陈管见"。在奏折的开头部分，他就交代，此折要跟皇太后、皇上"具陈"的"管见"有两点，一则"政体之急宜立宪"，即应该采用立宪政体，二则"宪法之亟当钦定"，即宪法要钦定。

关于宪法要钦定，达寿是从宪法分类入手谈的。他写道，就宪法的制定形式而言，可以分为钦定宪法、协定宪法、民定宪法三种。① 钦定宪法是"出于君主之亲裁"的宪法，协定宪法是"由于君民之共议"的宪法，民定宪法则是"制定之权利在下，而遵行之义务在君"的宪法。②

由于宪法的制定方式不同，各国的政治运行模式也就有了区别。宪法为钦定的国家，必为大权政治；宪法为协定的国家，必为议院政治；宪法为民定的国家，则为分权政治。③ 大权政治，以君主为权力中心；议院政治，以议院为权力中心；分权政治，则三权鼎立，没有

---

① "就形式以为言，有三种之区别，即钦定宪法、协定宪法、民定宪法是也。"达寿此处所言"形式"，是指制定宪法的方式。在下文，即有"宪法制定之形式既有三种，而政治运行之实际亦遂不同"之说。（《考察宪政大臣达寿奏考察日本宪政情形具陈管见折》，载《政治官报》，光绪三十四年七月二十三日。）

② 《考察宪政大臣达寿奏考察日本宪政情形具陈管见折》，载《政治官报》，光绪三十四年七月二十三日。

③ "后之三种政治，实与前之三种宪法有因果之关系焉。何也？盖宪法由于钦定者，未有不取大权政治者也，宪法由于协定者，未尝不欲行大权政治，其终未有不流于议院政治者也，宪法由于民定者，则大权政治、议院政治皆所不取，盖皆行分权政治者也。故日本之宪法钦定也，而大权政治生焉。普国之宪法协定也，而不能行大权政治，英国之宪法亦协定也，而议院政治生焉，法、米之宪法民定也，而分权政治生焉。"（《考察宪政大臣达寿奏考察日本宪政情形具陈管见折》，载《政治官报》，光绪三十四年七月二十三日。）

中心。①

　　达寿认为，这三种政治，很难说哪个好、哪个不好，但是，若从国体的角度来看，还是大权政治最好。而要推行大权政治，则宪法必须采用钦定的形式。② 只有钦定的宪法，才能巩固君权。

　　紧接着，达寿从君主、臣民、政府、议会、军队五个方面分析了用钦定的方式制定宪法可以巩固君权的理由。③

四、钦定宪法可以巩固君权的五大理由

（一）钦定宪法可以用"列记法"详细规定君主大权

　　欧洲各国的君主虽然也有皇帝之名，但事实上不过是一个"历史相沿之敬称"，而不是"握有主权之元首"，其原因就在于，这些国家的宪法，都是用协定或民定的方式制定的。只有日本宪法是钦定的，因此，日本宪法第一章就是关于天皇大权的，并且，对于君主的大权、特权，还用"列记法"详细列举出来。日本宪法中，"列记"的天皇大权达十多

---

　　① "大权政治者，谓以君主为权力之中心，故其机关虽分为三，而其大权则统于一。其对于内阁也，得以一己信任之厚薄自由进退其大臣。其对于议会也，则君主自为立法之主体，而议会不过有参与之权，议会虽有参与之权，而君主实仍操裁可之柄。其对于裁判所也，其裁判权虽寄于裁判所，而大赦、特赦、减刑、复权之事，仍属天皇之自由。此大权政治之大概也。议院政治者，以议会为权力之中心，立法之权既全归于议院，而行政之权亦间接而把持，君主行政必须内阁大臣之同意，而内阁大臣之进退又视政党意见之从违，盖立法、行政之权皆混同于议会之内矣。此议院政治之大概也。分权政治者，其大统领则有行政权而无立法权，其议院则只知立法而不问行政，界限分画，两不相侵。此分权政治之大概也。"（《考察宪政大臣达寿奏考察日本宪政情形具陈管见折》，载《政治官报》，光绪三十四年七月二十三日。）

　　② "考此三种之政治，不能卒断其短长，傥持国体以为衡，实以大权为最善，而欲行大权之政治，必为钦定之宪章。"（《考察宪政大臣达寿奏考察日本宪政情形具陈管见折》，载《政治官报》，光绪三十四年七月二十三日。）

　　③ "巩固君权"一语，达寿在奏折中的说法是"存国体而巩主权"。所谓存国体，即保存君主制度，所谓巩主权，则是巩固君权。

条。① 清廷若制定宪法，也可以这么做，将君主大权"详细规定"。达寿说："此钦定可以存国体而巩主权者一也。"

（二）臣民权利自由只是摆设

将臣民权利规定于宪法中，是自美国宪法以来的通行做法。观其条文，似乎各国民权已达于极点，将侵犯君权，使人有"犯上作乱之忧"。达寿说，这是误会。如果宪法是用钦定的方式制定的，则臣民权利"不过徒饰宪法上之外观，聊备体裁，以慰民望已耳"，根本不会侵害君权。

究其原因，其一，臣民的权利自由虽规定于宪法之中，但并非可以直接享受，而是受到了各种法律的限制。比方说，日本宪法规定臣民有言论、出版、结社、集会自由，伹同时规定此自由是"于法律范围内有之"。达寿解释道，这说明此项自由，"出乎法律范围外者可以禁止无疑"。日本宪法中有臣民书信秘密不受侵犯之条，但限定以"无反法律之所定"，很明显，如果国家认为臣民违反了法律，即可剥夺此项自由。日本宪法规定臣民有信教自由，但限之以"无背义务、无害安宁"；有请愿自由，但限之以遵从"别定之规程"。如此这般，达寿列举了日本宪法中臣民权利多条，告诉两宫日本宪法中"揭载臣民权利自由者莫不限之以法律"，臣民权利自由确实只是聊备体裁而已。

其二，国家对臣民具有强制权。立宪国都重视行政命令和行政处分。当行政系统行使这些权力的时候，臣民必须服从，其权利自由因此而受到极大限制。

其三，国家对臣民还可行使非常权。所谓非常权，是指如果人民用暴力抵抗命令，在轻微的情况下国家可动用警察，稍微严重一点的情况可动用军队，再严重一点的情况可以实行戒严。在戒严期间，"平日归于司法行政所保护之臣民权利自由一切置诸军队处分之下"，哪还有真正的权利自由？戒严制度源自"民权最大之法国"，在钦定宪法的日本，那就更不用说了。

---

① 此处所说的"列记"，用的是《东方杂志》第五年第八期的版本。《政治官报》版为"外记"。我曾经以为是"外记"，现发现应该是"列记"。关于此点，留待下文详论。

其四，在规定臣民权利自由的时候，还可以使用权术。宪法中的一些权利，如居住、迁徙、言论、信教等，在中国，本是臣民"固有之权利"，而日本却都列入宪法之中。达寿提醒道："其操纵之意可知矣。"也就是说，中国将来钦定宪法，不妨也这么做。他还提出，使用这种权术的时候，还有一点必须注意，那就是臣民的权利自由"必使出于上之赐与，万不可待臣民之要求"。如何做到臣民的权利自由是出于君主的"赐与"，达寿自有锦囊妙计，将在另一道封奏中献给两宫。

臣民权利自由只是摆设，因此不必担心这些条款会侵犯君权。达寿说："此钦定可以存国体而巩主权者二也。"

（三）责任内阁制度不会妨害君主大权

清季的宪政改革，从官制入手。在1906年改革官制的过程中，负责人载泽等曾经试图引入责任内阁制度，但因遭到各方反对，最后无疾而终。各方反对的理由中，以责任内阁会影响君主大权，导致"大臣凌君"的声音最强大，最能影响两宫决策。[①]

达寿则以其考察所得奏报两宫，其实责任内阁制度并不可怕。

原因在于，国务大臣虽然是辅弼君主的重臣，但是，"君主毫不受其拘束"。他举出英国、美国、比利时的例子，试图使两宫明白，在这些国家，君主对于大臣都有"莫大之权"。[②] 而这些国家，要么是议院政治，要么是分权政治，至于实行大权政治的日本，那就"益可知矣"。

达寿解释道，日本的国务大臣，不是对议会负责任，而是对天皇负责任。大臣若有失政，天皇可以自由罢免；大臣有事奏闻，天皇可

---

①　彭剑：《清季宪政编查馆研究》，158～166页，北京，北京大学出版社，2011。

②　此处无误，达寿虽然在一处称美国总统为"大统领"，但是，当将其与英国、比利时放在一起言说的时候，就笼统称为君主了。原文如下："英国议院政治也，而凡内阁决议之事，一切均须上奏。美国分权政治也，而任免大臣之权仍操于大统领之手。比利时宪法纯为民定，而比王对于宪法上所定大权范围之内尚得自由行其方针，如国防也、海外贸易也、殖民政策也皆自选英贤，询以大计，而内阁向不与闻。夫以议院政治、分权政治之英、美、法、比等国，其君主对于大臣犹有莫大之权，而所谓大权政法（治）之日本益可知矣。"（《考察宪政大臣达寿奏考察日本宪政情形具陈管见折》，载《政治官报》，光绪三十四年七月二十三日。）

以自由准驳。日本制度与专制国的不同之处在于，如果大臣觉得天皇所下的命令违背了宪法，不敢担负责任，可以拒绝副署，"不经大臣之副署，则天皇命令终不得施行，此则所以防专制之弊者也"。

但话也得说回来，这在中国，也算不得什么新鲜事，"不经凤阁鸾台不得为勒，我国自古封还诏书及署纸尾之事已数见而不鲜"。在达寿看来，这说明"中西制度不谋而同"。因此，设立责任内阁，"不过复中书省之旧制而已，岂有损君权于万一哉"。

责任内阁不会妨害君主大权，达寿说："此钦定可以存国体而巩主权者三也。"

(四)国会不会侵害君权

有人担心，"国会可以侵君主之权、掣政府之肘"。达寿奏报两宫称，这种言论，表明这些人"知其一而不知其二"。

大权政治下的国会，和议院政治、分权政治下的国会大不相同。英国虽是君主国，但实行的是议院政治，国会实际掌握立法、司法、行政三权，被称为"万能议院"。因此，英国是"名为立宪，实则国会专制之政治"。

在法、美等民主国，也在宪法中列举国会的种种大权，并且，"未曾列记者，亦视为国会固有之权"，国会的权力当然很大。这是因为民主国的主权是归于人民的，因此"以代表人民之议会为主权之主体"。

在以上两种情形下，最高统治者的大权当然要受到国会的诸多制约。但是，如果是实行大权政治的君主国，那就不一样了。且看日本，其国会的权限，只限于宪法上所规定的方面，"别无他权"。而宪法上规定的国会权力，实则只有两项，一则协赞立法，二则议决预算案。其他一些权力，如建议权、受理请愿权，国会虽然也享有，但是否采纳，则"权在天皇"。国会也可以提议法律案，但"裁可仍听之天皇"。至于修改宪法和解释宪法的权力，全在天皇，"非国会所能置喙"。至于国会之开会、闭会、停会、解散，以及紧急命令、独立命令，"无一不属于天皇之大权"。

像日本这样，国会显然不可能侵夺君主大权。能有如此局面，其实是由制宪方式决定的："若非纯粹钦定宪法，安得有此?"因此，只要做到了宪法钦定，就不用担心君权受国会侵害。达寿说："此钦定可以存国体而巩主权者四也。"

（五）钦定可收督抚兵权，使君主牢牢控制军队

太平天国运动之后，清廷的权力格局发生了重大变化，由此前的"内重外轻"，变为"外重内轻"。这种变化对于皇权实为隐忧。其中最令皇帝"宵旰忧劳"的，当系兵权。因此，内乱敉平之后，清廷便采取种种措施，试图收回督抚兵权，但并不称心如意。达寿经过考察发现，如果宪法用钦定的办法制定，则可以一劳永逸地解决这个问题。他将此作为钦定宪法可以巩固君权的第五条理由。显然，这条理由虽摆在最后，但绝对不是最不重要的，并且，很有可能是最能使两宫"嘉悦"的。

达寿是从军队行政的性质入手谈的。经营军队，当然是国家事务，因此，军队行政当然是国家行政。行政权归政府，行政责任属于国务大臣，但是，"国务大臣之职守与军队之目的乃常生扦格之势"。

扦格之一：国务大臣的职守在于"发达国民"，因此要努力节省经费以减轻国民的负担，但对军队而言，经费是唯恐其少，"务在求多"。

扦格之二：国务大臣的职守在于发展国内生产，而壮丁是重要的生产要素，因此，不愿意有太多人去当兵，但是，对军队而言，则"常欲厚其兵额以固国防"。

因此，军队的统帅权和行政权该归谁，是一个颇难处理的问题。属于国务大臣，则"军队之势力必有流于薄弱之忧"；不属于国务大臣，又容易导致"常备兵额漫无制限"的局面。

在这个问题上，各国的制度设计各有千秋。达寿觉得日本的设计是最好的。

日本宪法第十一条规定："天皇统帅海陆军。"第十二条规定："天皇定陆海军之编制及常备兵额。"第十三条规定："天皇宣战媾和及缔结各种条约。"

列举完这三条，达寿提醒，由此可知，"日本军队统帅之权全握于天皇一人之手"。

这种设计的妙处就在于，使"国家事务"与"统率事务"相互独立，但又使二者拥戴"同一之首领，以调和联络于两者之间"。天皇"维持二者之权衡，联络二者之关系"。当他作为国家元首时，则行使国家行政之大权；当他作为军队大元帅时，则行使军队统帅之大权。在这种制度下，天皇有"万乘无对之尊"，"下则分途共治，上则挈领提纲，界限分明，事权统一"，不但天皇拥有大权，并且国家容易强大，达寿认为："日本之所以克强者全在乎是矣。"

回过头来看"我朝兵制"，原本也是"超越前古"的，皇帝是享有统帅权的，而军队的行政权则分寄于部臣和疆臣。这种体制可以避免"前代藩镇之弊"，并且，与日本宪法所规定的"天皇有统帅海陆军大权"也是相通的。但是，咸同军兴以来，"兵权委之督抚，其后遂成惯例"。达寿说，这很危险，长此以往，"统帅权与行政必致两相混淆"。也就是说，督抚剥夺了皇上的统帅权。达寿给出的解决办法就是："采邻邦之新制，复列圣之成规，收此统帅之大权，载诸钦定宪法。"

如此一来，皇上就可以"帷幄运筹"，大权在握了。达寿说："此钦定可以存国体而巩主权者五也。"

五、钦定注意事项

达寿在《具陈管见折》中试图通过以上五个方面，说明用钦定的办法制定宪法可以巩固君权。至于如何做才能确保宪法钦定，此折并未涉及。但是，实际上，他在日本考察的时候，对于钦定的具体办法也认真研究过。其心得，在《考察宪政大臣达寿奏国会年限无妨预定折》（以下简称《无妨预定折》）中吐露了出来。①

这封奏折对当时风起云涌的国会请愿运动有所回应。士绅们组织的请愿运动以尽快召开国会为目的，而反对速开国会的官员们则以"人民程度不足"为由加以阻挠。与这些官员不同，达寿认为"人民程度与开国会无关"，不要用人民程度不足的话来阻挠开国会。但是，他却并没有因此得出可以速开国会的结论，而是提出，国会不能立即

———————

① 《考察宪政大臣达寿奏国会年限无妨预定折》，载《政治官报》，光绪三十四年七月二十四日。

召开，其中一个非常重要的原因，就在于召开国会之前必须先颁布宪法。

（一）先颁宪法，后开国会

为什么要先颁宪法，再开国会？达寿谈了三点理由。

一则臣民的权利是要靠宪法来保障的，宪法未定，则没有保障，权利无从谈起。①

二则在无宪法的情况下，议员的人身安全没有保障。达寿说，议员在议院里享有言论自由，对议员不得加以诽谤、侮辱、暴行、逼胁。这些问题，"宪法上皆一一明定而为之保护"，若在未颁宪法的情况下召开国会，必然会出现议员因发抒意见、表决议案而得罪政府，"纷纷卜缧绁、带枷锁"，"演出万国稀有之奇剧"。

三则无宪法规定，议员无从行使职权。达寿说，议员的职权是参与立法和监督财政，如果没有宪法明确记载，议员就无法确认自己的职权，更何谈"参与""监督"？即使参与了、监督了，也要么是唯唯诺诺，要么是触犯政府，不会有好结果。

单从文字上看，达寿所谈，都是在为议员着想，实则另有深意。先定宪法，后开国会，其关键在于，这么做可以剥夺国会的制宪权，确保宪法钦定，从而使宪法能巩固君权。

（二）两宫要学习宪法

如果说在颁布宪法和召开国会的先后关系方面，达寿还遮遮掩掩，将真实意图藏得很深，在奏折结尾处提出要在预备立宪期间进讲宪法和将来制宪时必须坚守秘密的时候，就都直抒胸臆了。

制宪前为什么要进讲宪法？达寿说，他在日本考察期间，与伊藤

---

① 达寿的原话是："夫臣民权利本以宪法为保障，今宪法未定，则保障无存，权利何有？此国会之不能先于宪法而开设者一也。"（《考察宪政大臣达寿奏国会年限无妨预定折》，载《政治官报》，光绪三十四年七月二十四日。）这一说法，显然与其在《具陈管见折》中的如下说法相抵触："臣民权利自由实不过徒饰宪法上之外观，聊备体裁，以慰民望已耳"，"且其所谓权利者，如居住，如转移，如言论，如信教等，皆中国所视为固有之权利，而日本皆定宪法之中，其操纵之意可知矣"。（《考察宪政大臣达寿奏考察日本宪政情形具陈管见折》，载《政治官报》，光绪三十四年七月二十三日。）

博文、伊东巳代治等大臣以及穗积八束、有贺长雄等学者讨论时，他们都谈到一个观点：宪法是国家根本大法，一字出入，都关系甚大，因此"必须出自至尊亲裁，断非廷臣所敢擅"。君王要有能力"亲裁"，就必须熟悉宪法。熟悉的途径就是学习。

明治天皇就很擅长学习。在改革期间，他曾于宫中设一斋房，从臣子中挑选"深通宪法"之人，"按日进讲"。其学习是相当刻苦的："日昃退朝，夜分始寐，始则周谘博访，继则执两用中。"日本宪法最终能够钦定，与此有极大关系。

中国时下正在预备立宪，跟日本当年的情形类似。达寿觉得，慈禧太后、光绪皇帝应该跟明治天皇一样，认真学习宪法。他说，如果两宫能够利用余暇，"慎选廷臣进讲各国宪法"，一定能够"辅圣明于万一，实于钦定宪法不无所裨"。

他还拿列祖列宗说事："我朝列圣相承，皆重问学"，"儒臣进讲，代有所闻"。为了钦定宪法，从廷臣中选择一二通晓宪政之人"随时进讲"，这实在是"不可少之举"。为了引起两宫重视，他还加了如下一句："此预备立宪时最要之事也。"

（三）制宪要秘密

达寿与伊东巳代治交流时，后者告诉他，日本起草宪法的时候，天皇将起草一事全权交给伊藤博文一人，让他"总理一切"。各种与宪法相关的调查也好，各处与制宪相关的建议也好，都归伊藤博文"一手经理"，如此，可免去"意见各执""扞格横生"的弊病。

草案制订好之后，又由天皇亲自挑选重臣参与讨论，"严守秘密"，不允许"稍有漏泄"。这么做是为了"防物议而恐招暴动"。日本宪法就是用这种秘密的方式制定，最后由天皇钦定颁布的。

为什么制宪必须秘密从事？那是因为，在制宪的时候，为了自己的权利，人民必然会死力相争，令在上者很难应付。如果不秘密从事，肯定会出现这样的景象："报章流布，妄肆讥评，鼓吹人心，煽动全国，士夫奔走，伏阙上书。"如果听从其意见，钦定就无从实现。如果不听从，那就可能因制宪一事而出现内乱。退一步讲，"即使祸乱不萌，亦难免一时之纷扰"。还是用秘密的方式有把握。

　　如果说通过五大臣出洋，清廷认识到了宪法是可以巩固君权的，那么通过三大臣出洋，清廷则进一步认识到了借宪法巩固君权的妙法在于制宪方式一定要用钦定，也就是要牢牢掌握制宪权。达寿的两封奏折，不但使清廷明白钦定宪法可以巩固君权，并且还知道了为了确保钦定，一定要在开国会之前制定宪法，制定宪法的时候一定要秘密从事，千万不能允许人民参与。为了有"钦定"的能力，两宫还要努力学习，选拔臣子给自己讲解宪法。

　　至此为止，清廷借宪法巩固君权的梦想，越发具有可行性了。正是在这样的背景下，诞生了一部"钦定"的《宪法大纲》。

第三章 《宪法大纲》的体例创新

达寿的《具陈管见折》等封奏呈递之后不久，清廷于 1908 年 8 月 27 日颁布了《宪法大纲》。这是中国宪政史上的一桩大事，不只在当时引起轰动，就是在后世，也令所有关注中国宪政史的学者注目于此。不管是同情还是反对，学者们都不避讳一个事实：为了巩固君权，《宪法大纲》亦步亦趋地模仿日本宪法。

因为《宪法大纲》是由宪政编查馆起草的，我在研究宪政编查馆的时候，自然绕不过去，也加入了《宪法大纲》为巩固君权而模仿日本宪法的"大合唱"中。我还从多方面论证，《宪法大纲》不但模仿日本宪法，且在日本宪法的基础上进一步加强了君权。

但是，我近来发现，《宪法大纲》也不是一味模仿日本宪法，它在体例上实有创新。说来惭愧，这一发现，是在推翻自己的错误解读的基础上实现的。

一、模仿日本宪法的"外记法"?

我曾经判断，《宪法大纲》为了巩固君权，特意模仿了日本宪法中的"外记法"。这一方法，是达寿在日本考察宪政时学到的。确实，在刊登于《政治官报》的《具陈管见折》中，有如下一段：

> 惟日本宪法由于钦定，开章明义，首于天皇，而特权大权又多外记。匪特外记已也，即其未经外记之事，亦为天皇固有之权。今试就其外记者言之……凡此大权，皆为欧洲各国宪法所罕有，

而日本学者尚谓有漏未规定时启疑问之端。中国制定宪法，于君主大权无妨援<u>外记</u>之法，详细规定，既免将来疑问之端，亦不致于开设国会时为法律所制限。①

这一段中，多次出现了"外记"一词。"外记"究竟是什么？我曾经猜测这是达寿在日本考察时从日本人那里囫囵吞枣学来的一个词语，"外"应该是跟"内"相对应的。"内"者，宪法条文之本身也，"外"者，宪法条文以外的文字也。《宪法大纲》中有很多条款，除了用大字写出的正条之外，尚有用小字写出的注释性文字。大字的条文显然就是"内"，小字的注释显然就是"外"，即"外记"是也。

基于这样的认识，我在《清季宪政编查馆研究》一书中发表了如下见解：

《宪法大纲》不但大量参考、借鉴了明治宪法的原文，而且还学了明治宪法的"外记法"，以加强君权。对于这一点，学界似乎尚无指陈。资料显示，用"外记法"详细规定君权，是达寿到日本考察宪政之后学来的。他在考察后上奏朝廷时说："惟日本宪法由于钦定，开章明义，首于天皇，而大权特权又多外记……中国制定宪法，于君主大权无妨援外记之法详细规定，既免将来疑问之端，亦不致于开设国会时为法律所制限。"此折在 1908 年 8 月 7 日奉旨"宪政编查馆知道"，宪政编查馆便将其作为一项基本原则贯彻于宪法大纲的起草工作中，君上大权 14 条中，用外记法者竟有 8 条之多（在上表中，括号内的文字系"外记"文字）。所有的"外记"都是加在君主大权一章诸条之下，而"臣民权利义务"一章则无一有此，完全体现了达寿奏折的精神，即以外记法将君权详细规定。②

① 《考察宪政大臣达寿奏考察日本宪政情形具陈管见折》，载《政治官报》，光绪三十四年七月二十三日。下划线为引者所加。
② 彭剑：《清季宪政编查馆研究》，74 页，北京，北京大学出版社，2011。

在研究宪政编查馆的时候，我对清季制宪的了解还不是很多，而民国以来的学界对《宪法大纲》的论述又汗牛充栋，因此，如何在这个问题上谈出新意，令我颇费踌躇。仔细阅读了达寿的《具陈管见折》，我对他所提的"外记"二字印象深刻。他所说的"外记"，应该就是《宪法大纲》诸多条款中的注释。因此，模仿日本宪法的"外记法"，应该是《宪法大纲》"巩固君权"的一个重要法门。而对于此，学界尚无人指陈。于是乎，我将这一点作为自己的一个重大发现，洋洋得意，大书特书。

二、扩大阅读带来的困惑

清廷赋予宪政编查馆的一个非常重要的职掌就是起草宪法。我也因为研究宪政编查馆，而对清季制宪问题兴趣日隆。当对宪政编查馆的研究告一段落之后，我就开始着手搜集材料，试图推进清季制宪问题的研究。没有想到，我在翻阅文献的过程中，既有收获，也心生困惑。

研究宪政编查馆时，我所研读的达寿《具陈管见折》是刊登于《政治官报》的版本。但在研究清季制宪期间，一次偶然的机会，我翻阅了收录于《清末筹备立宪档案史料》一书中的这一奏折。细读之后，我大吃一惊。前文所引《政治官报》中《具陈管见折》的那一段，在《清末筹备立宪档案史料》中几乎完全一样，但《政治官报》中的"外记"二字，在《清末筹备立宪档案史料》中都是"列记"，无一例外。

这是怎么回事？"外记"与"列记"，二者必有一误。一般情况下，判断的标准，是看哪个版本更原始。《清末筹备立宪档案史料》所刊文献，有很多出自清宫原始档案。如果其所刊《具陈管见折》系清宫档案中保存的达寿奏折，则基本可以断定"列记"是正确的。但是，《清末筹备立宪档案史料》所刊这一奏折不是出自清宫档案，而是出自《东方杂志》。《东方杂志》在刊登政府公文方面，直接抄录《政治官报》的可能性极大。因为《政治官报》作为清廷的政府公报在 1907 年问世以后，已成为政府公文的最可靠来源。

那么，会不会有这一种情况：《东方杂志》刊载这一奏折时的用语是"外记",但《清末筹备立宪档案史料》的编者错将《东方杂志》上的"外记"当成了"列记"? 找来《东方杂志》一看,发现其所用的,确实是"列记"。①

如此,似乎可以断定,《清末筹备立宪档案史料》中的"列记"不如《政治官报》上的"外记"可靠。并且,还有旁证:《申报》也刊登过这一奏折,其用语也是"外记"。②

然而,我还是有疑虑。因为,此前阅读相关文献时,我看到过好几种涉及《宪法大纲》条文中的注释的材料,没有一例将其称为"外记",全都将其称为"注"。

举例来说,《广益丛报》于《宪法大纲》颁布的当年刊登了一篇题为《宪法大纲质疑》的文章,认为从《宪法大纲》来看,中国所搞的根本就不是立宪,而是专制。文中对《宪法大纲》的有关条文多有征引,并且,对于条文中的注释,均称为"原注"。比如,该文作者批判《宪法大纲》中君主在颁行法律方面的大权一条时写道:

> (一)钦定颁行法律及发交议案之权。原注:凡法律,虽经议院议决,而未奉诏命批准颁布者,不能见诸施行。按原注文义推言之……③

1909 年各省成立谘议局,这是预备立宪期间的一件大事。在筹备谘议局的过程中,安徽士绅组织了一个议案预备会,并提出了一些议案,呈请安徽巡抚核夺。巡抚的批文中有如下的话:

> 惟议案关系重要,所有提议之件自当格外审择。来呈有尚待

---

① 《达寿奏考察情形具陈管见折》,载《东方杂志》,第 5 年,第 8 期,光绪三十四年,"记载"栏。

② 《达寿奏考察日本宪政情形(续)》,载《申报》,光绪三十四年八月初二日。

③ 佚名:《宪法大纲质疑》,载《广益丛报》,第 6 年,第 27 期,光绪三十四年。下划线为引者所加。

> 斟酌者，如应兴应革事件内所列军务一项，上年宪政编查馆、资政院王大臣会奏《宪法大纲》，以编制海陆军列入君上大权，而原注又声明议院不得干预，是则军务与庶政较异，似不在议案范围之内。①

在这里，安徽巡抚也将《宪法大纲》中的注释称为"原注"。

连《宪法大纲》的起草者宪政编查馆也称之为"注"。该馆在1910年奏报核议《死罪施行详细办法》时写道：

> 至该部原奏所称"大赦特赦系君主宪法上大权之一"等语，恭查《宪法大纲》君上大权各条内载："一爵赏及恩赦之权"，注明"恩出自上，非臣下所得擅专"等因，业经颁行钦遵在案……②

如果宪政编查馆真的将《政治官报》所刊登的达寿《具陈管见折》中提出的"外记法"作为巩固君权的手段，并且，"外记"所指的就是条文中的注释性文字，那为何时人没有将它称为"外记"，而都称为"注"？民间如此，官方如此，连起草《宪法大纲》的宪政编查馆也如此。难道是当时人们并无将宪法中的注释性文字称为"外记"的观念，"外记"一词是"列记"的误写？

三、《东方杂志》的删改

如果真是这样，那就意味着《东方杂志》在刊登达寿的《具陈管见折》时做了勘误工作，将"外记"一词修改为"列记"了。

刊登这一奏折之后，《东方杂志》上有一段编者的说明文字，并未

---

① 《各省筹办谘议局》，载《申报》，宣统元年八月初二日。下划线为引者所加。

② 《宪政编查馆奏核议法部奏酌拟死罪施行详细办法折》，载《政治官报》，宣统二年三月初三日。下划线为引者所加。

说编排过程中有将"外记"改为"列记"。不过，如果与《政治官报》做一番比勘，我们可以发现，《东方杂志》刊登《具陈管见折》时，并非原封不动地照录，而是有所删节、改动，这是事实。

先举例看看删节的情况。

前已述及，达寿这一奏折的主体，是讨论"政体急宜立宪"和"宪法必当钦定"两个问题。在论述前一个问题时，达寿花了相当大的力气介绍各国宪法制定的历史。他在介绍完欧洲各国的宪法沿革和孟德斯鸠、卢梭①的学说之后，转而介绍日本的情况。其承上启下的一段在《政治官报》中是这样子的：

> 考之历史则如彼，征之学说则如此，本理论而遂生事实，借争斗而乃得自由。观其数十之条文，实捐万民之身命，缅怀列国，真可寒心。<u>且夫察往者所以知来也，惩前者所以毖后也。绸缪牖户，知道惟未雨之诗，间暇国家，明政有及时之训。见几不吝于终日，覆辙共鉴于前车。</u>而于是日本之睦仁天皇，乃应运而起矣。②

这一段文字中的画线部分在《东方杂志》中没有出现。③ 紧接着，达寿论述日本立宪的历史，《政治官报》所载一段如下：

> 于是御前会议，乾断独裁，缩短发布宪法之期，亟定开设国

---

① 卢梭，《政治官报》和《东方杂志》均写作"卢梭"，而《申报》则写作"鲁索"。参见《考察宪政大臣达寿奏考察日本宪政情形具陈管见折》，载《政治官报》，光绪三十四年七月二十三日；《达寿奏考察情形具陈管见折》，载《东方杂志》，第5年，第8期，光绪三十四年，"记载"栏；《达寿奏考察日本宪政情形》，载《申报》，光绪三十四年七月三十日。

② 《考察宪政大臣达寿奏考察日本宪政情形具陈管见折》，载《政治官报》，光绪三十四年七月二十三日。下划线为引者所加。

③ 《达寿奏考察情形具陈管见折》，载《东方杂志》，第5年，第8期，光绪三十四年，"记载"栏。

会之限。诏书一下，万姓欢呼。朝阳出而爝火微，雄鸡鸣而天下晓。乃于明治二十二年布宪法，二十三年开国会焉。①

《东方杂志》所载的这一段文字中没有"朝阳出而爝火微，雄鸡鸣而天下晓"一句。②

介绍完各国立宪的历史之后，达寿着力论证立宪可以"固国本""安皇室"。在论证立宪可以"安皇室"一段中，达寿写道，以前的宪法，其精神在于孟德斯鸠所提出的三权分立，但看看各国的政治实际便可知道，除美国实行严格的分权制度，各国都对三权分立学说"曲加改良"了。在日本，司法权也好，立法权也好，行政权也好，都未曾减少君主大权。

然后，达寿决定对立宪政体可以"安皇室"这一小问题，乃至"政体亟宜立宪"这一大问题做一个总结。关于这段总结语，《政治官报》所刊者如下：

> 君权未尝减少，而此间接政治既可以安皇室，又可以利国家，元首为其总揽机关，皇室超然于国家之上，法之完全，无过此者。以上所陈者，皆立宪可以安皇室之说也。今夫新陈代谢者，天地之常经也，因时制宜者，帝王之盛轨也。故寒暑互易，万物斯涵化育之恩，泄沓相仍，朝政安有清明之望。惟有聪明之主，烛照几先，与父老而约三章，人心自然归汉，开明堂而敷五教，天下始解尊周，宸断必待先抒，乾纲乃能终秉。非然者，西河险固，舟中不能防敌国之谋，东晋风流，江左何以弭强胡之乱。伊川披发，患不必于百年，文武无灵，道将尽于今夜。奴才所谓政体急

---

① 《考察宪政大臣达寿奏考察日本宪政情形具陈管见折》，载《政治官报》，光绪三十四年七月二十三日。

② 《达寿奏考察情形具陈管见折》，载《东方杂志》，第 5 年，第 8 期，光绪三十四年，"记载"栏。

宜立宪者此也。①

这一段在《东方杂志》中被大量压缩，以如下面目出现：

> 君权未尝减少，而此间接政治既可以安皇室，又可以利国家，元首为其总揽机关，皇室超然于国家之上，法之完全，无过此者。以上所陈者，皆立宪可以安皇室之说。奴才所谓政体急宜立宪者此也。②

从以上所举可以知道，《东方杂志》在刊登达寿的《具陈管见折》时，并非一字不漏，全盘抄录，而是略有删节。

至于改动，也可举出一例。

探讨完"政体急宜立宪"之后，达寿紧接着论述"宪法必当钦定"。他提出，制定宪法的方式有三种，即钦定宪法、协定宪法和民定宪法。不同的国家之所以会有不同的制宪方式，是由于各国国情不同。关于国情决定制宪方式，《政治官报》所刊如下：

> 钦定宪法出于君主之亲裁，协议宪法由于君民之共议，民定宪法则制定之权利在下，而遵行之义务在君。大抵君主国体未经改革或改革未成之国家，其宪法仍由钦定，如日本与俄是也；已经改革或经小变乱而未变其君主国体之国家，其宪法多由协定，如英、普、奥是也；既经改革而又尽变其君主国体或脱离羁绊宣告独立之国家，其宪法多由民定，如法、如米、如比是也。③

---

① 《考察宪政大臣达寿奏考察日本宪政情形具陈管见折》，载《政治官报》，光绪三十四年七月二十三日。

② 《达寿奏考察情形具陈管见折》，载《东方杂志》，第 5 年，第 8 期，光绪三十四年，"记载"栏。

③ 《考察宪政大臣达寿奏考察日本宪政情形具陈管见折》，载《政治官报》，光绪三十四年七月二十三日。

这一段在《东方杂志》中几乎完全一样，但改了一个字，将"如米"改成了"如美"。① 日本习惯将美国称为"米国"，简称为"米"。而 20 世纪初的中国人则"美""米"混用。《政治官报》所登达寿奏折中十多次提到美国，基本都是"美"或"美国"，只有两处是"米"②，显得不统一。《东方杂志》将这两处"米"改为"美"，有帮达寿"藏拙"之效。

不管怎么说，《东方杂志》的这种改动，说明该杂志在刊登公文的时候，如果认为公文有误，是会做出修改的。③

既然《东方杂志》能够删除达寿奏折中的一些语言，能够将达寿奏折中的"米"改为"美"，则倘若它将达寿奏折中的"外记"改为"列记"，也不会令人感到意外。

何况，还有更直接的证据。

---

① 《达寿奏考察情形具陈管见折》，载《东方杂志》，第 5 年，第 8 期，光绪三十四年，"记载"栏。

② 其另一处用"米"，出现在讨论大权政治、议会政治、分权政治三种政治与钦定、协定、民定三种宪法之间的对应关系的文字中："虽然，后之三种政治，实与前之三种宪法有因果之关系焉。何也？盖宪法由于钦定者，未有不取大权政治者也；宪法由于协定者，未尝不欲行大权政治，其终未有不流于议院政治者也；宪法由于民定者，则大权政治、议院政治皆所不取，盖皆行分权政治者也。故日本之宪法钦定也，而大权政治生焉。普国之宪法协定也，而不能行大权政治，英国之宪法亦协定也，而议院政治生焉。法、米之宪法民定也，而分权政治生焉。"（《考察宪政大臣达寿奏考察日本宪政情形具陈管见折》，载《政治官报》，光绪三十四年七月二十三日。）

③ 当然，也不是所有的改动都有道理。比如，谈论法国第三次革命的时候，《政治官报》有如下一段："其第三次之革命，则因人民要求改正选举法而起。其时适当二月二十二日，学生、劳动者集众数万，会于广场，高唱改正万岁，大收武器，直逼王宫，逼王退位，别立新君，以临时政府之委员，草民主共和之宪法，统领之任定为四年，选举之方取于直接，帝政既倒，民权益张，史家所称巴黎二月大革命者是也。"（《考察宪政大臣达寿奏考察日本宪政情形具陈管见折》，载《政治官报》，光绪三十四年七月二十三日。）《东方杂志》所刊，与此有一字之差，此处的"草"，《东方杂志》作"革"。这显然是将原本正确的改错了。因为此处所说的革命，是 1848 年的二月革命，这场革命推翻了奥尔良王朝的君主统治，推选拿破仑·波拿巴为总统。因此，革命中应该是起草共和宪法，而不是革除共和宪法。当然，考虑到"草"与"革"字形相似，此处可能是手民误置。

四、乃师并无"外记"说

证据之一，是达寿在日本考察时的导师没有"外记"一说。

达寿曾经说，他在日本考察时，多与穗积八束等人切磋。① 《东方杂志》刊载他的《具陈管见折》时，也说此折的内容，"纯由日本学者穗积八束等所灌输之知识"，是"日本老博士见解"。② 看来，穗积八束对达寿的影响比较大。

刚好，我手头有一册穗积八束的《宪法提要》，让我们看看穗积博士有没有这方面的高见。《宪法提要》出版于 1910 年，在达寿考察之后两年，在穗积博士去世之前三年。全书共分五编，编下各自分章③，洋洋洒洒九百多页，分上下两册，堪称穗积博士在宪法学方面的集大成之作。

达寿奏折中的一些说法，确实搬弄了穗积博士的学说。比如，达寿在奏折中将各国的立宪政治分为大权政治、议院政治、分权政治等几种形式。这种分法，在穗积博士书中的第一编第三章可以找到，并且，穗积博士说得很明白，"大权政治"的提法是他的首创。他还表示，由于此前无人这么用，这一用法可能会招致误解。于是，他写了一段

---

① 《考察宪政大臣达寿奏宪政重要谨就考察事件择要进呈折并单》，载《政治官报》，光绪三十四年七月二十二日。

② 《达寿奏考察情形具陈管见折》，载《东方杂志》，第 5 年，第 8 期，光绪三十四年，"记载"栏。

③ 全书结构如下：第一编国家，第一章国家、第二章国体、第三章政体、第四章宪法；第二编统治主体，第一章皇位、第二章皇位继承、第三章摄政、第四章皇室；第三编统治客体，第一章总论、第二章领土、第三章臣民、第四章臣民之权能；第四编统治机关，第一章总论、第二章帝国议会、第三章帝国议会之构成，第四章帝国议会之职能、第五章政府、第六章国务大臣、第七章枢密顾问、第八章裁判所；第五编统治形式，第一章统治权总论、第二章大权、第三章大权之范围、第四章命令、第五章大权命令、第六章代法律之命令、第七章行政命令、第八章条约、第九章立法权、第十章立法权之范围、第十一章法律、第十二章预算、第十三章司法权、第十四章行政。参见[日]穗积八束：《宪法提要》，东京，有斐阁，明治四十三年。

话，说明为什么要将日本式的立宪政治称为"大权政治"。其中提到，日本宪法的一个特征是列国所无的，那就是"大权之列记"。① 在这里，他两次用到"列记"，而并无"外记"的提法。

在第五编的第二章有一目，题曰"大权事项"。在这里，穗积博士论道："所谓大权事项，是特在宪法中列记，由天皇行使，明确记载的事项。"②

紧接这一目的是"大权事项之列记"。在这一目中，穗积博士更是将日本宪法中"列记"天皇宪法的条款都罗列了出来：

一、裁可、公布法律、命令执行法律之大权（第六条）。

二、召集议会，命其开会、闭会、停会及命令解散众议院之大权（第七条）。

三、发代法律之敕令之大权（第八条）。

四、发行政命令及使发行政命令之大权（第九条）。

五、定行政各部官制及文武官员之俸给，以及任免文武官员之大权（第十条）。

六、统率陆海军之大权（第十一条）。

七、定陆海军之编制及常备兵额之大权（第十二条）。

八、宣战、讲和及缔结条约之大权（第十三条）。

九、宣告戒严之大权（第十四条）。

十、授予爵位、勋章及其他荣典之大权（第十五条）。

十一、命令大赦、特赦、减刑及复权之大权（第十六条）。

十二、在战时或国家遭遇事变的场合之非常大权（第三十一条）。

十三、定贵族院构成之大权（第三十四条）。

十四、提议改正宪法之大权（发布宪法之敕语及宪法第七十三条）。

---

① ［日］穗积八束：《宪法提要》，130～131 页，东京，有斐阁，明治四十三年。

② ［日］穗积八束：《宪法提要》，660 页，东京，有斐阁，明治四十三年。

十五、改正皇室大典之大权（第七十四条）。①

且慢，我在《清季宪政编查馆研究》中所引《政治官报》刊登的达寿《具陈管见折》中那一段，用了一个省略号。省略掉的，正是其"外记"之内容。且将其补上看看：

> 惟日本宪法由于<u>钦定</u>，开章明义，首于天皇，而特权大权又多<u>外记</u>。匪特<u>外记</u>已也，即其未经<u>外记</u>之事，亦为天皇固有之权。今试就其<u>外记</u>者言之。一曰裁可法律之大权，二曰召集议会及开、闭、解散之大权，三曰发行法律、勅令之大权，四曰发行政命令之大权，五曰定行政各部官制及任免文武之大权，六曰统帅海陆军、定其编制及常备兵额之大权，七曰宣战媾和及缔结条约之大权，八曰宣告戒严之大权，九曰授与荣典之大权，十曰恩赦之大权，十一曰非常处分之大权，十二曰发议改正宪法之大权。凡此大权，皆为欧洲各国宪法所罕有，而日本学者尚谓有漏未规定时启疑问之端。中国制定宪法，于君主大权无妨援<u>外记</u>之法，详细规定，既免将来疑问之端，亦不致于开设国会时为法律所制限。②

原来，《政治官报》所刊达寿奏折中的"外记"，确实是穗积博士口中的"列记"！二者只有详略的不同。

五、"外记"与《宪法大纲》所列君上大权高度重合

证据之二，是《宪法大纲》所罗列的君上大权，与《政治官报》所刊达寿奏折中的"外记"诸条若合符节。

---

① ［日］穗积八束：《宪法提要》，665～666页，东京，有斐阁，明治四十三年。

② 《考察宪政大臣达寿奏考察日本宪政情形具陈管见折》，载《政治官报》，光绪三十四年七月二十三日。下划线为引者所加。

　　《宪法大纲》的"君上大权"和"臣民权利义务"两部分共二十三条，其中"君上大权"一部分有十四条，除第一条（"大清皇帝统治大清帝国，万世一系，永永尊戴"）和第二条（"君上神圣尊严，不可侵犯"）之外，其余十二条都是列举君主的具体权力。现将这些条款与《政治官报》所刊达寿奏折中的"外记"各条列表对比如下：

表1　《宪法大纲》与《具陈管见折》的部分条款对比

《宪法大纲》中列举的"君上大权"条款	《政治官报》所刊达寿《具陈管见折》中的"外记"条款
第三条　钦定颁行法律及发交议案之权。	一曰裁可法律之大权。 三曰发行法律、勅令之大权。
第四条　召集、开、闭、停、展及解散议院之权。	二曰召集议会及开、闭、解散之大权。
第五条　设官制禄及黜陟百司之权。	五曰定行政各部官制及任免文武之大权。
第六条　统率陆海军及编定军制之权。	六曰统帅海陆军、定其编制及常备兵额之大权。
第七条　宣战、讲和、订立条约及派遣使臣与认受使臣之权。	七曰宣战媾和及缔结条约之大权。
第八条　宣告戒严之权。当紧急时，得以诏令限制臣民之自由。	八曰宣告戒严之大权。
第九条　爵赏及恩赦之权。	九曰授与荣典之大权。 十曰恩赦之大权。
第十条　总揽司法权，委任审判衙门遵钦定法律行之，不以诏令随时更改。	
第十一条　发命令及使发命令之权。惟已定之法律，非交议院协赞奏经钦定时，不以命令更改废止。	四曰发行政命令之大权。
第十二条　在议院闭会时，遇有紧急之事，得发代法律之诏令，并得以诏令筹措必需之财用，惟至次年会期，须交议院协议。	十一曰非常处分之大权。

续表

《宪法大纲》中列举的"君上大权"条款	《政治官报》所刊达寿《具陈管见折》中的"外记"条款
第十三条 皇室经费应由君上制定常额，自国库提支，议院不得置议。	
第十四条 皇室大典，应由君上督率皇族及特派大臣议定，议院不得干预。	

资料来源：《宪法大纲》，载《政治官报》，光绪三十四年八月初一日；《考察宪政大臣达寿奏考察日本宪政情形具陈管见折》，载《政治官报》，光绪三十四年七月二十三日。

将《宪法大纲》所列举的君上大权与达寿奏折中所举出的日本宪法中天皇的大权比照一下，我们可以发现二者高度相似，很多条款的排序都一样（如第三、第五至第九诸条）。达寿所举日本宪法中有关君主大权的十二条中，只有第十二条没有被吸收进《宪法大纲》，其他诸条，则被略加改动或加以合并，成为《宪法大纲》中"君上大权"的条款。

这一方面说明《宪法大纲》模仿日本明治宪法的痕迹确实十分显①，另一方面也说明，《政治官报》所刊达寿奏折中所说的"外记"，跟《宪法大纲》中的列举行为是一回事。也就是说，《政治官报》所刊达寿奏折中的"外记"一词，确实是"列记"之误。

六、如此创新

综上可知，《宪法大纲》并未模仿日本明治宪法的"外记法"，而是

---

① 《宪法大纲》中的第十、第十三、第十四条，在达寿的奏折和穗积的著作中都没有提到，细查日本宪法，也没有类似的条款，显示了《宪法大纲》"巩固君权"的努力。第十条为君上综览司法权，第十三条为君上有制定皇室经费的大权，这两项在日本宪法中是没有明文规定的，这确实是中国君主比日本君主多享的特权。但是，皇室大典（第十四条）作为皇帝的家法，其制定权当然在皇家，日本不列入宪法，天皇也享有此权。《宪法大纲》将其作为"君上大权"的一条列入，完全是多此一举。

模仿了其"列记法"。明治宪法也好,《宪法大纲》也好,都没有"外记"。不过,《宪法大纲》与明治宪法在体例上还是有一点不同:明治宪法没有在正条之后加注释,而《宪法大纲》则这么做了。加注释乃是《宪法大纲》的原创!可惜我以前未能勘破,还误以为日本宪法有这种做法,《宪法大纲》加注释的做法乃是从日本学来的,是一种模仿。现在我终于明白,在正条之外加注文的发明权,应该归到《宪法大纲》名下。

看一看这些注释,也许是有趣的。在《宪法大纲》中,宪法正条用大字单行排列,注释则用小字双行排列,一目了然。

"君上大权"一章十四条中,有八条加了注释(加括号者为注释):

第三条　钦定颁行法律及发交议案之权。(凡法律,虽经议院议决,而未奉诏命批准颁布者,不能见诸施行。)

第四条　召集、开、闭、停、展及解散议院之权。(解散之时,即令国民重行选举新议员。其被解散之旧议员,即与齐民无异。倘有抗违,量其情节,以相当之法律处治。)

第五条　设官制禄及黜陟百司之权。(用人之权,操之君上,而大臣辅弼之,议院不得干预。)

第六条　统率陆海军及编定军制之权。(君上调遣全国军队,制定常备兵额,得以全权执行。凡一切军事,皆非议院所得干预。)

第七条　宣战、讲和、订立条约及派遣使臣与认受使臣之权。(国交之事,由君上亲裁,不付议院议决。)

……

第九条　爵赏及恩赦之权。(恩出自上,非臣下所得擅专。)

第十条　总揽司法权,委任审判衙门遵钦定法律行之,不以诏令随时更改。(司法之权,操诸君上,审判官本由君上委任,代行司法,不以诏令随时更改者,案件关系至重,故必以已经钦定法律为准,免涉分歧。)

第十一条　发命令及使发命令之权。惟已定之法律,非交议院协赞奏经钦定时,不以命令更改废止。(法律为君上实行司法权之用,命令为君上实行行政权之用,两权分立,故不以命令改废法律。)

"君上大权"之后，是"臣民权利义务"。这一部分共九条，没有一条加了注释。

这些注释中的大部分都在于防止臣民，特别是议院侵害君上大权。正条从正面规定君上有颁布法律的大权，注文则交代法律在议院议决之后，若未奉君上诏命批准颁布，则仍不得施行。正条从正面规定君上有解散议院的大权，注文则交代解散之后的议员即为平民，胆敢违抗，就要被治罪。正条规定君上有统率陆海军及编定军制的大权，注文则交代一切军事，议院都不得干预。如此这般，正条和注文，犹如一枚硬币的两面，一面规定君上有此大权，另一面规定臣民不得侵害此大权，正反两面都说透，堪称滴水不漏。

第四章　三个"附"字，两种心思

　　自颁布以来，《宪法大纲》一直是人们评说的对象。纵观百余年来的评说，我发现了一个有趣的同时也颇费思量的现象：人们对于《宪法大纲》的构成，居然有不同的认识。虽然一直以来，绝大多数人均认为《宪法大纲》由"君上大权"和"臣民权利义务"两部分组成，但也有人持不同见解，说它由四部分构成者有之，说它由一部分构成者也有之。法律文件讲求精练、准确，其组成部分，更应该一目了然。但作为中国历史上第一份宪法性文件，《宪法大纲》的构成却成了一个"见仁见智"的问题，岂非咄咄怪事？细究起来，这种现象的出现，其实也蕴含了清廷巩固君权的深心，因此值得一说。

一、颁布之初的异见

　　《宪法大纲》颁布一个星期之后，《顺天时报》就开始连载《宪法大纲解说》一文，对《宪法大纲》加以评论。其涉及《宪法大纲》构成的一句如下：

　　　　夫中国所拟《宪法大纲》，大书《君上大权》于首，附举《臣民权利义务》于其次，又其次以《议院法》及《选举法》要领附之。①

---

　　①　荫南生：《宪法大纲解说（六）》，载《顺天时报》，光绪三十四年八月十五日。

该文显然将"君上大权""臣民权利义务"、《议院法要领》《选举法要领》都视为《宪法大纲》的组成部分了。在文中，荫南生不但逐条评论了"君上大权"和"臣民权利义务"，对于《议院法要领》中的相关条款也给予了评议，并认为从整体上看，《议院法要领》是不得要领的。至于《选举法要领》，亦与《议院法要领》一样，同样不得要领。[①]

不久，《申报》上刊出了一篇题为《论今日之台谏》的文章，该文认为传统的监督制度台谏已形同虚设，但对于议院的监督权也不看好。文章写道：

> 专制国之监督行政在台谏，立宪国之监督行政在议院，此为一定不易之理，然独不见奏定之《宪法大纲》乎，其于《君上大权》则曰"用人之权操之君上而大臣辅弼之，议院不得干预"，其于《议院法要领》则曰"行政大臣如有违法情事，议院只可指实弹劾，其用舍之权仍操之君上，不得干预朝廷黜陟之权"。据是以言，议院监督行政之权力仍不过如言官之能空言而止，而朝廷黜陟之权则惟辅弼大臣之权力实左右之耳。立宪国总理大臣之奏牍中，又谁能限制其不许作此"言出有因查无实据"之八字也哉。我观台谏今日之权力，我知政府将来之对待议员矣。[②]

这篇文章显然将《议院法要领》和"君上大权"一样，视为《宪法大纲》的组成部分了。既将《议院法要领》视为《宪法大纲》的一部分，则在该文作者眼中，《选举法要领》同样是其一部分了。

同年11月，革命派的报刊《新世界》也评论《宪法大纲》，以嬉笑怒骂的笔调对《宪法大纲》一概否定。其中有如下的话：

> 臭鞑婆骚鞑狗所颁布之《宪法大纲》，所谓《君上大权》十四条，

---

① 荫南生：《宪法大纲解说（八）》，载《顺天时报》，光绪三十四年八月十八日。

② 《论今日之台谏》，载《申报》，光绪三十四年八月二十一日。

附《臣民权利义务》九条，附《议院法要领》十一条，附《选举法要领》六条者。①

"臭鞑婆"是革命者对慈禧太后的骂词，"骚鞑狗"则是对光绪皇帝的丑诋。显然，该报也将《议院法要领》和《选举法要领》视作《宪法大纲》的组成部分。

二、且看官方怎么说

虽然在《宪法大纲》颁布之时，认为它由"君上大权""臣民权利义务"、《议院法要领》《选举法要领》四部分组成的人不多，但仍然令人诧异，因为从谕令起草以及颁布《宪法大纲》等公文判断，它显然只包括"君上大权"和"臣民权利义务"两部分。

命令起草《宪法大纲》的上谕颁发于 1908 年 7 月 22 日。上谕云：

> 著宪政编查馆、资政院王大臣，督同馆、院谙习法政人员，甄采列邦之良规，折衷本国之成宪，迅将君主宪法大纲暨议院、选举各法择要编辑。②

这道上谕不但规定了行为的领导者（宪政编查馆、资政院王大臣）和行为的执行者（宪政编查馆、资政院中精通法政的人员），还规定了行动的原则（"甄采列邦之良规"，"折衷本国之成宪"）。对于行动的内容，上谕也有明确指示，那就是将三种法律择要编辑。这三种法律，一为《宪法大纲》，二为《议院法》（择要编辑），三为《选举法》（择要编辑）。很明显，在这一上谕中，《宪法大纲》和择要编辑的《议院法》《选

---

① 燃：《鳞鳞爪爪》，载《新世界》，第 74 号，光绪三十四年。
② 《诸议局及议员选举章程均照所议办理著各督抚限一年内办齐谕》（光绪三十四年六月二十四日），见故宫博物院明清档案部编：《清末筹备立宪档案史料》下册，684 页，北京，中华书局，1979。引用时，标点略有改动。

举法》是并列的。

因为上谕要求迅速编辑，宪政编查馆和资政院奉命之后，不敢怠慢，一个多月后，他们完成了工作。在奏报时，宪政编查馆等开宗明义："奏为遵旨择要编辑《宪法大纲》暨议院、选举各法，并将议院未开以前逐年应行筹备各事分期拟议胪列具陈。"①这句话明确说，他们所编辑的，包括了《宪法大纲》和《议院法要领》《选举法要领》，以及一份筹备宪政清单。一个"暨"字，将《宪法大纲》和《议院法要领》《选举法要领》区分开来。

在奏折正文中，对《宪法大纲》和《议院法要领》《选举法要领》，更有如下的说明：

> 臣等谨本斯义，辑成《宪法大纲》一章，首列大权事项，以明君为臣纲之义，次列臣民权利义务事项，以示民为邦本之义。虽君民上下同处于法律范围之内，而大权仍统于朝廷；虽兼采列邦之良规，而仍不悖本国之成宪。至议院、选举各法，均与宪法相辅而行，凡议事权限、选举被选举资格，非有一定之准绳，必启临时之纷扰，亦应赅括大意，预为筹定，以便将来纂辑条文有所依据，谨分辑《议院法要领》暨《选举法要领》各一章附焉。②

这里说得很清楚，《宪法大纲》先列大权事项，次列臣民权利义务事项，也就是说，《宪法大纲》是由这两部分组成的。至于《议院法》和《选举法》，都是"与宪法相辅而行"的，它们与宪法关系密切，但不是宪法的一部分，而是别种法律。因此，其所编的《议院法要领》和《选举法要领》，也就是和《宪法大纲》平行的文件，而不是《宪法大纲》的一部分了。

---

① 《宪政编查馆会奏遵拟宪法大纲暨议院选举各法并逐年应行筹备事宜折（附清单二件）》，载《政治官报》，光绪三十四年八月初二日。
② 《宪政编查馆会奏遵拟宪法大纲暨议院选举各法并逐年应行筹备事宜折（附清单二件）》，载《政治官报》，光绪三十四年八月初二日。

紧接着，宪政编查馆等就下一步的工作略做规划：

> 此皆略举大要，以发其凡，其中细目，尚未议及。一俟奉旨
> 裁定，臣等即当督饬在事各员，按照大纲、要领所列各端，分别
> 编定详细条款。但必宽以岁时，从容讨论，以期精密无疑。迨他
> 日编纂告成，再行进呈御览，恭候钦定颁行，以资遵守。①

这一段中的"大纲"显然指《宪法大纲》，"要领"则是《议院法要领》和《选举法要领》。"大纲""要领"并举，"要领"无疑不是"大纲"的一部分。

《宪法大纲》等文件在 1908 年 8 月 27 日上奏之后，当日奉旨裁决。裁决的上谕对宪政编查馆等所做的工作加以充分肯定，并说，将来制定相关正式法典，就以这次所编为原则：

> 该王大臣所拟宪法暨议院、选举各纲要，条理详密，权限分
> 明，兼采列邦之良规，无违中国之礼教……将来编纂宪法暨议院、
> 选举各法，即以此作为准则，所有权限，悉应固守，勿得稍有
> 侵越。②

上谕将《宪法大纲》《议院法要领》《选举法要领》都称为"纲要"，并将它们并举，显然也是将它们视为并列的文书，而无从属关系。

从命令制定文书的上谕，到报告编订情形的奏折，再到裁定文书的上谕，前后一贯，都明言《议院法要领》《选举法要领》是与《宪法大纲》并列的文件，奏折中更明确交代《宪法大纲》由"君上大权"和"臣民权利义务"两部分组成。这些公文在这方面的表述相当清楚，并无含混之处。《宪法大纲》由"君上大权"和"臣民权利义务"两部分组成，应该是一目了然的事情。但就在它公布之后不久，便有人对它的构成做了

---

① 《宪政编查馆会奏遵拟宪法大纲暨议院选举各法并逐年应行筹备事宜折（附清单二件）》，载《政治官报》，光绪三十四年八月初二日。

② 《政治官报》，光绪三十四年八月初二日。

错误的解读，令人称奇。

同样有趣的是，后世学者在讨论《宪法大纲》的时候，也有人觉得，它并非由"君上大权"和"臣民权利义务"两部分组成。

三、学术界的分歧

（一）两位考生的讨论

2002 年春的某一天，在华中师范大学校园里，两个刚参加完中国近代史博士入学考试的人边走边交流。

其中一人说："那道评析《宪法大纲》的简答题，真不好作答，因为我只记得《宪法大纲》共二十三条，连'君上大权'和'臣民权利义务'各有多少条都不知道。"

另一个说："不，你连《宪法大纲》有多少条都记错了。不是二十三条，而是四十条。其中'君上大权'十四条，'臣民权利义务'九条，另加议院法和选举法要领，刚好四十条。"

以为《宪法大纲》共二十三条的正是鄙人，以为《宪法大纲》共四十条的那位老兄，则是一位高校青年教师，当时已著述等身。

我们的争论，在一定程度上反映了学术界对《宪法大纲》认识的分歧。参加博士入学考试时，我除了写过本科、硕士毕业论文，几乎毫无研究经验，并且这两篇学位论文与《宪法大纲》均毫无关系。因此，我对《宪法大纲》的模糊记忆，要么来自老师在课堂上所讲，要么来自课本，要么来自相关学术著作。而以为《宪法大纲》由四十条组成的那位，其认识则可能来自师说或课本或学术著作，但也可能是他自己阅读相关原始文献后的心得，因为他对于清季历史，已然有相当深刻的了解。

那次对话之后，我赶紧找来中国近代史教材，教材上写得很清楚，《宪法大纲》由"君上大权"和"臣民权利义务"两部分组成，前者十四条，后者九条，总共二十三条。我一看，放心了。

但认为《宪法大纲》由四部分组成的那位，从他说话时的信心满满，可知他必有所本，因此也必然不会轻易放弃成说。他已然是高校教师，当讲到《宪法大纲》的时候，必然还会告诉他的学生，这份文件由四部分组成，共四十条。

因此，2002年那个明媚的春日，发生在桂子山上的那场小小的对话，不但折射了学术界在《宪法大纲》构成上的认识分歧，也似乎显示出，这种分歧还会延续下去。

(二)四个部分？一个部分？

翻阅学术界涉及《宪法大纲》的研究成果，可以发现，绝大多数学者都认为《宪法大纲》由"君上大权"十四条和"臣民权利义务"九条组成。但是，确实有不同的声音。例如，2013年出版的迟云飞的《清末预备立宪研究》一书，就认为《宪法大纲》由四部分组成：

> 宪法大纲是由宪政编查馆和资政院起草的，共有四个部分，第一部分为"君上大权"，第二部分为"附臣民权利义务"，第三部分为"附议院法要领"，第四部分为"附选举法要领"。[①]

2014年出版的鞠方安研究官制改革的著作，也认定《宪法大纲》由四部分组成：

> 以上述原则制定的宪法大纲分为四个部分：第一，"君上大权"；第二，"附臣民权利义务"；第三，"附议院法要领"；第四，"选举法要领"。可见君上大权为其核心内容。[②]

至于在20世纪90年代出版的侯宜杰《二十世纪初中国政治改革风潮——清末立宪运动史》一书，则认为《宪法大纲》只有一个部分："《宪

---

① 迟云飞：《清末预备立宪研究》，298页，北京，中国社会科学出版社，2013。

② 鞠方安：《中国近代中央官制改革研究》，122页，北京，商务印书馆，2014。

法大纲》只有'君上大权'一章，后附臣民权利义务。"①

不过，《宪法大纲》只由一个部分组成这种见解，侯宜杰不是第一个提出者。早在民国时期，王世杰、钱端升在他们合著的《比较宪法》中已持此说。在该书"清季之预备立宪"一章中，他们一则说："宪政编查馆等仰承清廷意旨，草就《宪法大纲》，并附《臣民权利义务》，《议院法要领》，《选举法要领》，及九年立宪计划，以之入奏。"②再则说："《宪法大纲》只列君上大权，纯为日本宪法的副本，无一不与之相同……至于附于《宪法大纲》的'臣民权利义务'则与一般宪法约略相似，无足深述。"③

四、误人的"附"字

《宪法大纲》颁布已逾百年，一直以来，都有人对其构成做了错误的解读。无可讳言，错读与阅读者的粗疏有关。但是，一份法律文件让当世关心时政的知识分子和后世追寻真知的学者不能一眼认准其由几部分构成，恐怕不能仅仅追究阅读者的粗疏之责，还得从这份文件自身找原因。

窃以为，《宪法大纲》的构成之所以造成了误读，跟官方编排文件的方式有直接关系，而这种编排方式，又恰如其分地反映了清廷要以宪法"巩固君权"的深心。

如前所述，与《宪法大纲》同时起草的，尚有《议院法要领》和《选举法要领》，以及一份九年筹备清单。宪政编查馆和资政院奏报的时候，在奏折之后，以两份清单的形式将这些文件呈现出来。第一份清单包含了《宪法大纲》《议院法要领》和《选举法要领》，第二份清单则只有九年筹备清单。之所以会如此编排，应该是基于起草者对宪法与议院法、

① 侯宜杰：《二十世纪初中国政治改革风潮——清末立宪运动史》，160页，北京，中国人民大学出版社，2009。
② 王世杰、钱端升：《比较宪法》，398页，北京，商务印书馆，1999。
③ 王世杰、钱端升：《比较宪法》，399页，北京，商务印书馆，1999。

选举法关系的考虑。在他们看来，议院法和选举法是与宪法"相辅而行"的，关系紧密，因此，将《议院法要领》和《选举法要领》附在《宪法大纲》的后面，似无不可。但这种安排，确实容易给人造成《宪法大纲》和《议院法要领》《选举法要领》是同一文件，而九年筹备清单是另一文件的错觉。

使人产生错觉的更大原因，出在《宪法大纲》的编排上。

本来，按照起草者的设想，第一份清单的编排应该是这样的：

《宪法大纲》

附《议院法要领》

附《选举法要领》

但是，《宪法大纲》又由两部分构成。关于这两个部分的关系，奏折中说得很清楚。前面的引文中已经吕现过，为了清楚明白，这里再引用一次：

> 臣等谨本斯义，辑成《宪法大纲》一章，首列大权事项，以明君为臣纲之义，次列臣民权利义务事项，以示民为邦本之义。

观此可知，"君上大权"和"臣民权利义务"虽然在排序上有先后，但无疑属于并列关系。因此，要将这两章的标题也列入的话，编排就应该是这样子的：

《宪法大纲》

君上大权

臣民权利义务

附《议院法要领》

附《选举法要领》

然而，在编排的时候，却在"臣民权利义务"的前面也加了一个"附"字。结果，公布的清单，编排成了如下的样子：

《宪法大纲》（其细目当于宪法起草时酌定）

君上大权

附臣民权利义务（其细目当于宪法起草时酌定）

附《议院法要领》（其细目当于厘订议院法时酌定）

附《选举法要领》（其细目当于厘订选举法时酌定）

这种编排方式，一眼望过去，确实容易造成误会。有的人可能会觉得，如此编排，说明《宪法大纲》只有"君上大权"一章，其余三项，都是附录。有的人可能粗粗读过相关奏折和谕旨，知道"臣民权利义务"属于《宪法大纲》的组成部分，于是，想当然地认为，加了"附"字的"臣民权利义务"既然属于《宪法大纲》的一部分，那么，紧随其后、同样加了"附"字的《议院法要领》和《选举法要领》应该也属于《宪法大纲》的一部分，因而认为《宪法大纲》由四部分组成。

说起来，编排的时候，在《议院法要领》和《选举法要领》的前面各加一个"附"字，本来是为了将二者与《宪法大纲》区分开来，这种做法完全正确。但是，在"臣民权利义务"的前面也加一个"附"字，却造成了混乱，使一百多年来，一直有人错读了《宪法大纲》的结构。

按照奏折中对于"君上大权"和"臣民权利义务"关系的界定，本不应该在"臣民权利义务"前面加"附"字。但是，在编排清单的时候，却加上了"附"字。其中的奥妙在于，统治者欲以一个"附"字，显示大清的宪法是以君权为主体的，臣民权利是不受重视的；大清的宪法，虽然也有臣民权利的条款，但是，却处于附属地位。

因此，第一份清单中的三个"附"字，实际上包含了两种心思。《议院法要领》和《选举法要领》前面所加的"附"字，是为了将它们与《宪法大纲》区分开来。而"臣民权利义务"前面所加的"附"字，则是为了暗示臣民权利在大清宪法中无法与君上大权平起平坐，处于从属地位。令人始料未及的是，两种心思纠缠到一起之后，给人们的认识造成了混乱，使原本应该一目了然的《宪法大纲》的构成，变成了一个"见仁见智"的问题。

五、"制宪"的范围

百年来人们关于《宪法大纲》的构成的歧见，主要是《议院法要领》和《选举法要领》是否属于《宪法大纲》。这种分歧，其实也反映了人们对于《宪法》是否应该包括《议院法》和《选举法》的不同意见。一直以来，人们普遍认为，《议院法要领》和《选举法要领》不是《宪法大纲》的组成部分，只有少数人认为《宪法大纲》包含了《议院法要领》和《选举法要领》，可以说，这在一定程度上反映出，在大多数人眼中，《宪法》和《议院法》《选举法》是不同的法律。

既然《宪法》并不包括《议院法》和《选举法》，那么，制定宪法所指的，就是制定《宪法》本身，而不包括制定《议院法》和《选举法》等活动，更不能将其他政治活动囊括在内。本书所讨论的"制宪"，就是在这个层面上展开的。窃以为，这么处理，应该是符合宪政原理，也符合大多数人对"宪法""制宪"的理解的。

但是，我也充分认识到，对于宪法的外延，人们从来就没有达成共识——恰如百年来人们对于《宪法大纲》的构成从未达成共识一样，对于"制宪"的所指，也有不同的理解。

颁布《宪法大纲》两年之后，清廷又于 1910 年 11 月任命载泽和溥伦为纂拟宪法大臣，负责依据《宪法大纲》，主持起草大清宪法。这是清廷最大张旗鼓的一次制宪活动，其详细情形，留待后文详述。这里只提出一点，在派遣纂拟宪法大臣之后，社会上对于制宪一事，有种种猜测，其中就有关于制宪内容的。有一种传闻是，溥伦曾经就自己作为纂拟宪法大臣应该起草的法典发表过如下讲话：

> 现本大臣所急宜纂修者，即帝国宪法、议院法、选举调查法三大法典，然已均有蓝本，帝国宪法应依据《宪法大纲》，议院法依据资政院详章，选举调查法依据谘议局议员选举法，再参酌各国成例，不过数月之间即可告成。①

诸如此类的报道，虽然将《宪法》《议院法》《选举法》视为不同的法典，却认为纂拟这些法典都是制宪工作的题中应有之义。可见在清季，有人认为制宪既包括制定《宪法》，也包括制定《议院法》和《选举法》

---

① 《宪法大臣之好整以暇》，载《盛京时报》，宣统二年十一月七日。

等法典。

清廷最后实行的，是纂拟宪法大臣只需起草《宪法》的方案。这么做符合"制宪"的本义。本书正是在这一层面上探讨清季制宪问题。

不过，近些年来，学界研究清季制宪似有一种趋势，那就是不仅探讨起草宪法的过程，而且探讨宪政建设的一切方面。

比如，2011年出版的贺嘉所著的《清末制宪》一书，是迄今第一部以"清季制宪"为题的专著。贺嘉从中国古来限制权力的尝试与对专制的批判，谈到世界各国的制宪大潮及其影响下的中国，从清廷派大臣出洋考察，宣布"仿行宪政"，谈到预备立宪在各方面取得的成就，洋洋洒洒，大开大合，最后才落脚到《宪法大纲》和《十九信条》及对清末制宪的评价。全书共八章，直接讨论宪法制定的，只有最后两章。①

既然清季的人们对于宪法和制宪的理解本来就多样化，既然宪法规划了整个国家体制，既然宪政就是按照宪法治理国家的政治制度，那么，将所有与宪政建设相关的问题都纳入"制宪"的范畴，似乎无可厚非，而且还可以看到历史的更多面相。

然而，我还是不能无疑。研究清季预备立宪的时候，我们要探讨宪政改革的方方面面，起草宪法是其中的一个环节。研究清季制宪的时候，如果我们也探讨宪政改革的方方面面，起草宪法也只是其中的一个环节，那么，这便出现一个问题：研究清季制宪与研究清季预备立宪的区分在哪里？

因此，我还是坚持，我所讲述的清季制宪故事只限于与制定《宪法》相关的内容，而制定《议院法》《选举法》等法典的故事，我暂时不予理会，至于更大范围内的宪政改革，那只是我讲述清季制宪故事的背景，虽时时在我心中，但不愿落墨。

---

① 各章标题如下：第一章"清末制宪的历史渊源"，第二章"世界制宪大潮下的中国"，第三章"西风东渐的历程"，第四章"制宪的前奏——考察宪政"，第五章"'仿行宪政'的宣告及规划"，第六章"筹备立宪之实绩"，第七章"从《钦定宪法大纲》到《重大信条十九条》"，第八章"在劫难逃的时代厄运"。参见贺嘉：《清末制宪》，西安，陕西人民出版社，2011。

第五章 钦定制宪原则

从用"列记法"详细列出君上大权，到独创加注释的体例，再到编排时在"臣民权利义务"前面加一个"陈"字，都是为了"巩固君权"。因此，说《宪法大纲》是一份以巩固君权为依归的宪法性文件，毫不为过。本章要谈的是，通过颁布《宪法大纲》，清廷还"钦定"了将来制宪的原则，这一原则就是，大清的宪法要用钦定的方法制定。

一、必用钦定宪法

钦定原则的确定，最集中地体现在宪政编查馆和资政院 1908 年 8 月 27 日会奏的那道折子里。奏折开头，不厌其烦地全文引用了同年 7 月 22 日那道命令起草《宪法大纲》等文件的上谕，并恭维两宫决心起草《宪法大纲》，说明他们"以天地之量为量，以百姓之心为心"，此举是"大公无我"的表现。其后，奏折又简单交代了起草经过，便开始谈宪政问题。

奏折中写道，东西方各国，立宪政体的形成有两种不同的道路，有的"成于下"，有的"成于上"。宪政"成于下"的国家，其主动力在人民，往往起始于君民相争，直到君民相让之后，宪政才会实现。宪政"成于上"的国家，则主动力在君上，因此事先会有统一规划，确定好统治权，然后"锡与"人民政治权利。

不管是通过何种道路实现立宪政体，都会有宪法，也都会有国会。各国在这方面的制度也各有千秋，"宪法则有钦定民定之别，议院则有一院两院之殊"。在这里，奏折并没有说明宪法如何制定为钦定，如何制定为民定。大概是起草者觉得此前不久达寿在奏折中讲得很清楚，不必赘言吧。

选择制宪原则的时候，必须"内审国体"，即根据国体来确定。起草者认定，"中国国体，自必用钦定宪法"，并且认定，这是"一定不易之理"。① 对于何为国体，奏折又没有解释。其实，国体与政体的问题达寿在《具陈管见折》中详细谈过，两宫才"乙览"过，不必多说。

达寿说，国体是根据统治权的所属来划分的。如果统治权属于君主，则是"君主国体"，如果统治权属于人民，则是"民主国体"。至于政体，则有"立宪政体"与"专制政体"之分。达寿还说，国体是固定的，而政体则是可变的；并且，政体改变，国体不会受影响。比如，日本虽然已经变成立宪政体了，但国体未变，仍然是君主国体。关于本国的国体，达寿也说得很清楚："我国之为君主国体数千年于兹矣。"既然变专制政体为立宪政体，君主国体不会受到影响，"大权在上"，"无旁落之忧"，清廷当然可以搞政治改革了。② 达寿关于国体和政体的言论，显然是为了论证清廷不妨推行宪政改革。而宪政编查馆等则认为达寿的言说已为两宫所熟悉，便直接说中国是君主国体，要用钦定的办法制宪。

二、先定宪法，后开国会

紧接着，起草者谈制定宪法与召开国会的先后问题。

为了说明其主张的合理性，起草者先谈了一点"理论"依据：

> 大凡立宪自上之国，统治根本，在于朝廷，宜使议院由宪法而生，不宜使宪法由议院而出。

---

① 《宪政编查馆会奏遵拟宪法大纲暨议院选举各法并逐年应行筹备事宜折（附清单二件）》，载《政治官报》，光绪三十四年八月初二日。

② 《考察宪政大臣达寿奏考察日本宪政情形具陈管见折》，载《政治官报》，光绪三十四年七月二十三日。

意思是说，由统治者发起宪政改革的国家，为了保证君主的根本统治大权，要先制定宪法，后召开国会。

中国的宪政改革，是由清廷权衡利害之后，在 1906 年 9 月 1 日宣布"仿行宪政"而开始的。因此，在起草者眼中，中国属于"立宪自上"的国家。于是，他们写道，在中国推行宪政建设，也必须先定宪法，后开国会：

> 欲开设议院，必以编纂宪法为预备之要图，必宪法之告成先行颁布，然后乃可召集议院。①

为什么先制定宪法后召开国会有利于维护君权，奏折没有详说。但是，达寿的《具陈管见折》则有所论述。前文曾经介绍，达寿在奏折中提出，臣民权利由君上赐予乃是一种"操纵之法"。这种操纵之法的奥义就在于，能够使宪法中的臣民权利成为"聊备体裁"而无实质内容，不至影响君权。而实施这种操纵的关键，就是先定宪法，后开国会。因为如果有国会参与进来，宪法变成了"协定"或"民定"，臣民权利就会如欧美各国那样成为实质性的权利，"充其所至，实可贻犯上作乱之忧"，君权将受到威胁。而像日本那样，先定宪法，后开国会，臣民权利就徒具形式，不会影响君上大权。②

两宫在读到宪政编查馆等的奏折中强调要先定宪法后开国会的主张时，或许会想到达寿的"操纵之法"，会心一笑吧。

三、宪法的大义

抛出将来要先定宪法后开国会的主张之后，宪政编查馆等又谈了

---

① 《宪政编查馆会奏遵拟宪法大纲暨议院选举各法并逐年应行筹备事宜折（附清单二件）》，载《政治官报》，光绪三十四年八月初二日。
② 《考察政治大臣达寿奏考察日本宪政情形具陈管见折》，载《政治官报》，光绪三十四年七月二十三日。

一番为何要制定《宪法大纲》①，然后大谈其制定《宪法大纲》所根据的宪法原理。

奏折写道："夫宪法者，国家之根本法也，为君民所共守。自天子以至于庶人，皆当率循，不容逾越。"这一句话，自20世纪后期以来受到一些学者追捧，他们认为它表明清廷确认了宪法至上的原则，君权从此要受到宪法的限制。我觉得持这种观点的学者在这个问题上犯了望文生义的毛病，显然被清廷蒙骗过去了。其实，这只是一句大套话，了解一点宪政皮毛的人，几乎人人能道。关键不在于天子和庶人都要遵守宪法，而在于天子和庶人在宪法中的权利格局。起草者倒是精于此道，因此，紧接着写了如下的话：

> 东西君主立宪各国，国体不同，宪法互异。论其最精之大义，不外数端，一曰君主神圣不可侵犯，二曰君主总揽统治权，按照宪法行之，三曰臣民按照法律有应得应尽之权利义务而已，自余节目，皆以此为根本。其必以政府受议院责难者，即由君主神圣不可侵犯之义而生；其必以议院协赞立法、监察财政者，即由保障臣民权利义务之义而生；其必特设各级审判官以行司法权者，即由保障法律之义而生；而立法、行政、司法则皆综揽于君上统治之大权。故一言以蔽之，宪法者所以巩固君权，兼以保护臣民者也。臣等谨本斯义，辑成宪法大纲一章。②

在起草者笔下，宪法的三项"最精之大义"中，前两项（"君主神圣不可侵犯""君主总揽统治权"）都是捍卫君权的，第三项乍一看是捍卫臣民

---

① "而宪法为国家不刊之大典，一经制定，不得轻事变更，非如他项法律，可以随时增删修改。故编纂之初，尤非假以时日，详细研究，不足以昭慎重。惟条文之详备虽非旦夕所能观成，而宏纲所在，自应预为筹定，以为将来编纂之准则。"（《宪政编查馆会奏遵拟宪法大纲暨议院选举各法并逐年应行筹备事宜折（附清单二件）》，载《政治官报》，光绪三十四年八月初二日。）

② 《宪政编查馆会奏遵拟宪法大纲暨议院选举各法并逐年应行筹备事宜折（附清单二件）》，载《政治官报》，光绪三十四年八月初二日。

权利的，但是，仔细一看，臣民权利是要"按照法律"才能享受的。所要依照的法律，显然是宪法以外的法律。并且，臣民除了可以享受法律允许的权利之外，还有应尽之义务。不是说臣民不该尽义务，但这种言说方式无疑表明，在起草者眼中，君主与臣民的权利、义务是严重失衡的。

起草者也谈三权分立，但是，在其笔下，国会与政府相牵制，就是为了确保君权神圣（而不是国家政务的顺利推行），而三权虽然鼎立，但总揽统治权的，则是君主。也就是说，君主在三权之上。如此，三权虽然分立，但君权丝毫也不会受到影响。关于这一点，起草者没有点破。但是，达寿在《具陈管见折》中则以日本为例，做了生动的说明。

通过考察学习，达寿已经明白，孟德斯鸠提出的三权分立学说，其实只在美国真正推行，别的国家都对其有所修改。他特别欣赏日本的制度，觉得如果像日本那样，元首作为三权的"总揽机关"，则虽然实行三权分立，但君权丝毫也不会受到影响。①

---

① "旧时宪法之精神在于三权之分立。三权分立之说，在昔孟德斯鸠本有误解。彼之所言，谓国家立法、行政、司法三大权，宜各设特别之机关而行使之，互相独立，不受牵掣。是说由今观之，不能无弊。何也？夫所贵乎国家者，以有统治之权力也。统治权系惟一不可分之权，若其可分，则国家亦分裂矣，故譬分国家主权为三事，而使分任之者，各自为其权力之主体，此种理论，实为国权统一之原则。大抵近今立宪国家固以孟氏之论为基础，然舍美国实行分权制度外，余则未有不曲加改良者。其在日本，则如司法之裁判所，其法律本为君主所定，裁判官特以君主之名执行法律，故裁判官直辖于天皇，不受他机关之节制。以此谓之司法独立，非谓裁判所别有法律，虽天皇不得干预其事也。此司法独立之未尝减少君权者一也。至于立法之议会，在日本议会不过有协赞立法之权耳，其裁决与否属天皇之大权。至法律案关系重要者，政府犹得用种种之方法操纵议员，以求其通过，而最终尚有命其解散或停会之权。其议会提出法案虽亦宪法所许，然其议决上奏者，天皇可下内阁审议，内阁若以为有碍政府施政之方针，则不奏请裁可，于是议会提案遂以未经裁可不得成为法律。此立法独立之未尝减少君权者二也。若夫行政之内阁，则尤为完全属于天皇施政之机关。自表面观之，内阁大臣事事宜负责任，其权似较天皇为尤大，而实际则不然。日本宪法，国务大臣之负责任也，非对于议会负责任，实对于天皇负责任，故天皇有任命大臣、更迭内阁之权，而关于皇室、国家之事务其应如何区分，一任天皇自由之判别。天皇对于皇室之事固可自由处置，而对于国家之事，苟其不背宪法之条规，皆得以命令其内阁。内阁大臣对于国家之事务，苟其稍涉重大，则无一不宜奏请而后施行。夫英国，议院内阁也，其内阁大臣权力宜较大于日本矣，然千八百五十年，宰相巴氏因未经奏闻擅认拿破仑三世为帝，女王维多利亚遂罢免其职。英国如此，日本可知。此行政未尝减少君权者三也。君权未尝减少，而此间接政治既可以安皇室，又可以利国家，元首为其总揽机关，皇室超然于国家之上，法之完全，无过此者。"（《考察宪政大臣达寿奏考察日本宪政情形具陈管见折》，载《政治官报》，光绪三十四年七月二十三日。）

20 世纪 80 年代以来，颇多学者在为《宪法大纲》翻案的时候，强调《宪法大纲》确立了三权分立的原则。我无意否定这一见解，但我想提醒的是，千万不要因为《宪法大纲》提出设置国务大臣、议院、法官，上奏《宪法大纲》的折子里也对议会、政府、裁判所进行了一番谈论，就想当然地认为《宪法大纲》所确定的是孟德斯鸠式的三权分立。其实不然，它所确立的是日本式的三权分立。也就是说，三权虽然分立，但君主却在三权之上，握有大权。表面分权，实则专权，容易走向专制。

既然对君主和臣民在宪法中的权利格局做如此规划，难怪起草者关于宪法本质的点睛之笔是"宪法者所以巩固君权，兼以保护臣民者也"。宪法可以巩固君权，载泽如是说，达寿也如是说，宪政编查馆等处也如是说。

当然，除了臣下，更希望宪法能够巩固君权的是两宫。慈禧太后也好，光绪皇帝也好，他们对宪法本就了解不多，但他们确实担心颁布宪法、推行宪政会使君权受到侵害。但是，周历列国的载泽却说，宪法可以巩固君权；赴日考察的达寿则说，用钦定的办法制宪，可以"存国体而巩主权"，既可保存君位，又可巩固君权；负责起草宪法的宪政编查馆也说，大清的宪法要钦定，宪法是用来巩固君权的。于是，两宫览奏，甚为嘉悦，将钦定制宪原则钦定了下来。

四、将来要颁布钦定宪法

上述奏折及其所附清单，上奏当日即奉旨裁决。谕旨是以光绪皇帝"钦奉"慈禧太后"懿旨"的形式发布的，表示这是两宫的意思，是最高指示。[①]

谕旨充分肯定了宪政编查馆等所起草的《宪法大纲》等文件，并宣布，之后制定《宪法》《议院法》《选举法》等，要以此为准则：

---

① 谕旨以如下一句话开头："内阁奉上谕：朕钦奉慈禧端佑康颐昭豫庄诚寿恭钦献崇熙皇太后懿旨……"（《政治官报》，光绪三十四年八月初二日。）这是当时的标准格式，显示了慈禧太后对朝政的控制。

该王大臣所拟宪法暨议院、选举各纲要，条理详密，权限分明，兼采列邦之良规，无违中国之礼教，要不外乎前次迭降明谕"大权统于朝廷，庶政公诸舆论"之宗旨。将来编纂宪法暨议院、选举各法，即以此作为准则，所有权限，悉应固守，勿得稍有侵越。①

此处要求将来制宪时固守的、丝毫不得侵越的权限，除了《宪法大纲》正文各条规定的君上大权，以及注释文中对于臣民尤其是议院的限制，似乎还应该包括《议院法要领》对于议院的种种限制。虽然《议院法要领》不是《宪法大纲》的构成部分，但其中的一些条款，和《宪法大纲》中的注释文字有异曲同工之妙，也是从正面限制民权，从反面维护君权。②

当然，将来制宪的准则，更重要的是以上文件，尤其是《宪法大纲》中所体现出来的精神——以巩固君权为依归。

为了巩固君权，达寿说，需要用钦定的方法制宪，宪政编查馆等也说，需要用钦定的方法制宪。因此，钦定，乃是保证宪法巩固君权的一条重要准则。这一点在上谕中也得到了确认。在交代完"勿得稍有侵越"之后，上谕又花了很大篇幅交代该如何按照九年筹备清单开展预备立宪工作，最后宣布，只要完成了九年筹备清单中的工作，到时候就会颁布"钦定宪法"，并颁布召集议员之诏：

至开设议院，应以逐年筹备各事办理完竣为期。自本年起，务在第九年内将各项筹备事宜一律办齐，届时即行颁布钦定宪法，并颁布召集议员之诏。③

---

① 《政治官报》，光绪三十四年八月初二日。
② 比如，第一条称："议院只有建议之权，并无行政之责，所有决议事件，应恭候钦定后，政府方得奉行。"第三条称："君上大权所定，及法律上必需之一切岁出，非与政府协议，议院不得废除减削（其细目另于《会计法》内定之）。"第五条称："行政大臣如有违法情事，议院只可指实弹劾，其用舍之权仍操之君上，不得干预朝廷黜陟之权。"这些都充满了对议院的提防，一心捍卫君权，与《宪法大纲》中的一些注释如出一辙。参见《宪政编查馆会奏遵拟宪法大纲暨议院选举各法并逐年应行筹备事宜折（附清单二件）》，载《政治官报》，光绪三十四年八月初二日。
③ 《政治官报》，光绪三十四年八月初二日。

谕旨中宣称将来要颁布钦定宪法，乃是对宪政编查馆等处奏折中所说的用钦定的方法制宪的回应。大清宪法将以钦定的原则制定，就这样以上谕的形式"钦定"了下来。

因此，颁布《宪法大纲》的意义，除了学者们已经言之甚多的它是中国第一份宪法性文件、它确立了三权分立的政体、它第一次使君权受到了一定限制等之外，尚可加上一条：它确立了大清制宪的原则——钦定。

用钦定的办法制宪，目的在于使宪法能够巩固君权。不论是从我们的后见之明，还是从宪政原理判断，在一个专制帝国实行宪政，其宪法不可能巩固君权，最多只能巩固君位。但是，清廷却相信宪法能够巩固君权。慈禧太后、光绪皇帝居于深宫，对宪政的了解主要靠臣下的灌输。而载泽是皇族近支，达寿是满洲亲贵，二人都是两宫特别信得过的"家里人"，先后派他们出洋考察，也就对他们抱有特别的期望。没有想到的是，前者说宪法可以巩固君权，后者说宪法巩固君权的关键，在于要用钦定的办法制定。加上负有制宪责任的宪政编查馆等也附和载泽、达寿的言论，于是两宫信以为真，宣布将来制宪，就按照《宪法大纲》的路子办，用钦定的办法，巩固君权。

五、对其他制宪方式的排斥

无论是宪政编查馆和资政院的会奏，还是裁决《宪法大纲》的上谕，在申明中国要用钦定的办法制宪的同时，都排斥其他制宪方式。

达寿的《具陈管见折》说，制宪方式有钦定、协定、民定三种，只要用钦定的方式制宪，君权就不会受到限制。而宪政编查馆和资政院的会奏，虽然在很多方面照搬了达寿奏折的语言，但是，当讲到制宪方式的时候，则没有照搬，而是说制宪方式有钦定、民定两种，并且宣布，根据中国的国体情形，将来制宪必用钦定的方式，将民定的方式完全排斥。

裁决《宪法大纲》等文件的上谕中，宣称将来制宪，要以《宪法大纲》为准则，遵守《宪法大纲》确立的权力分配方案，将来颁布的，将是一部钦定宪法，而不是其他形式的宪法。这些说辞，也是明显地排斥其他制宪方式。

排斥其他制宪方式的本质是否定人民的制宪权。上谕中的如下表述也有否定人民制宪权的意味。

宣布将来制宪要以《宪法大纲》为准则之后，上谕规定："其宪法未颁、议院未开以前，悉遵现行制度，静候朝廷次第筹办，如期施行。"

宣布将来颁布的将是一部钦定宪法之后，上谕规定："如有不靖之徒，附会名义，借端煽煽，或躁妄生事，紊乱秩序，朝廷惟有执法惩儆，断不能任其妨碍治安。"

如此这般严密规定，人民只能静候清廷钦定宪法，否则就要被扣上不靖之徒的帽子，绳之以法，严惩不贷。

在制宪权方面，清廷可以说相当自私，为了巩固君权，坚持宪法钦定，严格排斥人民的制宪权。但是，清廷却希望人民能够跟它同心同德。上谕在评判《宪法大纲》之前，有这样一句话："现值国势积弱，事变纷乘，非朝野同心不足以图存立，非纪纲整肃不足以保治安，非官民交勉、互相匡正不足以促进步而收实效。"①这番说辞，若孤立来看，未始不是一番大道理。但是，紧接着，它却排斥了人民的制宪权，将制宪大权牢牢控制在君主手上。朝廷如此不公，却希望人民与它一条心，堪称痴人说梦。

六、达寿的功劳

前引1908年7月22日的上谕，在命令起草《宪法大纲》等文件之外还宣布，裁决这些文件之后，清廷将公布开国会的时间。但是，待一个多月后裁决这些文件时，清廷却没有明确宣布开国会的时间，而只是模棱两可地说："至开设议院，应以逐年筹备各事办理完竣为期。"②这就给人留下疑惑：如果九年之后，清廷认为筹备清单所列各项工作

① 《政治官报》，光绪三十四年八月初二日。
② 《政治官报》，光绪三十四年八月初二日。

没有能够办理完竣，则国会并不会立即召开。当时有人认为，这是达寿造成的，因为达寿在《无妨预定折》中说，开国会一事，"十年二十年不为迟"，要以预备的情况来确定开国会的时间。① 而裁决《宪法大纲》、筹备清单等文件的上谕说，限九年内筹备完竣，到时候就颁布召集议员的诏令。这一说法，"观望瞻顾，已含有十年二十年不为迟之意义"，与达寿的上述说法若合符节。因此，上谕未兑现承诺，明定开国会年限，乃是达寿一奏之功。②

清廷在 1908 年 8 月 27 日究竟有没有宣布开国会年限，在当时就有不同看法，一百年之后，当学者们重温那一段历史，也无法做出一致的解读。③ 说上谕"含有十年二十年不为迟"之意的这一位，显然认为清廷未宣布开国会年限。并且，他认为这是达寿造成的。清廷的上谕，在国会年限问题上含糊其词，这种局面的出现，可能确实有达寿奏折的影响，但达寿奏折应该不是最关键的因素。④ 达寿的《无妨预定

---

① 《考察宪政大臣达寿奏国会年限无妨预定折》，载《政治官报》，光绪三十四年七月二十四日。

② 《达寿奏国会年限无妨预定折附按语（续）》，载《申报》，光绪三十四年八月初四日。

③ 彭剑：《清季预备立宪九年清单并未宣布开国会年限》，载《近代史研究》，2008(3)。侯宜杰：《清廷宣布了召开国会年限》，载《近代史研究》，2008(6)。余元启：《清季预备立宪九年清单没有宣布开国会年限吗？——与彭剑博士商榷》，载《近代史研究》，2008(6)。陈照亚：《光绪三十四年八月初一日颁布开国会年限解读》，载《历史档案》，2010(2)。唐论：《也谈预备立宪中的国会年限问题》，见朱英主编：《近代史学刊》第 11 辑，北京，社会科学文献出版社，2014。

④ 最关键的因素可能是奕劻的密折。在起草《宪法大纲》等文件期间，军机大臣中间产生了严重分歧。袁世凯、张之洞主张按照 1908 年 7 月 22 日的谕旨明确宣布召开国会年限，而奕劻则持反对意见，双方在军机处争执不下，于是奕劻向慈禧太后递了一道密折，痛陈不可以宣布开国会年限。奕劻在密折中特别指出，当时高涨的国会请愿运动中有乱党勾结，其目的是"使权柄下移"，即削弱君权。而他所说的乱党，乃是康有为、梁启超一系。由于戊戌变法的关系，慈禧太后对康、梁党人恨之入骨，因此，奕劻的说辞颇能打动慈禧太后，最终导致慈禧太后决心食言，不明确宣布开国会年限。参见中国第一历史档案馆编：《光绪朝朱批奏折》第 33 辑，163 页，北京，中华书局，1995。

折》《具陈管见折》等奏折的"功劳",最主要的,与其说是使清廷决定不明确宣布开国会年限,不如说是使清廷相信,用钦定的办法制宪,可以巩固君权。《东方杂志》刊载达寿的《具陈管见折》时曾经预言,达寿从"日本老博士"那里学来的那一套,必然会受到重视;并且说,等将来朝廷发布制宪宗旨的时候,就可以知道其预测是否准确了。① 果然,宪政编查馆等处大量采用了达寿的说法,提出将来制宪一定要用钦定,清廷则在裁决的时候加以认可,明确宣布将来颁布的是一部钦定宪法。

从载泽出洋考察政治归来之后提出宪法可以巩固君权,到达寿赴日考察宪政归来之后提出宪法巩固君权的关键是用钦定之法制宪,再到宪政编查馆等提出宪法的实质是巩臣君权并保护臣民、中国的宪法要钦定,最后到上谕中明确宣布要颁布钦定宪法,清廷终于确定了制宪的原则:牢牢掌握制宪权,以君主为制宪主体,绝不能以人民为制宪主体。

以钦定的办法制宪,目的在于巩固君权。但是,宪法能够巩固君权的说法,虽然很合清廷口味,却违背宪政原理,大清的子民并不欣赏。因此,围绕着制宪权的问题,演出了一幕幕历史的活剧。

颁布《宪法大纲》以后朝野争夺制宪权的活剧,我们且按下不表。因为,《宪法大纲》不仅确立了制宪方法,并且有蛛丝马迹表明,在制定《宪法大纲》的过程中,人们已经在践行这一方法,应该予以关注。

---

① "至涉及吾国政体各节,自是日本老博士见解,较之于式枚凭意诋毁者,大有径庭。日之后起英杰,极不谓然。但在今日,吾国自必多纳其言,此亦不可逃之阶级。备录之,可以衡量后此发布之宗旨。"(《达寿奏考察情形具陈管见折》,载《东方杂志》,第 5 年,第 8 期,光绪三十四年,"记载"栏。)

第六章 钦定的《宪法大纲》

一、从起草者谈起

（一）杨度：未尝参与一字

《宪法大纲》作为公文，是以奏折的附件形式出现的。因此，该奏折的起草者，自然就是《宪法大纲》的起草者。所有的奏折都会标明起草者。《政治官报》刊登这道奏折时，用的标题是《宪政编查馆会奏遵拟宪法大纲暨议院选举各法并逐年应行筹备事宜折（附清单二件）》，一望可知，宪政编查馆是主要起草者之一。奏折正文显示，与宪政编查馆会奏的是资政院。不过，奏折末尾又特别交代："此折系宪政编查馆主稿，会同资政院办理。"[①]这就很清楚了，此稿虽然是两个机构会奏，但主稿者是宪政编查馆。

那么，是宪政编查馆中的谁主持起稿的呢？革命派认为是杨度。《宪法大纲》颁布当年，章太炎就在《民报》发表《虏宪废疾六条》，直呼《宪法大纲》的起草者是"杨度辈"[②]，加以痛诋。1910 年，雷铁厓撰文评论宪政改革，也认定杨度是《宪法大纲》的起草者，并丑诋杨度建立的宪政公会是"做官公会"，杨度所提出的金铁主义是"金钱主义"。[③]

---

① 《宪政编查馆会奏遵拟宪法大纲暨议院选举各法并逐年应行筹备事宜折》（附清单二件），载《政治官报》，光绪三十四年八月初二日。

② 太炎（章太炎）：《代议然否论·附虏宪废疾六条》，载《民报》，第 24 号，光绪三十四年。

③ 铁厓（雷铁厓）：《中国立宪之观察与欧洲国会之根据》，载《民声》（上海），第 1 卷，第 1 期，宣统二年。

不但革命党人怀疑是杨度主持起草了《宪法大纲》，就是在他担任会长的宪政公会中，也有人持这种观点，闹得沸沸扬扬。为杜悠悠之口，杨度作了一篇布告，向宪政公会的成员们做出解释。在这篇布告中，他宣称，对《宪法大纲》以及九年筹备清单等文件，他"未尝参与一字"①。杨度断然否定了自己曾参与起草《宪法大纲》，但未必可信。

不过，杨度的另外一个行为又显示，"未尝参与一字"的说法并非无因。据报刊消息，《宪法大纲》颁布后不久，杨度就提出要辞去宪政编查馆的差事，其原因，一是"屡次被参"，二是"到宪政馆后迄未派得重要差事"②。如果他主持起草了《宪法大纲》，就不会有"迄未派得重要差事"的说法。由此推断，杨度恐怕真的不是起草《宪法大纲》的要角。

（二）大甜水井某宅的密议

主持者可能是汪荣宝。和杨度一样，汪荣宝也有留学日本的经历。考察政治馆改成宪政编查馆时（1907），汪荣宝被派为该馆编制局的科员③，编制局是负责起草各种法规的，宪法是其中一项④。次年，杨度也进入宪政编查馆，但没有正式职务，而是"以四品京堂候补，在宪政编查馆行走"⑤。1909 年年初，杨度才有了一个正式职务：参议。⑥

与杨度一同被派为宪政编查馆参议的是年长的劳乃宣。劳乃宣奉派之初，被权倾一时的军机领班大臣庆亲王奕劻叫去谈话，后者特别叮嘱："现与杨君共事，杨君如有过偏之处，还望匡正之。"⑦在制宪方

---

① 杨度：《布告宪政公会文》（一九〇八年九月上旬或中旬），见刘晴波主编：《杨度集》，511 页，长沙，湖南人民出版社，1985。

② 《杨度辞差述闻》，载《盛京时报》，光绪三十四年八月二十日。

③ 《宪政编查馆奏调员分任馆务折（并单）》，载《政治官报》，光绪三十三年十一月初一日。

④ 《宪政编查馆奏拟办事章程折》，载《政治官报》，光绪三十三年九月二十日。

⑤ 朱寿朋编，张静庐等校点：《光绪朝东华录》，5885 页，北京，中华书局，1958。

⑥ 《宪政编查馆奏请派本馆参议等官片》，载《政治官报》，光绪三十四年十二月二十五日。

⑦ 北京大学图书馆馆藏稿本丛书编委会编辑：《劳乃宣公牍手稿》（"北京大学图书馆馆藏稿本丛书"第 9 册），146 页，天津，天津古籍出版社，1987。

面，杨度的主张曾经比较激进。在进入政府之前，他曾说中国制宪不可盲目模仿日本。① 奕劻觉得杨度的主张偏激，良有以也。而与之相比，汪荣宝则"素重君主大权主义"②。这样的人才，当然更容易受到清廷重用。

并且，对杨度的防闲，似乎不是从派他为宪政编查馆参议时开始的。有报刊报道显示，在起草《宪法大纲》期间，杨度就受到了排挤。排挤他的就是汪荣宝："杨度与汪元(荣)宝诸人近来颇有意见"，"现在凡有会议，即由汪荣宝、钱承志、章宗祥、曹汝霖等数人在大甜水井某宅密议，不独杨度及与杨同志之人无从与闻，其他科员亦皆未与其列"。③ 如果当时报载属实，则《宪法大纲》的起草者就不是"杨度辈"，而是"汪荣宝辈"。

尤其值得注意的是，报刊说得很明白，"汪荣宝辈"办公的方式是在位于大甜水井的某宅"密议"，秘密办公。这种起草方式，颇符合钦定宪法的原则。

二、筹备议会与颁布《宪法大纲》的时机

(一)1904 年后官员中的制宪呼声

1904 年以后，官员中主张尽快制宪的呼声渐渐多起来，但是，这些呼声都未使清廷采取行动。蛛丝马迹表明，其决心制定《宪法大纲》，与准议会机关的筹备提上日程有关。而先颁布宪法后开国会，乃是钦定宪法的一条重要原则。

今日学者通常认为，清末民初的中国人以立宪和专制之战观察日俄战争，日本战胜了俄国是立宪制度优于专制制度的铁证，因而他们

---

① 侯宜杰：《清末预备立宪时期的杨度》，载《近代史研究》，1988(1)。
② 侯宜杰：《二十世纪初中国政治改革风潮——清末立宪运动史》，315 页，北京，中国人民大学出版社，2009。
③ 《国会问题汇志》，载《盛京时报》，光绪三十四年七月二十三日。

大力鼓吹中国也要立宪。① 这种认识大致不差，但若认为中国在日俄战争结束之后才出现鼓吹政治改革的高潮则不准确。民间尚且不论，就官员而言，有人在日俄开战之前就已经呼吁中国实行根本变法。例如，云贵总督丁振铎和云南巡抚林绍年在 1904 年 1 月 20 日致电军机处请其代奏，强烈建议"自今以后一切即尽行改革"。有意思的是，他们还提出，不论日俄战与不战，更不论两国哪一方战胜，中国都应该乘此机会实行彻底变法。若不如此，而继续因循，日后恐怕会想变法也"无可以自变之日"。②

这道电奏，虽然并未出现"制宪"或类似词语，但是，既然要进行彻底的变法，制宪当是意料中的事，因此，张謇在推动制宪的时候对它评价很高。③ 并且，在日俄开战之后，林绍年又单独向清廷上了一道奏折，明确提出，当下"最要"之事是"改专制为立宪法"。④

日俄战争期间，讨论制宪的已不止林绍年一人。例如，坊间流传，张之洞在 1904 年主张中国应制定一部"有限制宪法"，规定人民只有义务，没有权利。⑤ 而早已赋闲在家的翁同龢，私下与张謇等人多有接

---

① 学者们之所以会得出这种认识，一定程度上也是受了史料的影响。也就是说，在清末就已经有人说，官员之奏请制宪是在日俄战争之后。例如，《申报》于 1906 年年初发表的一篇文章就说："立宪民权之说，在十年以前目为邪说诬民，无敢陈之于朝廷者，自日俄一战之后，而立宪专制两政体之胜负遂分，明达之大臣始交章以立宪为请，遂有派五大臣出洋考察各国政治之命，又设考察政治馆于京师，朝廷之垂意于此已可概见。"（《论今年之新希望》，载《申报》，光绪三十二年正月初四日。）

② 《滇督抚丁振铎林绍年致枢垣日俄将战中国必受其殃请速变法以挽危局电》（光绪二十九年十二月初四日），转引自王彦威、王亮编：《清季外交史料》，见沈云龙主编：《近代中国史料丛刊三编》（016），2939 页，台北，文海出版社，1985。

③ 李明勋、尤世玮主编：《张謇全集》第 8 册，583 页，上海，上海辞书出版社，2012。

④ 林绍年：《遵旨敬陈管见折》（光绪三十年八月），见林绍年撰，康春华、许新民校注：《林文直公奏稿校注》，43 页，北京，中国书籍出版社，2013。

⑤ 张謇：《致赵凤昌函》（光绪三十年六月初一日），见李明勋、尤世玮主编：《张謇全集》第 2 册，133 页，上海，上海辞书出版社，2012。

触，在与张謇等人的交流中，他也认为中国必须制宪，"非此不可救亡"。①

同一年，身为驻法使臣的孙宝琦向政务处发了一通电报，强烈建议尽快制宪。据他说，日本通过颁布宪法实现了强国的目的，英国通过颁布宪法避免了共和之祸，德国通过颁布宪法摆脱了外患，中国如果制宪，也可以达到消泯内忧外患的目的。因此，他提请在政务处供职的王大臣们促成制宪。他的制宪方案是，派"儒臣"制定草案，交修订法律大臣"改定"。他还提出，为了制定一部好宪法，需要先开议会。②

日俄战争之后，提出制宪主张的官员就更多了。

例如，1905年10月，驻俄使臣胡维德电奏，俄国已经立宪，为了防止俄国以及其他国家的侵略，中国必须马上制宪，以期"上下一心"，实现"自立"。③

1905年11月初，日本的《每日新闻》报道，有人观察到，驻欧洲各国的中国公使正在准备一份呈递给皇帝的"建白书"，主张在五年之后制定宪法。④ 果然，不久之后，清廷收到了驻外使臣们的一道联衔电奏，奏请朝廷在五年内改行立宪政体，并请"特简通达时事、公忠体国之亲贤大臣，开馆编辑大清帝国宪法，颁行天下"⑤。

1907年，驻比李盛铎、驻德孙宝琦、驻荷钱恂、驻法刘式训、驻俄胡维德诸使臣，又与保和会专使陆徵祥一起联衔电奏，痛陈在保和会上受到的不公待遇，为防止下一届保和会上中国被降为三等国，恳请颁布宪法，实行宪政。⑥

---

① 张謇：《致赵凤昌函》（光绪三十年五月二十九日），见李明勋、尤世玮主编：《张謇全集》第2册，132页，上海，上海辞书出版社，2012。

② 《出使法国大臣孙上政务处王大臣请立宪法书》，载《秦中官报》，第42期，光绪三十年。

③ 《胡星使请亟自立宪法》，载《申报》，光绪三十一年九月十六日。《胡钦使又请立宪》，载《申报》，光绪三十一年十月初三日。

④ 《清国的宪法政治》，载《每日新闻》，明治三十八年十一月二十五日。

⑤ 《出使各国大臣奏请宣布立宪折》，载《宪政初纲》（《东方杂志》临时增刊），光绪三十二年十二月。

⑥ 《出使各国大臣请定法律电奏》，载《顺天时报》，光绪三十三年九月二十六日。

1908 年 1 月，出使美国的二等参赞官吴寿全提出，速定宪法可杜民气嚣张。①

出洋考察政治的一些官员，也纷纷提出要制定宪法。

1907 年 8 月 26 日，端方呈递奏折，认为臣民中主张立宪的居多数，鼓吹革命的是少数，清廷应该"俯从多数希望立宪之人心，以弭少数鼓动排满之乱党"。因此，他恳请两宫"饬下廷臣，迅将我大清帝国宪法及皇室典范二大端，提议编纂，布告天下"，这样，"必可永固皇基，常昭法守"。②

1907 年 9 月 19 日，五大臣中的另一位，福建布政使尚其亨呈递奏折，主张尽快立宪，提出如下命题："宪法立则公法行，公法行则外侮靖。"③

其他一些官员也纷纷提出制宪主张。

例如，1906 年 6 月 7 日，江苏学政唐景崇呈递奏折，提出世界各国宪法，有"君主宪法"，有"民主宪法"，中国当模仿日本制宪。④

同年 7 月 29 日，内阁中书刘坦提出，"亟须编纂宪法"⑤。

同年 11 月 7 日，署理广西提学使李翰芬提议在五年之内制定宪

---

① 《宪政编查馆大臣奕劻等代递吴寿全呈请宣示宪法规则以杜民气嚣张折》（光绪三十三年十二月十一日），见故宫博物院明清档案部编：《清末筹备立宪档案史料》上册，313～315 页，北京，中华书局，1979。

② 《两江总督端方奏请迅将帝国宪法及皇室典范编定颁布以息排满之说折》（光绪三十三年七月初七日），见故宫博物院明清档案部编：《清末筹备立宪档案史料》上册，47 页，北京，中华书局，1979。

③ 《福建布政使尚其亨奏宪法立则公法行公法行则外侮靖折》（光绪三十三年八月十二日），见故宫博物院明清档案部编：《清末筹备立宪档案史料》上册，260 页，北京，中华书局，1979。

④ 《江苏学政唐景崇奏预筹立宪大要四条折》（光绪三十二年闰四月十六日），见故宫博物院明清档案部编：《清末筹备立宪档案史料》上册，114 页，北京，中华书局，1979。

⑤ 《内阁中书刘坦条陈预备立宪之法呈》（光绪三十二年六月初九日），见故宫博物院明清档案部编：《清末筹备立宪档案史料》上册，120 页，北京，中华书局，1979。

法，开上下议院。①

从以上所举可知，1904 年以后提出制宪主张的官员中，有一些是颇有分量的人物（如端方和尚其亨都是清廷派遣出洋考察政治的大臣），但是，他们的呼吁未能使清廷下定决心制宪。

（二）发布起草《宪法大纲》的命令与公布《谘议局章程》同时

1908 年 7 月 22 日谕令起草《宪法大纲》的上谕值得玩味，全文如下：

> 朕钦奉慈禧端佑康颐昭豫庄诚寿恭钦献崇熙皇太后懿旨，宪政编查馆、资政院王大臣奕劻、溥伦等会奏拟呈各省谘议局及议员选举各章程一折。谘议局为采取舆论之所，并为资政院预储议员之阶，议院基础即肇于此。事体重大，亟宜详慎厘定。兹据该王大臣拟呈各项章程，详加披阅，尚属周妥，均照所议办理。即著各督抚迅速举办，实力奉行，自奉到章程之日起，限一年内一律办齐。朝廷轸念民依，将来使国民与闻政事，以示大公，因先于各省设谘议局，以资历练。凡我士庶，均当共体时艰，同摅忠爱，于本省地方应兴应革之利弊，切实指陈；于国民应尽之义务、应循之秩序，竭诚践守。勿挟私心以妨公益，勿逞意气以紊成规，勿见事太易而议论稍涉嚣张，勿权限不明而定法致滋侵越。总期民情不虞壅蔽，国宪咸知遵循。各该督抚等亦当本集思广益之怀，行好恶同民之政，虚公审察，惟善是从。庶几上下一心，渐臻上理。至于选举议员，尤宜督率各该地方有司认真监督，精择慎取，断不准使心术不正、行止有亏之人托足其内，致妨治安。该王大臣所陈要义三端，甚为中肯。如宣布开设议院年限一节，自是立宪国必有之义。但各国宪政，本难强同。要不外乎行政之权在官吏，建言之权在议员，而大经大法，上以之执行罔越，下以之遵奉弗违。中国立宪政体，前已降旨宣示，必须切实预备，慎始图终，方不至托空言而鲜实效。著宪政编查馆、资政院王大臣督同

① 《署理广西提学使李翰芬条陈五年预备立宪及速立内阁等事宜折》（光绪三十三年十月初五日），见故宫博物院明清档案部编：《清末筹备立宪档案史料》上册，300 页，北京，中华书局，1979。

馆院谙习法政人员，甄采列邦之良规，折衷本国之成宪，迅将君主宪法大纲暨议院、选举各法择要编辑，并将议院未开以前逐年应行筹备各事分期拟议，胪列具奏呈览。俟朝廷亲裁后，当即将开设议院年限钦定宣布，以立臣工进行之准则，而副吾民望治之殷怀，并使天下臣民晓然于朝廷因时制宜、变法图强之至意。钦此。①

这道七百字的上谕中，前四百多字都在谈与谘议局相关的问题，从裁可宪政编查馆起草的《谘议局章程》和《谘议局议员选举章程》，到命令各省在一年之内完成谘议局的筹备工作，从对各省士民（将来的谘议局议员）提出期望，到对各省督抚提出要求，堪称面面俱到。

从"该王大臣所陈要义三端"往下，才偏离了谘议局问题，但也不是都在谈制宪，远远不是！这二百多字的主题，其实是召开国会年限问题，这乃是"要义三端"之一端。② 其间命令宪政编查馆和资政院要

---

① 朱寿朋编，张静庐等校点：《光绪朝东华录》，5949～5950 页，北京，中华书局，1958。

② 所谓"要义三端"，都是围绕着议会，尤其是谘议局的定位而谈的，其全文如下："伏查各国立宪制度，皆设上下议院于国都，其下多直接地方自治之议会；惟联邦之制，各邦自有国会，帝国但总其大纲。中国地大民众，分省而治，各省之政主于督抚，与各国地方之治直接国都者不同；而郡县之制异于封建，督抚仍事事受命于朝廷，亦与联邦之各为法制者不同。谘议局之设，为地方自治与中央集权之枢纽，必使下足以裒集一省之舆论，而上仍无妨于国家统一之大权。此其要义一也。夫议院乃民权所在，然其所谓民权者，不过言之权而非行之权也。议政之权虽在议院，而行政之权仍在政府，即如外国监督政府之说，民权似极强矣，而议院攻击政府但有言辞，并无实力，倘有政府自行求退，议院并不能驱之使行。普鲁士、日本宪法且明载进退宰相、任免文武官之权在于其君。此足见民权之是言非行矣。况谘议局仅为一省言论之汇归，尚非中央议院之比，则其言与行之界限尤须确切讲明，不容稍有逾越。此其要义二也。立宪之国，必有议院，此一定之理；敕定宪法之国，必先期宣布开设议院年限，此亦自然之序。今资政院、谘议局已次第建立，为议院之基础矣。基础既立，则朝廷自将宣布开设议院年限，以定人心，而促进步。此可预计者也。是则此日各省谘议局办法必须与异日京师议院办法有相成而无相悖，宣布年限之后，局中议员即当随时为选入议院之预备。故议员资格、议事权限，皆当于此时早为厘定。此其要义三也。"（《宪政编查馆会奏各省谘议局章程及按语并选举章程折》，载《政治官报》，光绪三十四年六月二十六日。）

起草"君主宪法大纲"，《议院法》和《选举法》也要择要编辑，并制定一份开国会之前的筹备宪政清单。上谕承诺，裁决这些文件的时候，将会宣布开国会年限。

原来，中国的第一份宪法性文件，并不是以一道专门的上谕命令起草的，而只是出现在一道讨论其他问题的上谕的第二个议题里。并且，谕令起草的不仅仅是《宪法大纲》，还有其他文件。这么做，岂不是有些草率？岂不是说明，起草《宪法大纲》不是清廷非常在意的事情？

非也。这道上谕虽然可以分为前后两部分，前一部分是谘议局问题，后一部分是国会年限问题，但主题其实是同一个，那就是议会问题。在讨论议会问题的上谕中出现了起草《宪法大纲》的命令，其实显示了清廷对它的在意。

虽然在 1904 年以后，官员中要求制宪的声音时有所闻，但清廷一直不为所动，而在裁决《谘议局章程》的上谕中，则主动提出要在各省谘议局建成之前制定《宪法大纲》，足以显示，清廷是意识到了定宪法与开议会之间的微妙关系，而有意在开谘议局之前制定《宪法大纲》。也就是说，起草《宪法大纲》的命令看起来漫不经心，其实包藏了清廷先定宪法后开议会的深心，体现了"钦定"宪法的精神。

可能有人要说，达寿谈及应该先定宪法后开议会时，所说的议会显然是国会，因为国会才有制宪权，而谘议局不过是省级的准议会机关，而不是国家级的议会，怎么能由在颁布《谘议局章程》的上谕中出现了起草《宪法大纲》的命令而得出这是在践行先定宪法后开国会的钦定精神的结论呢？

我们且看看上谕对谘议局的认识："谘议局为采取舆论之所，并为资政院预储议员之阶，议院基础即肇于此。"谘议局虽然是省级的，但资政院却是国家级的。而谘议局的设立，可以为资政院储备议员，因此，上谕才说"议院基础即肇于此"。此处的"议院"，显然是指国家议会。这是很有意思的。国会的基础，居然不是在此前已经设立的资政院，而是将在一年后成立的谘议局。清廷之所以会有这种认识，是因为资政院虽已奉旨成立，但其实并无议会形式。资政院召集议员议事，尚有很长的路要走。而一年后成立的谘议局，则将是正儿八经召集议员议论一省大政的。并且，在谘议局历练之后，很多人将成为未来资政院的议员。

在清廷眼中，各省谘议局不是一个一个分散的省级准议会，而是国会的基础。谘议局一旦成立，国会就有了基础，就有可能影响宪法的钦定。于是，颁布《谘议局章程》的上谕"顺便"命令起草《宪法大纲》。当意识到国会的基础——谘议局——将要成立的时候，清廷马上动手制定《宪法大纲》，抢先颁布，这与抢在开国会之前颁布宪法是同一道理，都是"钦定"的表现。

三、达寿之前，官员中的几种"钦定"言说

从以上所述来看，制定《宪法大纲》是在践行"钦定"法则，确有蛛丝马迹可寻。虽然颁布时并未冠以"钦定"字样，但《宪法大纲》确实是"钦定"的。① 但这样一来，就对本书第二章的结论造成了冲击：起草

---

① 已有学者指出，"当时的名称仅仅是《宪法大纲》，并没有'钦定'二字，'钦定'二字是后来的习惯称谓"〔韩大元：《论日本明治宪法对〈钦定宪法大纲〉的影响——为〈钦定宪法大纲〉颁布100周年而作》，载《政法论坛》，2009(3)〕。不过，"后来"也不是《宪法大纲》颁布很久以后。比如，在1908年，杨度在谈论《宪法大纲》时，就加了"钦定"二字："所颁《钦定宪法大纲》及《预备事宜年表》，鄙人虽未尝参与一字……至于此次所颁《钦定宪法大纲》，君权颇重，各地报纸已肆讥评。若自鄙人论之，则以为以君主大权制钦定宪法，实于今日中国国势办理最宜。"〔杨度：《布告宪政公会文》(一九〇八年九月上旬或中旬)，见刘晴波主编：《杨度集》，511～512页，长沙，湖南人民出版社，1986。〕又如，宪政编查馆1909年在一道奏折中提到《宪法大纲》时，也有一处加了"钦定"二字："又况用人之君上，议院不得干预，钦定宪法大纲中早经明定，又何至如原奏所称有任免督抚之权？"(《宪政编查馆奏议复考察宪政大臣于式枚奏陈谘议局章程权限折》，载《政治官报》，宣统元年七月十七日。)再如，宪政编查馆1910年的一道奏折中，也在《宪法大纲》前加了"钦定"二字："至该部原奏所称'大赦特赦系君主宪法上大权之一'等语，恭查钦定宪法大纲君上大权各条内载……"(《宪政编查馆奏核议法部奏酌拟死罪施行详细办法折》，载《政治官报》，宣统二年三月初三日。)同一年，《缩改于宣统五年开设议院谕》中以"钦定宪法大纲"相称："著缩改于宣统五年，实行开设议院。先将官制厘订，提前颁布试办，预即组织内阁。迅速遵照钦定宪法大纲，编订宪法(转下页)

《宪法大纲》的命令发布于 1908 年 7 月 22 日，达寿大谈钦定可以巩固君权的奏折奉旨"宪政编查馆知道"的时间则是 1908 年 8 月 7 日①，其大谈要先制定宪法后召开国会、制宪要以秘密为原则的奏折，也在 8 月 7 日奉旨"宪政编查馆知道"②。倘若说达寿的奏折是清政府"钦定宪法"知识的唯一来源，那就无法解释何以在达寿的奏折尚未呈递的时候，清廷就知道要先制定宪法后召开国会，在裁决《谘议局章程》的时候，命令起草《宪法大纲》。

原来，达寿并不是第一个提出"钦定宪法"的人，在 1904 年以后众声喧哗的制宪主张中，已有多名官员谈及"钦定"问题。

（一）于式枚：日本宪法是钦定宪法

奉派出洋考察宪政的三大臣中的另一位大臣于式枚，在达寿之前已经向清廷谈及"钦定宪法"问题。于式枚是一个有趣的人物，经常发表一些惊人的见解，引得舆论侧目。他到德国考察了一番之后，有一个重大发现："宪法自在中国，不须求之外洋。"

———————————————

（接上页）条款，并将议院法、上下议院议员选举法，及有关于宪法范围以内必须提前赶办事项，均著同时并举，于召集议院之前，一律完备，奏请钦定颁行，不得少有延误。"[《缩改于宣统五年开设议院谕》（宣统二年十月初三日），见故宫博物院明清档案部编：《清末筹备立宪档案史料》上册，79 页，北京，中华书局，1979。]同一年的另一道上谕，也以"钦定宪法大纲"相称："监国摄政王钤章十一月十七日内阁奉朱谕：资政院奏大臣责任不明难资辅弼一折，朕已览悉。朕维设官制禄及黜陟百司之权为朝廷大权，载在先朝钦定宪法大纲。是军机大臣负责任与不负责任暨设立责任内阁事宜，朝廷自有权衡，非该院总裁等所得擅预，所请著毋庸议。钦此。"（《政治官报》，宣统二年十一月十八日。）当然，也有在《宪法大纲》前加"奏定"二字的，如 1909 年载沣自任大元帅的上谕中有："监国摄政王钤章，五月二十八日奉朱谕，前经宪政编查馆奏定宪法大纲，内载统率陆海军之权操之自上等语，已奉先朝谕旨颁行。"（《宣统政纪》，"宣统元年五月丙子"，见《清实录》第 60 册，286 页，中华书局，1987。）不过，清亡前，在《宪法大纲》前加"钦定"二字比较普遍，而加"奏定"二字的则少得多。

① 《考察宪政大臣达寿奏考察日本宪政情形具陈管见折》，载《政治官报》，光绪三十四年七月二十三日。

② 《考察宪政大臣达寿奏国会年限无妨预定折》，载《政治官报》，光绪三十四年七月二十四日。

在这道招惹是非的奏折里，于式枚写道：

> 臣历取各国宪法条文，逐处参较，有其法为中国所已有而不须申明者，有其事为中国所本无而不必仿造者，有鄙陋可笑者，有悖诞可骇者，有此国所拒而彼国所许者，有前日所是而后日所非者，固缘时势为迁移，亦因政教之歧异。惟日本宪法纂自日臣伊藤博文，虽西国之名词，仍东洋之性质。自为《义解》，颇具深心。其采取则普鲁士为多，其本原则德君臣所定，名为钦定宪法，实与他国不同。①

在这里，于式枚表现出对各国宪法不迷信的态度。在他看来，有些国家的宪法条文中，有"鄙陋可笑"之处，有"悖诞可骇"之处。各国宪法，还会因政教不同或时代变迁而有不同。他唯一欣赏的是日本宪法，认为它保持了东方民族的性质。并且，他明确地向清廷传达了一个信息：日本的宪法是钦定宪法，主要师法普鲁士。

（二）范源廉：有钦定宪法，无妨早开国会

于式枚的上述奏折在 1908 年 6 月 13 日奉旨"会议政务处知道"。②其所谈并非无的放矢，而是针对当时风起云涌的国会请愿运动。

学部员外郎范源廉也就国会问题发表过一番意见，也谈到钦定宪法问题。不过，跟于式枚的基调（反对速开国会）不同，范源廉主张速开国会。

范源廉的见解，是在与军机大臣张之洞谈话时提出的。

1908 年 6 月某日，张之洞不耻下问，跟范源廉谈国会问题。张之洞说，现在请愿速开国会的呼声很大，但是，如果开设国会，准许人民参政，恐怕会有诸多窒碍，因为人民还缺乏政治能力。范源廉则说，

---

① 《考察宪政大臣于式枚奏立宪必先正名折》，载《政治官报》，光绪三十四年五月二十三日。

② 《考察宪政大臣于式枚奏立宪必先正名折》，载《政治官报》，光绪三十四年五月二十三日。

速开国会乃是"舆望所归",如果一味迟延,可能会发生意外。而"参考民意,速开国会",则可以达到"官民共治",那才是国家之幸。他还特别指出:"中国与日本君主国相同,钦定宪法,皇上有神圣不可侵犯之权。"也就是说,中国会以钦定宪法保障君权,速开国会无妨。据闻,张之洞听了,"颇为动"。①

(三)岑春煊:开设议院,钦定宪法

虽然国人从 1907 年开始便嫌清廷筹备国会过于迟缓,但是,对于清廷而言,能在 1907 年先后启动资政院和谘议局的筹备工作,已经算是改革的大手笔了。这些改革措施的出台,跟岑春煊的推动有很大关系。

1907 年 6 月 10 日,岑春煊呈递了一道规划全国议会系统的封奏,建议在中央设立资政院为上院、都察院为下院,在各省城设立谘议局,各府州县设立议事会。② 岑春煊的建议受到重视,清廷于是年 9 月 20 日谕令设立资政院③,又于 10 月 13 日谕令各省设立谘议局④。虽然这时设立的资政院和谘议局都不得要领⑤,但好歹开启了筹备工作。

就是在这道规划议会系统的奏折中,岑春煊提到制定宪法可以消除各省之间的隔阂,并谈到了民约宪法、钦定宪法:

①《张中堂与范副郎之国会问答》,载《顺天时报》,光绪三十四年五月二十七日。

②《两广总督岑春煊奏请速设资政院代上院以都察院代下院并设省谘议局暨府州县议事会折》(光绪三十三年四月三十日),见故宫博物院明清档案部编:《清末筹备立宪档案史料》上册,501 页,北京,中华书局,1979。

③《设立资政院派溥伦孙家鼐为总裁并会同军机大臣拟订院章谕》(光绪三十三年八月十三日),见故宫博物院明清档案部编:《清末筹备立宪档案史料》下册,606 页,北京,中华书局,1979。

④《著各省速设谘议局谕》(光绪三十三年九月十三日),见故宫博物院明清档案部编:《清末筹备立宪档案史料》下册,667 页,北京,中华书局,1979。

⑤ 前文曾经提到,这时成立的资政院,充其量只能算是资政院筹办所。至于各省奉 1907 年 10 月 13 日上谕而成立的谘议局,也与省级议会有很大距离,因此,当 1908 年颁布《谘议局章程》之后,各省形形色色的"谘议局"都被要求改为谘议局筹办处了。参见《宪政编查馆通咨各省设谘议局筹办处文》,载《政治官报》,光绪三十四年七月初八日。

查宪政原理，苟非人民得有参政权者，决不足语于宪政。欧美宪法往往由其国君主褫夺人民之权利，征收不法之租税，横暴过甚，于是人民各思自为保障，激于反动而成为民约宪法……人人自为保障者，非谓轶出乎一人范围以外也，本人人心意之所同，而制为一定之宪法，一人遵守之，千万人亦遵守之，此即所谓法人也。惟其制定之在上，故谓之钦定宪法，惟仍须得人人心意之所同，故上下议院之制不可不豫备。①

岑春煊在这里说得很清楚，由于君主横暴过甚，人民起而抗争，最终所得到的，往往是民约宪法，而由君上制定的宪法则是钦定宪法。但是，不论是民约还是钦定，都必须得到人民的认同。因此，即使用钦定的办法制宪，上下议院也是必须预备的。

（四）唐宝锷：君主国的制宪权与制宪方法

按照岑春煊的意思，即使钦定宪法，也要经过议院议决，否则就无法得到"人人心意之所同"。但是，1908年《北洋法政学报》上刊登的一篇文章则提出，日本是先颁布钦定宪法，后召开国会的。

这篇文章以《宪法访问录》为题，采用一问一答的形式行文。访问者是唐宝锷，翰林院检讨；回答者是穗积八束，日本著名法学家。

唐宝锷围绕宪法，总共问了二十九个问题，其中第十问是："各国宪法制定修正之权如何？"

穗积八束告诉他，各国的制宪权都由掌握国家主权的人行使；国家不同，国家主权的掌握者也不同，因此，握有制宪权的人也不同：

制定宪法之权，在有国之主权者操之。然各国为主权者不同，故宪法制定权之所在亦异。君主国以君主为主权者，故君主制定宪法。共和国以国民为主权者，故议院制定宪法。如日本为君主

---

① 《两广总督岑春煊奏请速设资政院代上院以都察院代下院并设省谘议局暨府州县议事会折》（光绪三十三年四月三十日），见故宫博物院明清档案部编：《清末筹备立宪档案史料》上册，501～502页，北京，中华书局，1979。

之国，君主为主权者，自制定宪法发布，谓之钦定宪法。如法国为民主共和之国，别有制定宪法会议，合上下两院为一团体，不分上下院议员，皆一致称宪法会议，有制定及修正宪法之权。以上所论者为各国制定宪法之权。①

看这一段史料，容易得出结论：君主国都是钦定宪法。但是，穗积八束在介绍完制宪权之后，又简单介绍了各国提议修改宪法之权，然后又介绍了君主制定宪法的方法。原来，君主国的制宪方式也并非都是钦定：

> 一为德意志诸国所行之法，先由君主拟定宪法草案，招集议员开议院议决而宪法始成；一为日本所仿之法，即宪法由君主钦定公布，作为定案，依其宪法而开议院，行宪政。其次序各有差也。②

此处所说的德意志诸邦的制宪方法，其实就是达寿《具陈管见折》中所说的"协定"法。而前文所说的共和国由议院制定的宪法，就是达寿《具陈管见折》中所说的民定宪法。也就是说，达寿在日本考察得来的基于制宪权不同而进行的宪法分类，唐宝锷其实也从日本学者那里了解到了，只是似乎穗积八束对唐宝锷讲得不是那么透彻，因此，唐宝锷未能明确写出"协定""民定"字样。但是，"钦定"二字则明确写出来了。并且，决定宪法是否钦定的关键，是宪法起草后是否要经过国会议决，这一信息也非常明确。

（五）类似"钦定"的说法

于式枚、范源廉、岑春煊、唐宝锷诸人都明确提到钦定宪法，还有一些官员的奏议，虽然没有出现"钦定"二字，但将钦定宪法的实质

---

① 出洋考察政治参赞官翰林院检讨唐宝锷质问，日本贵族院议员枢密院书记官大学教授法学博士穗积八束解答：《宪法访问录》，载《北洋法政学报》，第 68 期，光绪三十四年。

② 出洋考察政治参赞官翰林院检讨唐宝锷质问，日本贵族院议员枢密院书记官大学教授法学博士穗积八束解答：《宪法访问录》，载《北洋法政学报》，第 68 期，光绪三十四年。

表述出来了。

例如，端方在提议立即制定宪法的奏折中，从制宪权的角度，对君主立宪做了一番界定："各国之立宪，制各不同，由专制朝廷颁行宪法者，谓之君主立宪。"①由专制朝廷颁布的宪法，就是钦定宪法。

唐景崇主张模仿日本制宪，其理由是：日本宪法使"君权既固，君统愈尊"，是"宪法中之至善"。他反对模仿英国，就是因为在英国体制下，君主的权力太小。② 唐景崇虽然也没有明确说日本是钦定宪法，但他显然把握了钦定宪法的核心。

其实，就总体而言，在起草《宪法大纲》一事提上日程之前官员们的制宪主张中，倾向于日本式制宪的居多数。只有少数官员表达了不同意见，如翰林院侍读学士朱福诜提出，日本宪法虽然"有可以取以为法者五"，但也有"当引以为戒者四"③，而据报载，驻法公使孙宝琦反对模仿日本，主张取法德国④。

（六）再评达寿的"功劳"

在达寿之前的官员中诸如上述的"钦定"和类似钦定的言论，显示出清廷对于钦定的制宪方法并不陌生，这就难怪在奏报《谘议局章程》的奏折里已经出现了"敕定宪法"的字样。⑤ 敕定宪法者，钦定宪法之别名也。这也就能够理解，为何达寿关于要先颁宪法后开国会等"高见"尚未向两宫奏闻，清廷就已经知道此中的奥妙，因而在公布《谘议局章程》的同时，命令起草《宪法大纲》。

这样，达寿的"功劳"，即他的奏报在促使清廷意识到要用钦定的

---

① 《两江总督端方奏请迅将帝国宪法及皇室典范编定颁布以息排满之说折》（光绪三十三年七月初七日），见故宫博物院明清档案部编：《清末筹备立宪档案史料》上册，46 页，北京，中华书局，1979。

② 《江苏学政唐景崇奏预筹立宪大要四条折》（光绪三十二年闰四月十六日），见故宫博物院明清档案部编：《清末筹备立宪档案史料》上册，114～115 页，北京，中华书局，1979。

③ 《德宗景皇帝实录》，"光绪三十三年九月丙午"，见《清实录》第 59 册，663 页，北京，中华书局，1987。

④ 《孙星使电奏德国宪政说》，载《顺天时报》，光绪三十三年十二月初五日。

⑤ 《宪政编查馆会奏各省谘议局章程及按语并选举章程折》，载《政治官报》，光绪三十四年六月二十六日。

办法制宪方面的作用，就要打折扣了。

看来确实如此。虽然像于式枚那样的"钦定"言说并未能道出钦定的秘诀①，而像岑春煊的"钦定"言说更显示他完全不懂钦定的秘诀，他们很可能只是摭拾"钦定"名词，只比那些连钦定、民定都分不清的官员略高一筹而已②，但是，唐宝锷的记载却值得重视。虽然他的记载未点明钦定、协定、民定的差别，但是，他通过穗积八束之口，准确地道出了日本是先颁宪法后开国会，而这正是钦定宪法的秘诀所在。

更重要的是，唐宝锷的《宪法访问录》虽然发于1908年，但他在1906年就写好了。并且，这是他作为载泽出洋考察时的随员，在载泽等离开日本之后，"留东研求"的结果。他留在日本考察期间，"就宪法之内容"访问了穗积八束，于是有了这篇《宪法访问录》。③

《宪法访问录》的存在说明，五大臣出洋考察，不仅学到了宪法可以巩固君权，其中的一些随员也知道了制宪权的分别。虽然在考察大臣的奏折中未能将这一考察成果反映出来，因而使清廷延迟认识到钦定是巩固君权的好办法，但是，考察工作结束后，这种观念还是有在统治高层传播的可能。

不过，就两宫而言，其了解政治新知的最直接途径，还是臣子们

---

①　在赴德之前，于式枚曾经上一奏折，在规划赴德考察事宜的同时，也就该如何预备立宪谈了自己的看法，认为预备立宪的头等大事，乃是"先设京师议院，以定从违"，而未提在开国会之前先颁布宪法。由此判断，至少在赴德之前，于式枚尚不知为了巩固君权，宪法必须在开国会之前颁布。参见《出使德国考察宪政大臣于式枚奏考察宪政谨拟办法宗旨折》，载《政治官报》，光绪三十三年十月二十六日。

②　1907年，坊间又有关于张之洞制宪主张的传言，听说张之洞准备奏请召开国会以便制定宪法。有人评论说，这显示张之洞由主张钦定宪法转变为主张国约宪法。国约宪法者，民定宪法之别名也。该文提出了一个有趣的问题："中堂知国约与钦定之别始出此言乎？抑漫然言此，不识所谓钦定与国约乎？"这个问题，大概可以用来拷问一下当时的大多数官员。参见《论张中堂之论时务》，载《顺天时报》，光绪三十三年八月十五日。

③　出洋考察政治参赞官翰林院检讨唐宝锷质问，日本贵族院议员枢密院书记官大学教授法学博士穗积八束解答：《宪法访问录》，载《北洋法政学报》，第68期，1908。

的奏折。对他们而言，确实是载泽的奏折为他们提供了宪法可以巩固
君权的新知，而达寿的奏折则使他们明白了钦定是巩固君权的妙法。
因此，从这个意义上说，达寿在使清廷确立以钦定宪法巩固君权的梦
想方面的作用，还是无人可出其右的。

为了说明《宪法大纲》的"钦定"特色，本章对谕令制定《宪法大纲》
前官员中的制宪主张略有涉及。其实，在《宪法大纲》之前，民间也有
很多制宪主张，其中涉及"钦定"问题者亦复不少。民间的这些制宪主
张，与官员中的制宪主张一道，构成颁布《宪法大纲》的时代底色。由
于张謇在 1904 年付出的努力特别多，值得大书特书，因此下一章加以
专门介绍，之后再介绍其他的民间制宪主张。

第七章 《宪法大纲》前民间的制宪主张（上）

——张謇"为圣主告"的努力与制宪主张

一、要设法让皇帝知道宪法之益

1904年2月15日，时值农历癸卯年除夕。对中国人而言，这是一个辞旧迎新的日子，也是一个总结本年得失、安排来年工作的日子。

张謇坐在案前，陷入了沉思。我们的状元实业家，关心的不仅是自己的实业，更是国家的前途。沉思良久，他在日记本里写了如下一段话：

> 日本全国略与两江总督辖地相等，若南洋则倍之矣。一则致力实业、教育三十年而兴，遂抗大国而拒强国；一则昏若处瓮，瑟缩若被絮。非必生人知觉之异也，一行专制，一行宪法，立政之宗旨不同耳。而无人能举以为圣主告也，可痛可恨。①

张謇在思索国家前途的时候，脑海中之所以会出现日本的影子，大概跟他前不久去日本考察的经历有关。他赴日考察的主题是农工与学务。但是，其收获却超出了主题。回来之后不久，他就给他的一位朋友，大学问家沈曾植写信，主题居然是"论世界宪法"。② 看来，日本

---

① 李明勋、尤世玮主编：《张謇全集》第8册，577页，上海，上海辞书出版社，2012。

② 癸卯年（1903）"八月……与沈子培书论世界宪法"（李明勋、尤世玮主编：《张謇全集》第8册，1019页，上海，上海辞书出版社，2012）。

之行，已促使他关注宪法问题。除夕夜他冥思苦想后，会将国家前途与宪法问题挂钩，也就不突兀了。

张謇在晚清民国历史上无疑是一个富有传奇色彩的人物。他高中状元，却不入仕途，转而经营实业，成为"状元实业家"，已使他成为历史学家们津津乐道的人物。其实，他的事业虽然主要在经济领域，但他也未曾忘却政治，在重要关头，还对政治的发展起过重要作用。

中国在清季之所以会开启宪政改革，似乎就与张謇的努力有一定关系。

章开沅的研究早已告诉我们，张謇对君主立宪问题的关心始自他赴日考察之后。[①] 张謇赴日，发生在癸卯年（1903）。上引癸卯除夕日记，可为他已关注立宪的明证。

说起来，癸卯除夕日记中的这段感慨，是由蒯光典的一封来信引发的。不过，蒯光典的信并未涉及宪政，而是讨论实业。信中只是提到，某一实业应该由北洋通商大臣提出，南洋通商大臣则"不足与有为"。张謇却由此生出一番悲感，联想到自己刚游日本，日本其实只有南洋的一半那么大，但发展实业和教育三十年，俨然成为强国，而南洋则被束缚了手脚，什么事情都做不成。南洋如此，整个中国也是如此。为什么会这样呢？张謇认为，并不是因为中国人与日本人有什么不同，而是因为国家体制不同。中国专制，日本则实行宪政，这才是导致两国强弱悬殊的根本原因。颁布宪法、实行宪政太重要了。但是，这么重要的事情，却没有人向皇帝进言，真令人痛心，令人愤慨。

我们的状元实业家，没有停留在"痛""愤"的层面。那年除夕夜，张謇做出了一项重要决定：采取措施，想方设法让他心中的"圣主"光绪皇帝知道宪法的重要性。

二、直达内廷

为了上达天听，张謇决定从多方面入手。其中最重要的有两点：一则翻译出版日本宪法及相关文献，设法向高层传播；二则劝说重要

---

① 章开沅：《开拓者的足迹——张謇传稿》，162 页，北京，中华书局，1986。

官员，使其赞成立宪，通过他们影响皇帝。

最早印出的是《日本宪法》，于 1904 年农历六月出版。赵凤昌是张謇的重要政治盟友，《日本宪法》的出版有赵凤昌的一份功劳。赵凤昌认识一个叫作赵小山的人，他在内务府任职。内务府是清廷专管皇家事务的机构，直接内廷。并且，赵小山本是醇王府的人，因擅丹青，绘制了颐和园全图，被奕譞进献给慈禧太后，颇得慈禧太后赏识。①这就不难理解，赵凤昌给赵小山寄了十二册《日本宪法》之后，赵小山能够将其"径达内廷"。

听说慈禧太后看了这本书之后，在召见军机大臣的时候，突然冒出来一句："日本有宪法，于国家甚好。"

而此时的军机大臣，毫无宪法知识，因此听了慈禧太后这句话，相顾无言，"不知所对，唯唯而已"，场面相当尴尬。

慈禧太后说出来"宪法"二字，这对军机大臣刺激不小。识时务者赶紧补课。很快，瞿鸿禨就叫他的七弟到上海，委托赵凤昌帮忙选购宪法类书籍。他们根本不知道，赵凤昌乃是参与刊印《日本宪法》的重要分子。赵凤昌后来将此事告诉张謇，两人相视大笑。

以上故事，出自张謇自订年谱。讲完了以上情节，张謇发了如下一句议论作结："枢臣奉职不识古义，莅政不知今情，以是谋人家国，宁有幸乎？"②

这是一个批评当朝枢臣的结语。但其实作为对刊印《日本宪法》一事的小结，应该说这本书的效果相当不错。虽然在进呈的过程中充满了变数，令张謇一度心灰意懒，但终于有了好结果，引起了慈禧太后的重视。③

---

① 胡寄尘编：《清季野史》，112 页，上海，广益书局，1913。

② 李明勋、尤世玮主编：《张謇全集》第 8 册，1020 页，上海，上海辞书出版社，2012。

③ 赵小山的工作似乎曾经一度受阻。张謇在 8 月初写给赵凤昌的一封信中不无悲愤地说："不知丛桂留人处机括何如？目下止盼此一路……宪书值，理合公摊，公勿独为君子。事即不成，花去几文，权当落去几点眼泪。"[张謇：《致赵凤昌函》（光绪三十年六月二十三日），见李明勋、尤世玮主编：《张謇全集》第 2 册，134 页，上海，上海辞书出版社，2012。]"丛桂留人"，指赵小山，典出庾信《枯树赋》"小山则丛桂留人，扶风则长松系马"一句。在"第七届晚清史研究国际学术讨论会"上，王慧颖女士提醒此典故，特此致谢。

虽然光绪皇帝未必由此知道宪法对于国家的重要性,但是,慈禧太后批览过此书,比光绪皇帝看过更有意义。因为戊戌变法之后,慈禧太后再度临朝,大清的国是还是要靠她拍板的。并且,慈禧太后还对枢臣说了"日本有宪法,于国家甚好"的话,表明她对宪法产生了一些好感。枢臣们听了,虽然一头雾水,但对慈禧太后的态度是十分清楚的,这就促使他们手忙脚乱地学习宪法知识。说刊印《日本宪法》一事造成了朝堂内外一次小小的学习宪法的热潮,大概不算过度解读。

因此,虽然从张謇所写的结语望文生义地去理解,一定会觉得张謇对枢臣的无知义愤填膺,心情很不好,但若联系上文,则可以断言,张謇的心情其实好极了。挪揄枢臣,正显示了他的得意。

三、与铁良谈宪法

《日本宪法》出版前后,《日本宪法义解》一书的印制工作也在紧锣密鼓地进行,该书是主持制定日本宪法的伊藤博文的作品。在存留至今的张謇写给赵凤昌的信中,我们可以看到张謇曾多次催问印制该书的进程。例如,他在 1904 年 7 月 12 日问:"《义解》印成否? 应早成矣。"①次日又问:"印书成否?""印书必望速成、速布、速进,并望以百本即见寄。"②16 日他在信中写道:"日盼印成之书到眼。"③用语简单,心情急迫。

两个月之后,《日本宪法义解》终于印出来了。④ 因为《日本宪法》

---

① 张謇:《致赵凤昌函》(光绪三十年五月二十九日),见李明勋、尤世玮主编:《张謇全集》第 2 册,132 页,上海,上海辞书出版社,2012。
② 张謇:《致赵凤昌函》(光绪三十年六月初一日),见李明勋、尤世玮主编:《张謇全集》第 2 册,133 页,上海,上海辞书出版社,2012。
③ 张謇:《致赵凤昌函》(光绪三十年六月初四日),见李明勋、尤世玮主编:《张謇全集》第 2 册,133 页,上海,上海辞书出版社,2012。
④ 张謇自订年谱记,甲辰年(1904)八月,"印《日本宪法义解》、《议会史》送铁侍郎良,与谈宪法"(李明勋、尤世玮主编:《张謇全集》第 8 册,1020 页,上海,上海辞书出版社,2012)。

开了个好头，张謇当然希望《日本宪法义解》也取得同样的好结果，因此继续走上层路线，试图对权贵甚至是两宫施加影响。①

但是，《日本宪法义解》没有引起两宫的重视，不过也并非毫无结果，至少对一位满族高官铁良施加了影响。

那年秋，铁良奉命南下巡察。张謇本来没有想到要去拜访他，但是，中秋节的前两日，他得到消息说，铁良要与他一晤。于是，张謇决定采取主动，于中秋那天拜访了铁良。这次拜访，张謇对铁良印象不错，觉得他"言论甚明爽，不减陶斋，而凝重过之"②。陶斋，即端方，清末满人中的翘楚。张謇觉得铁良比端方还要稳重，可见评价之高。

张謇看铁良是个明达之人，在两天之后，送了一册《日本宪法义解》给他。又过了一个星期，估摸着铁良应该读得差不多了，并且铁良也接到谕旨，要赶紧回京了，张謇又去拜访他，"与之谈宪法"③。

张謇和铁良究竟谈了什么，因为文献无征，所知有限。在其后写给赵凤昌的一封信里，张謇留下了这样的话："铁侍郎居然能争赔款用金，且愿研求宪法，亦难得也。"④看来张謇对于这次晤谈相当满意。

四、翁同龢遗疏之谜

张謇在其自订年谱"三十年甲辰"(1904)条下有如下一句："五月十

---

① 我们至今仍能看到张謇向赵凤昌索取《日本宪法义解》以便寄到北京去的信函，其试图施加影响的对象，当系权贵。其言曰："尊处尚有前印《宪法义解》否？有则请分十六七本，以便寄京。"[张謇：《致赵凤昌函》(光绪三十年)，见李明勋、尤世玮主编：《张謇全集》第 2 册，138 页，上海，上海辞书出版社，2012。]

② 李明勋、尤世玮主编：《张謇全集》第 8 册，595 页，上海，上海辞书出版社，2012。

③ 李明勋、尤世玮主编：《张謇全集》第 8 册，596 页，上海，上海辞书出版社，2012。

④ 张謇：《致赵凤昌函》(光绪三十年十月二十二日)，见李明勋、尤世玮主编：《张謇全集》第 2 册，135 页，上海，上海辞书出版社，2012。

七日，省翁尚书病于常熟南泾塘第，归后闻翁尚书二十日卒。"①观此可知，翁同龢去世前数日，张謇曾经登门省视。但所谈内容，自订年谱没有交代。

在不久后写给赵凤昌的信中，张謇对省视时所谈有所介绍："十七八日与松禅老人谈两次，颇及宪法，老人极赞，亦以为非此不可救亡也。"②松禅是翁同龢的号。原来，张謇此次省视，在翁同龢病榻边与他交谈了两次，且涉及宪法问题的内容还颇多。在交流中，翁同龢提出，不定宪法，无法救亡。

在写这封信的次日（7月13日），张謇又有一函致赵凤昌，信中谈及推动宪政改革有希望时，提到了翁同龢的遗疏：

> 此事消息不恶，印书必望速成、速布、速进，并望以百本即见寄。常熟遗疏中有此语，是病榻所谈。此老毕竟有心。公秘之。③

这里所说的"此事"，指他们正在进行的推动清廷立宪一事。"此语"，当指翁同龢遗疏中主张宪政改革的语言。张謇特别强调，"此语"是翁同龢在病榻所谈。联系到前一日的信件，几乎可以断言，"此语"是强调要制宪以挽救危亡的。

那么，为何要赵凤昌保密呢？

五天前（7月9日），张謇在日记中写道："得翁宅讣，二十一日子正松禅师易箦，遗命以自挽联属书，又令草遗疏。"④日记中说翁同龢于7月4日去世，与前引自订年谱中所说的7月3日相差一日。这一

---

① 李明勋、尤世玮主编：《张謇全集》第 8 册，1020 页，上海，上海辞书出版社，2012。

② 张謇：《致赵凤昌函》（光绪三十年五月二十九日），见李明勋、尤世玮主编：《张謇全集》第 2 册，132 页，上海，上海辞书出版社，2012。

③ 张謇：《致赵凤昌函》（光绪三十年六月初一日），见李明勋、尤世玮主编：《张謇全集》第 2 册，133 页，上海，上海辞书出版社，2012。

④ 李明勋、尤世玮主编：《张謇全集》第 8 册，585 页，上海，上海辞书出版社，2012。

差别，应该是去世的时刻造成的。据此处所载，翁同龢去世的时间是4日子时，人们习惯上会称这个时刻为3日深夜。

此处所提示的翁家请张謇代翁同龢草拟遗疏一事，值得重视。翁同龢在戊戌变法中支持康有为一派，对宪法问题可能早有关注。因此，我们不能说他去世前与张謇谈及宪法问题是受张謇启发。但是，张謇那时正在花大力气推动政治改革，因此，可以想象，那次省视时所谈的宪法问题，应该是由张謇谈起。张謇在翁同龢病榻旁谈起此事，引起翁同龢的悲感，发出不进行宪政改革就无法救亡的浩叹。数日后，翁同龢去世，其家人请张謇代笔起草遗疏，张謇乃决定将此事写入。因此，翁同龢遗疏中的政治改革主张，多少有点用翁同龢的口气传达张謇主张的意味。而作为当今皇帝的帝师，翁同龢遗疏无疑是可以上达天听的。于是，张謇借助翁同龢的口气，可以达到"为圣主告"的目的。

至于他要赵凤昌保守秘密，应该是其时距他受托起草遗疏尚只有五日，可能尚在酝酿中，至少还没有公开，不可轻易外漏。

那么，翁同龢遗疏究竟是怎么说的呢？

遗疏全文只有两百多字，涉及未来政治的，只有如下一句："所愿励精图治，驯致富强。"①从这几个字，实在看不出翁同龢在劝光绪皇帝、慈禧太后推行政治改革。张謇写给赵凤昌信中的"此语"哪里去了？

---

① 全文如下："已革协办大学士户部尚书臣翁同龢跪奏，为天恩未报，臣病垂危，伏枕哀鸣，仰祈圣鉴事。窃臣早年通籍，荐蒙先朝优遇，屡司文柄，兼侍讲帷，忝陟班联，叠膺简任。只以奉职无状，负罪当诛，犹蒙恩予保全，放归田里，交地方官管束，俾尽天年。臣自知咎戾，深悔难追，夙夜彷徨，浸成老病。兹已气息绵惙，无望偷生。伏念负疚如臣，固已言无足取，不敢复有所陈述。第思隆恩未答，盛世长辞，感悚之余，难可瞑目。所愿励精图治，驯致富强，四海苍生，咏歌圣德，臣虽死之日，犹生之年。谨口授遗疏，不胜呜咽依恋之至。伏乞皇太后、皇上圣鉴。谨奏。"(翁同龢：《遗折》，见谢俊美编：《翁同龢集》上册，201页，北京，中华书局，2005。)收入集子时，标注此遗疏形成时间是"光绪三十五年五月十四日(1904年6月27日)"，年份当是光绪三十(1904)之误。至于月日，可能是成稿之后往前署的，因为张謇接到翁同龢家人委托代拟遗疏是在五月二十六日(1904年7月9日)，遗疏不可能在此之前拟就。

很有可能张謇在受托代拟遗疏之后眼前一亮，自认为抓到了一个"为圣主告"的好机会，于是决定将翁同龢临终前在病榻所谈非宪法无以救亡等话写进去。并且，他觉得这个主意太好了，因此虽还未能得到翁氏家族的认可，便告诉赵凤昌，翁同龢遗疏中有"此语"。但是，将疏稿送到翁家之后，却遭遇了变故。翁同龢在戊戌年（1898）以推动变法而遭贬斥，这对翁家人而言，记忆犹新。数年过去，社会上又出现了政治改革的呼声，但是，清廷的态度并不明朗，万一因为在遗疏中说了不讨慈禧太后欢喜的话，死后遭谴，受损害的就不仅仅是死者的清誉，还有生者的前途。于是，"此语"被翁家人删去，改成了不痛不痒的"励精图治，驯致富强"八个字。

张謇借翁同龢之口将宪法之益上达天听的愿望落空了。

五、为江楚二督起草立宪疏

张謇在其自订年谱"三十年甲辰"（1904）条有如下一段：

> 四月，为南皮、魏督拟请立宪奏稿，经七易，磨勘经四五人，语婉甚而气亦怯，不逮林也。①

这里记载了一件他自己评价不高的事情：代湖广总督张之洞、两江总督魏光焘起草立宪奏折。其所言代拟的奏折赶不上的那位"林"，指的是林绍年，时任云南巡抚，于1904年年初和云贵总督丁振铎一起致电军机处，请其代奏，提出仿照日本明治维新，实行变法。此外，在同一年晚些时候，林绍年又单独递了一份奏折，明确提出要"改专制为立宪法"。关于此事，前文已提及。

代张之洞、魏光焘起草立宪奏折一事，张謇在日记中提供了较多细节。

---

① 李明勋、尤世玮主编：《张謇全集》第8册，1020页，上海，上海辞书出版社，2012。

1904 年 5 月，此事就已经酝酿了。

5 月 8 日，"诣邵阳、南皮"①。邵阳，即魏光焘，时任两江总督；南皮，即张之洞，时任湖广总督。那一段时间，张之洞为了办理江南制造局移建新厂问题，常驻南京。② 因此，张謇拜见魏光焘和张之洞的地点，都在南京。

11 日，张謇又试图拜访张之洞，后者外出，未得见。③

8 日张謇拜见两位总督的时候谈了什么，11 日拜见张之洞的目的又是什么，日记简略，全无交代。但此时张謇心中已经装着要设法将宪法之益"为圣主告"的心事，拜见主题很有可能与此有关。

在这两次拜访中间，10 日的日记写道："蒯礼卿来说立宪事，谈甚久。"④ 蒯礼卿，即蒯光典，张謇事业上的好友。张謇在癸卯年（1903）除夕的时候决心要将宪法之益"为圣主告"，就是受了蒯光典来函的促动。而这次蒯光典来访，两人就立宪事宜，谈得似乎很投机。两位交流立宪，当然跟他们在这方面有共同话题有关，但是不是也有可能因为张謇正在推动两位总督参与此事？

至于第二次拜访张之洞之后的翌日（12 日）所记，则似可据以确定，张謇拜见魏光焘、张之洞，确实是为推动政治改革。日记写道："由邵阳抄示丁、林请变法之电奏，敢言之气当为本朝第一。"⑤ 张謇第一次看到的丁振铎、林绍年的奏折，是由魏光焘抄示的。如果不是正在酝酿与立宪相关的事宜，魏光焘为何要将丁振铎、林绍年的奏折给

① 李明勋、尤世玮主编：《张謇全集》第 8 册，583 页，上海，上海辞书出版社，2012。

② 1904 年"三月十三日（4 月 28 日）乘轮东下，赴江宁会商江南制造局移建新厂事宜"，"四月十九日（6 月 2 日）乘轮离江宁回鄂"。（吴剑杰编著：《张之洞年谱长编》下卷，821、826 页，上海，上海交通大学出版社，2009。）

③ 李明勋、尤世玮主编：《张謇全集》第 8 册，583 页，上海，上海辞书出版社，2012。

④ 李明勋、尤世玮主编：《张謇全集》第 8 册，583 页，上海，上海辞书出版社，2012。

⑤ 李明勋、尤世玮主编：《张謇全集》第 8 册，583 页，上海，上海辞书出版社，2012。

张謇看？

张謇看到丁、林奏折之后的第二天（13日），张之洞来找他，"复谈立宪"。8日之后，二张再未见面，这次相见，两人谈了立宪，并且是"复谈"，足证8日张謇拜见魏光焘、张之洞的时候谈了立宪。不过，张謇对张之洞这次"复谈"不甚满意，评曰"其论亦明，其气殊怯"。①

大概觉得张之洞不足与谋，张之洞来访的次日，张謇去向他辞行。但是，张之洞却似乎欲有所为，因此请张謇再留几天。

再往后，就进入草拟奏疏的阶段。15日，魏光焘宴请张之洞于粮道署，请张謇作陪，席间可能有所商讨。

起稿很快。17日，张謇在日记中就留下了"与礼卿定稿"数字。② 次日，张謇又记道："以稿示聚卿、菊尊、少亮、蕃实诸君，属各以所见磨勘之。"③聚卿，即刘世珩，曾赴日考察，思想开明。④ 菊尊，即朱恩绂，熟悉兵工等洋务。⑤ 少亮，即章钦亮，留日毕业生。⑥ 蕃实，即魏允恭，系《海国图志》作者魏源的从孙，时为江南制造总局总办。⑦ 这几位都参与了奏稿的修订事宜。

① 李明勋、尤世玮主编：《张謇全集》第8册，583页，上海，上海辞书出版社，2012。

② 李明勋、尤世玮主编：《张謇全集》第8册，583页，上海，上海辞书出版社，2012。

③ 李明勋、尤世玮主编：《张謇全集》第3册，583页，上海，上海辞书出版社，2012。

④ 徐学林：《精于理财，拼命存古——近代出版家刘世珩传略》，载《出版史料》，2003(1)。

⑤ 《中国近代兵器工业》编审委员会编：《中国近代兵器工业——清末至民国的兵器工业》，133页，北京，国防工业出版社，1998。

⑥ 在江苏省1913年的一份行政行署批文中，标注其身份为"留日帝国文科毕业、兼中央大学法科毕业生章钦亮"(《江苏省行政行署批》，载《江苏教育行政月报》，第6号，1913年)。在他翻译的古田良一著《日本通史》(重庆，国立编译馆，1942)的封面上所印的头衔中，则写着"日本东京帝国大学毕业、前东吴大学教授、国立编译馆编译"字样。

⑦ 冯绍霆：《李平书传》，119页，上海，上海书店出版社，2014。

到 20 日,"稿已三易",张謇乃将其"抄送邵阳",送给魏光焘过
目。① 张謇觉得可以松一口气了,于次日动身去上海。

到上海后,他惊讶地发现,《中外日报》刊载消息说,南京正在"议
宪法"。他很生气,写道,"不知伊谁漏言,报即滥载,徒使政府疑沮,
无益于事"②,乃于 23 日跟各报馆打招呼,请他们不要乱说话,坏了
好事③。

对奏稿的修改工作还在继续。到 6 月 10 日,奏稿已经修改了七
回。④ 11 日,"再酌前稿"⑤。12 日,"与竹君、蛰先重酌前稿"⑥。竹
君,即赵凤昌;蛰先,即汤寿潜。汤寿潜也是一个热心宪政的人,
1901 年就写了一本《宪法古义》(后文详述),1904 年则配合张謇,试图
运动军机大臣瞿鸿禨,使其赞成立宪。⑦

---

① 李明勋、尤世玮主编:《张謇全集》第 8 册,583 页,上海,上海辞书出版
社,2012。
② 李明勋、尤世玮主编:《张謇全集》第 8 册,583 页,上海,上海辞书出版
社,2012。
③ 李明勋、尤世玮主编:《张謇全集》第 8 册,583 页,上海,上海辞书出版
社,2012。
④ 张謇有记,"以第七易稿再寄邵阳"(李明勋、尤世玮主编:《张謇全集》第
8 册,584 页,上海,上海辞书出版社,2012)。
⑤ 李明勋、尤世玮主编:《张謇全集》第 8 册,584 页,上海,上海辞书出版
社,2012。
⑥ 李明勋、尤世玮主编:《张謇全集》第 8 册,584 页,上海,上海辞书出版
社,2012。
⑦ 日俄战争爆发后,为了保住满洲"龙兴之地",官绅纷纷出谋划策。其中
商约大臣吕海寰、署理两广总督岑春煊、两江总督魏光焘、湖北巡抚端方、商约
大臣盛宣怀等于 1904 年 3 月 7 日联衔具奏,提出日俄双方交战,不论哪一方获胜,
都会对中国主权造成极大侵害,当务之急,是利用美国宣布保全中国领土主权的
机会,派遣大臣,"以考求新政为名",到欧美各邦开展外交工作。而汤寿潜半年
后则通过章梫向瞿鸿禨提出了一个"一笔两用之策",即以"考求宪法为词",从事
外交活动。参见潘崇:《清末五大臣出洋考察研究》,31~35 页,北京,中国社会
科学出版社,2014。汤寿潜甚至提出,瞿鸿禨可以辞职相要挟,促使清廷立宪。
参见侯宜杰:《二十世纪初中国政治改革风潮——清末立宪运动史》,39~40 页,
北京,中国人民大学出版社,2009。

19 日，赵凤昌又有新发现，对奏稿又做了一点修改，"至是十易矣"①。

由以上的梳理，可知这道奏折至少被修改了十次（而不是张謇自订年谱所说的七次），参加起草和修改的人至少有八人，堪称慎之又慎，精雕细琢。但是，张謇对这一奏折并不满意，觉得远远赶不上林绍年等人的奏折。

并且，花了这么大力气起草的奏折，最终成为废稿，张謇之灰心，可以想见。

这次努力中，还有一件事使张謇受到了打击。

在与张、魏两位总督沟通的过程中，张之洞一再强调此事先要与直隶总督袁世凯达成一致，张謇的好友汤寿潜、周家禄也持此观点。②张謇只好硬着头皮，在 6 月 26 日给好多年未通音讯的袁世凯写了一封信，探听袁世凯的口气。没有想到，袁世凯认为时机还不成熟，回复道："尚须缓以俟时。"③

通过督抚之口"为圣主告"的愿望，就这样落空了。

六、日本宪法"似可采择施行"

那道胎死腹中的江楚会奏折开宗明义地写道，环球万国都实行宪法。各国宪法的共通之处，在于以"利国便民"为宗旨，"顺人心而施政策"，"合众力以图富强"。但是，欧洲、美洲、非洲、大洋洲这些地方，种族与我不同，宗教与我迥异，加上这些地方党派分歧，因此，

---

① 李明勋、尤世玮主编：《张謇全集》第 8 册，584 页，上海，上海辞书出版社，2012。

② 关于促成张謇给袁世凯写信的人，《啬翁自订年谱》提到是张之洞和汤寿潜，而《柳溪草堂日记》则说给袁世凯写信是"徇彦升说"，彦升是周家禄的字。参见李明勋、尤世玮主编：《张謇全集》第 8 册，1020、584 页，上海，上海辞书出版社，2012。

③ 李明勋、尤世玮主编：《张謇全集》第 8 册，1020 页，上海，上海辞书出版社，2012。

它们的宪法"不能尽合我用"。

唯独日本,是"以帝国为政策",强调君权,"统于一尊";并且与中国"同洲同文",土俗民情相去不远;明治维新也是由于外辱刺激而来,与今日中国情形相似。据伊藤博文的《日本宪法义解》,可知日本宪法是在考察各国制度之后,慎之又慎,经过十年才确立起来的,因此能够"尊主庇民","巩固国势"。

做了以上铺陈之后,奏折亮出了制宪的基本主张——日本宪法"似可采择施行",建议模仿日本的方式制定中国宪法。①

奏折的主体是向光绪皇帝、慈禧太后解释"宪法大益"。据其所言,如果实施宪法之治,则理财、练兵、兴学等难题都能解决,吏治的难题也能迎刃而解,外交也不会再如今日困难,且还可以消灭革命。总而言之,宪法可以"安上全下,靖内攘外,有百利而无一弊"。②

起草者考虑到最高统治者对宪法的最大疑虑,在于它削夺君权,于是在奏折中写道,此事不足为虑,行宪之后,君权不但不会受到损害,还能出现"君权转因之益尊"的局面。③ 这一说法,跟两年后载泽在日本考察时学到的宪法可以"巩固君权"何其相似乃尔!这正是日本钦定宪法的精髓。

宪法能够使君权"益尊",实在是充满诱惑。奏折在此基础上,进一步诱导光绪皇帝、慈禧太后,称如果实行宪法,就可以打破历朝享国不过数百年的格局,"我大清亿万年有道之长,可以预卜"。这无异于说,实行宪法可以实现"万世一系"的局面。而将"万世一系"写进宪法,也正是日本宪法的特色。

总体来看,奏折为光绪皇帝、慈禧太后描绘了一幅诱人的宏图:只要颁行宪法,内忧外患,立即消除;强国之梦,马上成真;君权巩

---

① 张謇:《与汤寿潜赵凤昌改定立宪奏稿》(光绪三十一年),见李明勋、尤世玮主编:《张謇全集》第1册,118页,上海,上海辞书出版社,2012。

② 张謇:《与汤寿潜赵凤昌改定立宪奏稿》(光绪三十一年),见李明勋、尤世玮主编:《张謇全集》第1册,119页,上海,上海辞书出版社,2012。

③ 张謇:《与汤寿潜赵凤昌改定立宪奏稿》(光绪三十一年),见李明勋、尤世玮主编:《张謇全集》第1册,119页,上海,上海辞书出版社,2012。

固，君祚绵长。这一幅美景，无疑是参照日本明治维新编织出来的。奏折传达的制宪方法，显然是日式的。奏折虽未说明宪法是钦定，但仿日制宪，必为钦定无疑。

七、要小心"学术杀人"

但是，仅仅从立宪奏折去判断张謇和他的朋友们的制宪观，恐怕有些问题。因为这是代湖广总督和两江总督起草奏折，不但要模仿总督们的口气，所写的内容也必须是总督们能够认可的。因此，奏折所传达的，不可能全是起草者的意思。起草之前，张謇与张之洞交流时，就发现张之洞在立宪问题上挺气怯的。张謇在起草的时候，明显迁就了张之洞。这就是为什么张謇在自订年谱中对这一奏折评价很低。这些情况，前文均已述及，在此拈出再说，无非是想强调，奏折中关于制宪的文字，并不能完全反映张謇等民间精英的制宪主张。

能够比较真切地反映张謇制宪主张的，可能是本章已多次引用的1904年7月13日他写给赵凤昌的信。在那封信中，除了追问印制《日本宪法义解》的进程、告诉赵凤昌翁同龢遗疏中"有此语"等事之外，张謇还讲了他从友人那里听到的一则关于张之洞的传闻。

传闻说，张之洞最近有一个创见，中国应该制定一部"有限制宪法"，其特点是"民间有义务无权利"。张謇的友人评论道，张之洞"毒民"，此说以后"必不昌"。

张謇向赵凤昌求证："岂真有此说耶？公有所闻否？"

虽然尚未确证，但张謇担心这是真的，并说，张之洞的这种见解，是典型的"学术杀人"。何谓"学术杀人"？张謇补充道，古人有言："以嗜欲杀身，以货财杀子孙，以学术杀天下后世之人。"看来，所谓学术杀人，是指坏的学说被人用来指导实际政治之后，给天下后世带来灾难。

在信中，张謇请赵凤昌行动起来，劝张之洞收回"有限制宪法"说。之所以要赵凤昌出来担当此任，是因为赵凤昌与张之洞"有休戚

之谊".①

从张謇对这一传闻的反应，我们可知他对张之洞"有限制宪法"的反感。由此看来，虽然他在当时主张仿日制宪，但是，并不赞成太过摧抑民权。由此亦可明白，代张之洞、魏光焘所拟奏折中的颁布宪法可以使君权益尊等说辞，很有可能并不是张謇真正欣赏的，而是迁就张之洞的产物。

八、张謇的努力与五大臣出洋

1904 年，张謇为了推动中国制宪，和他的一班朋友一道翻译、印刷宪法类书籍，借助书籍去影响两宫、影响大吏；他们还努力说服两江总督和湖广总督，并代他们起草奏章，以便借他们之口影响两宫；当翁家人请张謇代为起草翁同龢遗疏的时候，他还试图在遗疏中写入请求以宪法挽救危亡之类的话。这些努力中，有些成功了，有些失败了。

那么，张謇的这些努力，对于实际的政治进程有没有影响？后世学者的评论我们且放一边②，其实，张謇自己也曾经试图对此做一番评判。

他做完这些努力的次年，清廷有派遣五大臣出洋考察政治之举。此举对于清廷开启宪政改革之门具有重大意义。张謇晚年为自己编写年谱的时候，写了如下一段话，似乎表明，他认为自己在 1904 年的努力，是清廷派遣五大臣出洋的一个促成因素：

> 先是铁良、徐世昌辈于宪法亦粗有讨论，端方入朝召见时又

---

① 张謇：《致赵凤昌函》(光绪三十年六月初一日)，见李明勋、尤世玮主编：《张謇全集》第 2 册，133 页，上海，上海辞书出版社，2012。

② 潘崇认为张謇的努力与派遣五大臣有关系。在分析张謇等人代张之洞、魏光焘起草的奏折时，潘崇论道："无疑，张謇等人的'遣使'主张较之张美翊等人保全东三省权益的'遣使'主张取意更高，与后来政府遣使出洋考察政治的决策有直接关联。"问题是，此折并未上奏，二者如何关联？潘崇似未能说明。参见潘崇：《清末五大臣出洋考察研究》，34 页，北京，中国社会科学出版社，2014。

反复言之，载振又为之助，太后意颇觉悟，故有五大臣之命。①

张謇此处所列影响决策的有铁良、徐世昌、端方、载振四人。其中铁良之讨论宪法，乃是张謇促成，一如前述。如果铁良对于派遣五大臣出洋一事有促进作用，就可以说张謇对于此事有推动。张謇拈出铁良来，用意盖在于此。

载振是庆亲王奕劻的长子，奕劻是权倾朝野的军机首辅。张謇1904 年 7 月 13 日写给赵凤昌的信显示，载振也是他们施加影响的对象。张謇在信中询问"印书成否"之后，告诉赵凤昌，他才得到一封密信，密信中有如下信息："振得丹书告其堂上，亦深以为然，但言须稍从容。"②

密信中的"振"就是载振，而"丹"则是受了张謇委托，给载振上书，试图通过载振去影响奕劻，从而达到"为圣主告"的目的。此人应该是王清穆，字希林，号丹揆。1903 年成立商部时，载振出任尚书，王清穆则担任左参议，是载振的部下。③ 载振受王清穆运动后，真的跟他父亲说了，奕劻表示认可，只是强调不能着急，要慢慢来。

而正是这位张謇设法联系过的载振，在 1905 年与端方一唱一和，推动清廷做出派遣大臣出洋考察政治的决策。

张謇在自己的年谱中落笔于清廷派遣五大臣出洋考察政治一事，显然是因为他觉得此事与自己有关系。这种关系就体现在他述说此事时提到的铁良和载振两人身上。这两人对于推动清廷做出派遣大臣出洋考察政治的决策产生了影响，而张謇做过这两个人的工作。因此，说这一段记载表明张謇自认对清廷派遣五大臣出洋考察政治一事有推

① 李明勋、尤世玮主编：《张謇全集》第 8 册，1021 页，上海，上海辞书出版社，2012。

② 张謇：《致赵凤昌函》（光绪三十年六月初一日），见李明勋、尤世玮主编：《张謇全集》第 2 册，133 页，上海，上海辞书出版社，2012。

③ 《清季商部农工商部主要职员年表》，见上海市工商业联合会、复旦大学历史系编：《上海总商会组织史资料汇编》上册，59 页，上海，上海古籍出版社，2004。

动作用,应该不为过。

说起来,张謇 1904 年的努力中,影响了清廷决策的,至少还有两点:

其一,慈禧太后看到他印制的《日本宪法》之后,对宪法留下了不错的印象。如果此事属实,可以说是慈禧太后对宪法有好印象的开端。如果慈禧太后对宪法完全无知,或者有知却充满敌意,清廷怎么可能在 1905 年派遣大臣出洋考察政治,进而在 1906 年开启宪政改革的大门?

其二,对袁世凯的影响。在为江楚二督起草奏折的过程中,张謇给袁世凯写了一封信。虽然没有得到袁世凯的积极响应,但中断多年的联系终于借此恢复。次年,张謇又给袁世凯写了一封信。这一回,袁世凯似乎听了张謇的建议,给清廷写了一封奏折,请派大臣游历各国,考察政治。① 而袁世凯此折,乃是清廷做出派遣大臣出洋考察政治决策的重要推动力。

---

① 侯宜杰持此说。参见侯宜杰:《袁世凯传》,142 页,天津,百花文艺出版社,2003。但也有人提出是袁世凯的幕僚张一麐等人推动了此折的出现。参见冀满红、李慧:《袁世凯幕僚与清末立宪》,见苏智良、张华腾、邵雍主编:《袁世凯与北洋军阀》,259 页,上海,上海人民出版社,2006。陈丹则通过对《南方报》刊登的《论五大臣奉使出洋原起》等文献的研究,认为日本人平冈浩太郎、神鞭知常等人在日俄战争接近尾声时访华并提出很多对华利权要求一事是促使袁世凯奏请派人出洋考察的原动力。参见陈丹:《清末考察政治大臣出洋研究》,60~68 页,北京,社会科学文献出版社,2011。

第八章 《宪法大纲》前民间的制宪主张(下)

一、保皇派的海外呼声

张謇等人的努力,对清政府高层产生了直接影响。不过,他们并不是最先提出要制宪的。在他们之前主张制宪的,是康有为、梁启超一派人物。有蛛丝马迹表明,在戊戌年(1898)里,康有为确实向光绪皇帝表达过制宪的迫切性。① 戊戌政变发生后,康有为、梁启超等人仓皇出逃,喘息稍定,即在海外创办杂志,组织保皇会,继续宣传自己的政治主张。在此过程中,梁启超对宪法问题做了比乃师深入得多的阐释。而麦孟华的文章,则已讨论"钦定"问题。

---

① 在很长时间里,学界根据康有为的《戊戌奏稿》,认为康有为在戊戌变法期间的改革目标是君主立宪。后经黄彰健、孔祥吉等学者点破,学界方知《戊戌奏稿》多有伪造的成分。但是,还是有信息表明,康有为在戊戌年(1898)向光绪帝表达过制宪的迫切性。证明康有为在戊戌年(1898)没有开国会的主张时,孔祥吉拈出康有为的《进呈波兰分灭记序》[《波兰分灭记》是戊戌年(1898)康有为进呈给光绪皇帝的一部著作]。在《戊戌奏稿》中,这一篇文字中有如下一段:"与其分灭于外,惨为亡国之戮囚,孰若付权于民,犹得守府而安荣。乃逡巡迟疑,徘徊不决,至于国势濒危,大势尽去,乃始开国会而听之民献……终无救于亡矣。"这里显然是主张开国会的。但是,孔祥吉在故宫博物院找到了《波兰分灭记》的原进呈本,前引一段在原进呈本中是如下面目,根本没有开国会的影子:"我辽东之旧地,实借俄力,而以铁路输之,今岁则以旅大与之,攻辄阻挠,我之不为波兰者几希。今吾贵族大臣,未肯开制度局以变法也。夫及今为之,犹或可望,稍迟数年,东北俄路既成,长驱南下,于是而我乃欲草定宪法……而不许者矣。"[孔祥吉:《〈戊戌奏稿〉的改篡及其原因》,载《晋阳学刊》,1982(2)。]不过,有意思的是,虽然《波兰分灭记》的原进呈本没有提出开国会,却明确提了要定宪法。

(一)梁启超：制宪、改宪都要让人民参与

1899 年，梁启超即在《清议报》上刊登了一篇题为《各国宪法异同论》的翻译作品，探讨宪法问题。全文分为"政体""行政立法司法之三权""国会之权力及选举议员之权利""君主及大统领之制与其权力""法律命令及预算""政府大臣之责任"六章，虽未讨论宪法制定问题，但第三章和第四章对修改宪法问题有所涉及。①

至于两年后在同一杂志上刊登的《立宪法议》一文，则对中国该如何制宪提出了明确意见。

在这篇文章里，梁启超以有无宪法及宪法之特质为准，提出世界上有两种政治，三种政体。两种政治，即"有宪法之政"与"无宪法之政"；三种政体，即君主专制政体、君主立宪政体、民主立宪政体。他还特意强调，三种政体的名称，即旧时所称的"君主""君民共主""民主"，他觉得名义不合，故改为今名。② 因为中国古无宪法，在这种标准下，当然属于君主专制政体。

放眼望去，梁启超发现世界各君主专制国的君民，对待制宪问题有四种反应，这又导致了国家发展的不同情形：

第一种，君主顺应时势，制定宪法。如此，"其君安荣，其国宁

---

① 第三章"国会之权力及选举议员之权利"写道："国会之权利，凡自政府提出之改正宪法案件、法律案件、预算案件(预算如《王制》所谓'冢宰于岁杪制国用'也)皆归其议定。惟美国、瑞士遇有宪法当改正者，不由国会议定，而别开一改定宪法会，由人民另举议员以议定之。"第四章"君主及大统领之制与其权力"写道："凡君主，有改正宪法及准驳法律之权利。德国宪法则惟关于海陆军及关税等之法律，皇帝得准驳之。至共和国则大异。美国之大统领，虽非无准驳改正宪法、法律之权，惟须经国会再议，三占从二，苟议员有三分之二以为可，则大统领不能驳之。瑞士则大统领全无驳案之权利。"[新会梁任(梁启超)译：《各国宪法异同论》，载《清议报》，第 12 号，光绪二十五年。]

② 爱国者(梁启超)：《立宪法议》，载《清议报》，第 81 号，光绪二十七年。事实上，在翻译《各国宪法异同论》的时候，梁启超已有用君主专制政体、君主立宪政体、共和政体取代旧日译名的趋向："宪法者，欧语称为孔士九嵩，其义盖谓可为国家一切法律根本之大典也。故苟凡属国家之大典，无论其为专制政体(旧译为'君主之国')、为立宪政体(旧译为'君官共主之国')、为共和政体(旧译为'民主之国')，似皆可称为宪法。虽然，近日政治家之通称，惟有议院之国所定之国典乃称为宪法。"[新会梁任(梁启超)译：《各国宪法异同论》，载《清议报》，第 12 号，光绪二十五年。]

息"。普鲁士、奥地利、日本属于这一类。

第二种，君主不肯立宪，人民强迫立宪，最后演变成民主立宪。法国、南美诸国属于这一类。

第三种，君主不肯立宪，而人民又无力革命，于是经常出现刺杀君王和大臣的事情。俄罗斯属于这一类。

第四种，君民都昏蒙无知，导致亡国。印度、安南诸国属于这一类。

中国该怎么办？当然是要制定宪法，走第一条路，这是"不待智者而决"的。

那么，如何制宪？

鉴于日本在制定宪法之前曾经派遣大臣游历欧洲，梁启超主张中国也这么做，派遣三位大臣，带领随员，游历欧美、日本，"考其宪法之同异得失，何者宜于中国，何者当增，何者当弃"。考察时限，以一年为期。

考察归来之后，立即在宫中设立一个立法局，"草定宪法"，并随时将草案"进呈御览"。

宪法草就之后，不要以此为定本，而应该交给官报局发布，让全国人民讨论，五年或十年之后，根据大家的意见，形成宪法定本，颁行全国。

宪法颁布之后，就不可轻言修改。若要修改，必须"经全国人投票"。①

梁启超的文章中虽然没有出现"钦定""协定""民定"等字样，但他的制宪方案显然与钦定有很大差距，带有协定色彩。

（二）麦孟华：钦定只是美名

而康门的另一位才子麦孟华于1902年发表的《欧美各国立宪史论》一文中，则出现了"钦定"字样，并且，对钦定宪法做了一番有趣的解读。

麦孟华说，宪法有两类，一是国约宪法，二是钦定宪法。国约宪法是"合大众而创定""经公认而遵守"的宪法，因此，其权力"全在国民"。至于钦定宪法，虽然很多论者认为其特点是"君主有莫大之全权，割一部分以分赐民庶"，但麦孟华不认可这种看法。

---

① 爱国者（梁启超）：《立宪法议》，载《清议报》，第81号，光绪二十七年。

据麦孟华观察，欧洲各国的宪法，是"中流人士"受不了"暴君贵族"的统治，起而行动，"呼号奔走"，甚至诉诸武力，最后才得到的，并无所谓圣明君主主动赐予臣民权利。

因此，麦孟华总结道，钦定宪法的本质是这样的：

> 钦定云者，要不过在上者怵于在下者之势力，迫于势之必不得已，知其权之终不能私据，然后分其权以普及大众，以成此君民相争之约束而已，要不过立法定制，曾经君主之画诺而已。①

如果钦定宪法也是君民相争的产物，仅仅只是制宪过程经过了君主签字，那跟国约宪法也无甚差别了。麦孟华既然对钦定问题持如此见解，则他对于那种不顾人民意见，以高高在上的姿态赐予臣民宪法的钦定制宪方式，肯定是不认可的。

二、呼吁行动

张謇等人之主张仿日，康门徒侣之反对钦定，基本上反映了在野人士对待钦定宪法的态度分歧。《宪法大纲》出台之前，媒体发表了大量在野人士讨论制宪的文章。从总体上看，并没有形成一边倒的意见。反对钦定宪法之人固然很多②，但觉得中国应该用钦定的办法制宪之

----

① 佩弦生(麦孟华)：《欧美各国立宪史论》，载《新民丛报》，第 23 期，光绪二十八年。

② 例如，1905 年，《时报》刊登的《论今人民对于立宪之责任》提出，宪法"必经人民之认可"[《论今人民对于立宪之责任》(录《时报》)，见国家图书馆分馆编选：《(清末)时事采新汇选》第 14 册，7152 页，北京，北京图书馆出版社，2003]。雷奋在 1906 年发表的《宪法界说》中写道，虽然很多人主张模仿日本，但他不赞同这一主张。参见雷奋：《宪法界说》，载《宪政杂志》，第 1 卷，第 1 期，光绪三十二年。1906 年，《顺天时报》刊登的《论中国宪法应如何制定》断言："制定宪法，但当取决于民，不当取决于官，但当取决于心，不当取决于口。"(《论中国宪法应如何制定》，见国家图书馆分馆编选：《(清末)时事采新汇选》第 18 册，9322 页，北京，北京图书馆出版社，2003。)1908 年，邵羲宣称，他虽然翻译了日本的宪法著作，但并不主张模仿日本制宪。参见邵羲：《日本宪法详解序》，载《预备立宪公会报》，第 1 卷，第 19 号，光绪三十四年。

人也颇不少。① 这边厢宣称"中国立宪宜效法日本，此天下所公认"②，那边厢高喊"取法日本不如取法英德，固天下人之公言"③，都宣称自己的主张符合公论。

不过，虽然议论纷纷，莫衷一是，但反对钦定的意见似乎影响力要大一些。因为反对钦定的人，往往会同时呼吁采取行动，避免钦定局面的出现。

（一）各国宪法都由人民争取而来

1906 年，《直隶教育杂志》刊登了《译宪法篇自叙》一文，署名"沔阳卢弼来稿"。在灿若星辰的近代人物中，卢弼不是什么大人物。他是一个学者，学问挺好，钱锺书说他是"一代学人"。他在学问上的最高成就是《三国志集解》。20 世纪 80 年代中华书局影印该书时，说它是"目前关于《三国志》的最详注本"。2002 年，一位学者说，中华书局的这一评语，"到现在也没有过时"④。

---

① 例如，1905 年《中外日报》刊登的《立宪浅说》一文认为中国的宪法将会是"赐予"的，与日本相似，与列国不同。参见《立宪浅说》，见国家图书馆分馆编选：《（清末）时事采新汇选》第 13 册，6864 页，北京，北京图书馆出版社，2003。《东方杂志》光绪三十二年（1906）十二月发行的临时增刊《宪政初纲》刊有《述宪法种类》一文，论述法国宪法系民定，但大乱连绵，日本宪法系钦定，但很快强国，因此，中国也该走钦定的路。该文按照不同标准将宪法进行了分类，其中的一种分类即将宪法分为钦定宪法和民定宪法："钦定宪法者，君主制定之宪法也。有由君主独断以制定者，有由君主制定而经议会协赞者。民定宪法者，或直接或间接由国民制定者也。其间接由国民制定者，大率指民选议会议定之宪法而言也。"可知文中所言"钦定宪法"，实包含了通常意义上的钦定宪法和协定宪法。不过，从文末的"今日而言立宪，日本其先例哉"等行文可以判断，该文所认可的，是日式的立宪政治。《宪政初纲》还摘要刊登了日本、英国、俄国、普鲁士、意大利五国宪法，在按语中明确说道："东邻日本，同种同文，作我师资，舍此莫属。"
② 《论考察政治之宜详悉》，载《申报》，光绪三十二年二月初七日。
③ 沙：《再论达于汪三使分赴日英德考察宪政（续）》，载《申报》，光绪三十三年八月初八日。
④ 转引自卞孝萱：《〈三国志集解〉著者卢弼考》，见南京大学古典文献研究所编：《古典文献研究》总第 5 辑，45 页，南京，江苏古籍出版社，2002。

不过,《三国志集解》是卢弼晚年的著作①,他年轻时并未专注于"立言",倒是倾心于"立功"②,对时政颇有兴趣。卢弼出生于 1876 年,卒于 1967 年,字慎之。他的出生地为沔阳,即今日湖北仙桃。据其自订年谱记载,他在 22 岁(1897)时考入两湖书院,29 岁(1904)入日本同文书院,次年入早稻田大学政治经济科,33 岁(1908)毕业。③

留学日本期间,卢弼开始翻译外国的法律政治书籍④,其中一部就是日本学者清水澄的《宪法篇》(与黄柏青合译),而刊登于《直隶教育杂志》的这一篇文章,乃是他为该书所写的译者序。

在这篇序言中,卢弼写道,如果国人以政府行将立宪,盲目高兴,以自己将成为立宪国民而庆幸,或者以为国家的"大经大法",只有"非常之人"才能担任,国民可以袖手旁观,那就不是政府辜负了国民,而是国民辜负了政府。因为"土地、人民为吾国之要素,无人民不能成国家",国家之事即人民之事,人民岂能对国事冷漠?

并且,放眼各国,它们的宪法,"皆国民出死力要求而得者"。卢弼虽然没有明言中国人应该起来"要求"制宪,但这层意思还是很明确地传达出来了。他说,中国人现在将制宪一事"悉委之于政府",先别说政府无此能力,即使政府有此能力,国民也应该感到无地自容,因

---

① 卞孝萱:《〈三国志集解〉的学术价值》,载《沈阳师范学院学报(社会科学版)》,2002(6)。

② 据其自订年谱,1908 年从早稻田大学毕业后,卢弼参加学部组织的考试,获得举人的功名。宣统年间,卢弼曾在吏部、民政部任职,后入黑龙江巡抚周树模幕,并于宣统三年(1911)调到宪政编查馆(我研究宪政编查馆时,未能注意此点)。民国时期,卢弼也曾担任国务院秘书、蒙藏院顾问、平政院评事、文官惩戒会委员等职务。参见卞孝萱:《〈三国志集解〉著者卢弼考》,见南京大学古典文献研究所编:《古典文献研究》总第 5 辑,46~48 页,南京,江苏古籍出版社,2002。

③ 卞孝萱:《〈三国志集解〉著者卢弼考》,见南京大学古典文献研究所编:《古典文献研究》总第 5 辑,46 页,南京,江苏古籍出版社,2002。

④ 在《慎始基斋校书图题词序》一文中,卢弼写道:"泪游海外,移译法律政治诸书,是为余治新学之始。"(卞孝萱:《〈三国志集解〉著者卢弼考》,见南京大学古典文献研究所编:《古典文献研究》总第 5 辑,47 页,南京,江苏古籍出版社,2002。)

为他们毫无"权利法律思想",却"腼然自号为立宪之国民"。如此这般,"不亦羞五洲之士乎"。①

(二)人民不可自暴自弃

像卢弼这样,用激将的方法鼓动国人行动起来争取制宪权,是当时的普遍做法。

比如,在卢弼的文章发表的前一年,《时报》刊登的《论今人民对于立宪之责任》一文写道,各国宪法都是"国民艰苦争持而致",国民争取宪法的时候,非常决绝,"几乎得之则生,不得则死"。在一个鼓吹中国立宪的时代,这样的言论显然在暗示读者,为了诞生一部优秀的宪法,国人应该像各立宪国国民那样,拿出得之则生、不得则死的气概来,艰苦争持。

该篇文章的主体是谈中国制宪问题。作者写道,宪法是"君与民之间相互订定遵守之法律",因此君主与国民都必须参与,"属君主之主裁,必经人民之认可"。如果朝廷制定宪法的时候,只是命令几个大臣来主持其事,不询求国民的意见,国民也不知道所定的条文是什么样子,其精神何在,其宗旨何在,那就不是真正的宪法,而只是"朝廷之诏旨"。真到了这一步,国民就没有什么好抱怨的了,因为在制宪过程中,国民没有采取行动。文章写道,这种情形与其说是朝廷辜负了人民,不如说是"吾民之自暴自弃"。② 不想被人讥讽为自暴自弃,那就该行动起来。

(三)人民有罪

以上两篇文章还只是说,如果人民不采取行动,将来宪法不良,将会因此蒙羞,被人讥为自暴自弃。有的政论文为了刺激国民采取行动,则更进一步,说现在的事实已经说明,中国的国民性有问题。

比如,1907 年 1 月《申报》发表的一篇文章说,预备立宪才进行了

---

① 沔阳卢弼来稿:《译宪法篇自叙》,载《直隶教育杂志》,第 8 期,光绪三十二年。

② 《论今人民对于立宪之责任》(录《时报》),见国家图书馆分馆编选:《(清末)时事采新汇选》第 14 册,7152 页,北京,北京图书馆出版社,2003。

几个月，就出现了倒退现象，如外官制改革方面，出现了只对旧制略加修正，不做根本改革的主张。该文作者认为，出现这种现象，就是因为"在下者争持不力"。他还断言，没有权利意识，依赖成性，是中国国民性的一个很大的问题：

> 要而论之，中国人民之劣性，惟依赖一端，譬如醉人，扶之东则东，扶之西则西，初无所谓意见也，亦无所谓权利思想也，故以仰承政府为人民唯一之天职。①

说如此重的话，还是为了刺激人们的神经，令其起而行动。因此，紧接着，作者就写道，现在既然已经颁布了立宪的诏旨，人民就应该享有请愿权，大家就应该运用请愿权，"安能不趁此时机以为要求权利之举耶"。②

数日后，《申报》刊登的另一篇文章，则直接说国民有罪。

据该文作者观察，宣布预备立宪国策数月以来，国民开始的时候是"相庆于道"，但后来见政府的措施与自己所期望的不相符，于是由"极望"变为"失望"，攻击政府是假立宪，是奉行故事，是掩人耳目。一唱百和，蔚然成风。他断言，这种现象的出现，说明不但政府有罪，而且国民也有罪。

为什么说国民有罪？

因为 16 世纪以来的立宪史表明，各国宪法的确立，都是全国英才"谋之者数十年，争之者数十次，伏尸百万，流血千里"才得到的。但是，看今日中国，国民中既没有像格林威尔(今译克伦威尔)那样的"热心爱国之英雄"，也没有日本浪人、俄国虚无党那样热衷于"民间社会之运动"的人士，大家都只会冷眼旁观，不能采取行动督促政府，以致出现宪政改革退步的现象，岂能说无罪？③

---

① 汉：《论立宪不可仅恃政府》，载《申报》，光绪三十二年十一月二十七日。
② 汉：《论立宪不可仅恃政府》，载《申报》，光绪三十二年十一月二十七日。
③ 天：《论国民今日应争之事》，载《申报》，光绪三十三年十二月初二日。

（四）制宪权最重要

在清廷宣示"仿行宪政"上谕前后，民间出现了很多呼吁国民采取行动的声音。之所以会如此，是因为民间的精英们已经意识到，制宪权掌握在谁的手上，将对宪法的形态产生很大影响，直接决定君民的权利义务的分配是否合理。

比如，清廷宣布预备立宪之后数日，《顺天时报》刊登了一篇《论立宪之根本主义》，其主旨就在于讨论如何制宪，即究竟是采用"钦定"，还是采用"国约"。在该文作者笔下，欧美各国都是国约宪法，真正钦定宪法的国家只有日本。他认为，就中国目前的形势来看，效仿日本的可能性最大。但是，中国和日本其实有很大不同，中国不可用钦定的方法制宪，而必须允许国民参与。①

反对钦定，强调制宪要有国民参与，这并非新论。这篇文章最引人注目的，大概是如下一句："制定宪法，其权果操自何人乎，此为立宪最重之要点，良不可以不辨。"②在这里，该文作者鲜明地指出了制定宪法之权的重要性。他虽然未将"制宪权"三字作为一个术语单独使用，但在其表达中，这个术语已经呼之欲出了。

但提出类似于"制宪权"的术语，这篇文章不是最早的。早在四年前就已经有人讨论"制定宪法之权及改革宪法之权"，并且提出，只有国会能够拥有制定宪法之权。③"制定宪法之权"，缩略一下，就是"制宪权"，其含义与今日宪法学界所谈之制宪权毫无二致。

---

① 《论立宪之根本主义》在论述了中国与日本存在很大不同之后写道："倘于此时，内与王公大臣私议，外与各省疆臣私议，不询诸舆情，不谋诸众论，不周咨于各省之绅董长老，大背乎尧舜立国之精神，且忽略乎代朝革命之历史，而钦定国家最高之宪法，改创中国未曾有之国体，如是而欲望四百兆人之恪遵大典，无敢或违，其能达此目的哉？论实行立宪者，不可不三致意焉。"（《论立宪之根本主义》，见国家图书馆分馆编选：《（清末）时事采新汇选》第17册，8985页，北京，北京图书馆出版社，2003。）

② 《论立宪之根本主义》，见国家图书馆分馆编选：《（清末）时事采新汇选》第17册，8985页，北京，北京图书馆出版社，2003。

③ 《总论主权》，见国家图书馆分馆编选：《（清末）时事采新汇选》第3册，1560页，北京，北京图书馆出版社，2003。

当然，我们大可不必太在意"制宪权"一词究竟出现于何时。当人们将宪法分为钦定、协定、民定等类别的时候，其实就是以制定方式作为分类标准的。这种分类标准的关键，就是人民能否享有制宪权及享有的程度。人民不能享有制宪权的是钦定宪法，人民与君主共享制宪权的是协定(协约)宪法，人民独享制宪权的是民定宪法。因此，当人们讨论中国能否用钦定的办法制宪时，其实就是在讨论制宪权问题。

但民间精英在1902年时已开始考虑制宪权问题，还是值得玩味的。这个时候，离清廷决定派大臣出洋考察政治尚有三年。显然，民间对制宪权的关注要早于官方。

三、制宪法与开国会

(一)用"要求"的办法争取制宪权

在呼吁行动的民间精英中，有人还设计了行动的方案。主张成立一些"会社"(团体)研究制宪，待政府制宪时采取联合行动，提出意见，以"代表舆论"而"靳国民之幸福"者有之[1]；主张成立政党以代表人民向政府提出意见，使宪法"益臻于完美"者有之[2]。而更多的人，则主张用"要求"的办法。

前引卢弼发表于1906年的文章，强调各国宪法都是经过人民"要求"才得到，暗含中国宪法也要经过国人"要求"的意思。

而同年年初《时报》刊登的一篇文章，则在论证了各国宪法"未有不出自其民之要求者"之后，直截了当地提出，中国更应如此："我国民而诚切望宪政之成立也，不可不急为预备以谋所以要求之方法。"为什么？该文作者写道，那是因为中国的专制政体沿袭最久，政府习惯于

---

[1] 《论今人民对于立宪之责任》(录《时报》)，见国家图书馆分馆编选：《(清末)时事采新汇选》第14册，7153页，北京，北京图书馆出版社，2003。

[2] 汉：《论立宪不可仅恃政府》，载《申报》，光绪三十二年十一月二十七日。

奴视人民，不可能不经人民的要求就分权于人民。①

提倡新剧的王熙普（王钟声）因参加革命，在辛亥年（1911）被清廷捕杀而名噪一时。但是，他在成为一个革命者之前，也曾试图在体制内促进社会变革。② 1907 年，《申报》曾经刊登他的一封公函，公函虽然别有主旨，但也涉及制宪。他认为，中国想要得到一部完全的宪法，国民必须行动起来，"提出条件，为正当之要求"。他还断言，正因为国民不知道要求，我国的立宪才没有希望。

对当时的国人而言，"要求"几乎是"请愿"的别名。王熙普公函中，在"为正当之要求"之后，紧接着就说"是今日者，各社会自为权利请愿，即所以催促朝廷之立宪也"③，可为明证。

预备立宪前后，国人围绕铁路问题进行了很多请愿活动。而在历史上留下了浓墨重彩一笔的，则是国会请愿运动。但是，没有发生宪法请愿运动。看来，争取制宪权的"要求"之法，只停留在呼吁阶段，并未付诸实施。

这种认识，似是而非。

（二）宪法请愿包含于国会请愿之中

从表面上看，清季确实没有发生过一场宪法请愿运动。但是，如果我们考虑到制宪与国会之间的关系，就会恍然大悟，原来，国会请愿运动的一项深层含义，乃是争取制宪权。

前已述及，从谁拥有制宪权的角度将宪法分为钦定、协定、民定，其区分的关键在于人民是否有制宪权。人民完全无制宪权的是钦定宪

---

① 《论今日宜亟设宪法研究会》（节录乙巳十二月二十日《时报》），载《东方杂志》，第 3 年，第 2 期，光绪三十二年。

② 有学者指出，王熙普最初是"用言论鼓吹立宪"的，其在何时转向革命，尚难断言："从 1907 年 11 月到 1911 年 10 月辛亥革命爆发，王钟声在断断续续的演剧生涯中渐渐形成了彻底推翻清政府的革命思想，并最终化为积极行动，献身革命。"（王凤霞：《文明戏考论》，186、188 页，广州，广东高等教育出版社，2011。）

③ 王熙普来稿：《函致商务总会商学公会论参预商约事》，载《申报》，光绪三十三年六月二十四日。

法，有部分制宪权的是协定宪法，有全部制宪权的是民定宪法。但是，在一个人口众多的国家，全体人民事实上无法聚集一处参与制宪。因此，人民必须"被代表"。代表人民的便是国会。因此区分钦定、民定、协定的标准，落到实处，便是国会有没有制宪权。如果国会完全没有制宪权，那就是钦定宪法；国会有部分制宪权，则是协定宪法；国会有完全制宪权，则是民定宪法。因此，人民要参与制宪，必须以召开国会为前提。如果制宪的时候，连国会都没有，那就不要奢谈什么人民的制宪权了。达寿在1908年向清廷献策，要确保宪法钦定，必须先颁布宪法，后召开国会。上奏《宪法大纲》的时候，宪政编查馆也强调中国的宪政改革，必须先有宪法，后有国会。这些言论，都显示了官方试图从根本上堵死人民的制宪权。

但是，官方的这种愿望，其实是在完全无视民间意愿的情况下提出来的。其实，在官方意识到国会在制宪方面的关键作用之前，民间早已意识到这一问题，并且早已提出了相反的见解。

前引1902年讨论"制定宪法之权"的那篇文章，就明确地将制宪权归于国会："宪法为国家至重至要之法，故制定、改革之权不在政府而在国会。"[1]

1904年，《大公报》刊登了《论中国立宪之要义》一文。该文所谓"立宪之要义"有两点，一是取法要审慎，二是国会要先开。论述要先开国会的一段中有这样的文字："宪法之立，以图国民公认为准，故必有代表国民者而会议决定之乃可以颁行国中，无窒碍难行之弊。宪法、议院二者不能相离，各立宪国无不皆然。"[2]

同报1906年刊登的《立宪问题》一文，也直言没有国会，便无法制定宪法："欲实行立宪政治，必定宪法；欲定宪法，必立议院"，"议院

---

① 《总论主权》，见国家图书馆分馆编选：《（清末）时事采新汇选》第3册，1560页，北京，北京图书馆出版社，2003。

② 《论中国立宪之要义》（录初七日《大公报》），见国家图书馆分馆编选：《（清末）时事采新汇选》第9册，4848页，北京，北京图书馆出版社，2003。

不成立，则国民无参政之权，宪法卒不能定"。①

诸如上述的言论显示，比官方早数年，民间已经认识到国会是人民制宪权的关键所在。

如学界所揭示，经过酝酿，在1908年年初，国会请愿运动登上了中国的政治舞台。从初期的一些言论来看，国会请愿运动确实有较深一层的目的，那就是通过早开国会，争取人民的制宪权。其中颇有代表性的言论，出自几位山西志士之口。

(三)山西志士：国会是宪法的发动机

1908年，在"湖南全体人民"递交国会请愿书之后，很多省份的人民也纷纷行动起来，递呈文，发电报，要求速开国会。② 在此过程中，山西显得有点落后了。于是，旅居河南的麻席珍、李精传、王堉昌、史宫箴、崔养锐、贾治安等山西人坐不住了。为了推动山西士绅加入请开国会的行列中，他们联名给山西教育总会写了一封信。

与上述"湖南全体人民"的呈文无一言道及国会制宪权不同，这封信特别强调这一点。一则说"国会者宪法之发动总机关"，再则说"不有民选议院，宪法断无发生之理由"。为什么说没有国会，宪法就无法制定？他们论道，宪法是要"限制主治者之威权"的，但"主治者"绝对不会自己放弃威权、自己制定宪法来限制自己。

在这封信里，还有如下的话：

> 历征东西立宪各国，当其竞争剧烈之秋，抛头颅，流膏血，出死力以相抗衡，至万不得已，主治者始以数条宪法偿之。故竞争者，宪法之代价也。请求者，竞争之和平手段也。不给代价，而坐望宪法成立，是犹画饼充饥、望梅止渴也。宪法之价值，欧人以性命换之而有余，我等以言语争之而不肯，政府谓我程度不

---

① 桐城孟瓯甫述：《立宪问题》(录《大公报》)，见国家图书馆分馆编选：《(清末)时事采新汇选》第17册，9159页，北京，北京图书馆出版社，2003。

② 侯宜杰：《二十世纪初中国政治改革风潮——清末立宪运动史》，147～153页，北京，中国人民大学出版社，2009。

及，夫岂无因！①

如果这一段话出现在一篇讨论制宪问题的文章里，可以说平淡无奇，毫无新意。但是，它出现在一封以促进国会请愿为目标的信里面，就值得玩味了。它说明，在热衷于国会请愿的人的心中，推动速开国会，其实有争取人民制宪权的用心。国会请愿运动在这一层面而言，也可以说是一场打破宪法钦定，争取人民制宪权的运动。

当然，这样的话，出现在民间的通信里，而不出现在可能"通天"的呈文里，充分说明国会请愿者绝对不是一群书呆子，而多老于世故之士。

四、评骘官方

(一)张之洞知道"钦定""国约"的分别吗?

当民间酝酿要用请愿的方式争取制宪权的时候，官方关于该如何制宪的言论也此起彼伏，莫衷一是。

前文述及，1904 年，坊间流传张之洞主张制定一部"有限制宪法"。三年之后，坊间又有了他的传说。这一回，听说他准备"奏请开国会以制定宪法"。

先召开国会，再制定宪法，这是民间最欢迎的。因为有了国会，人民的制宪权才有可能落到实处。

对张之洞而言，如果先开国会，后定宪法，则"有限制宪法"很有可能是无法落实的。那么，他怎么会提出先国会后宪法之说呢?

有人以调侃的语气写了一篇题为《论张中堂之论时务》的政论文，对此事加以评论。②

文章开宗明义地点出，"制法"不同，"行法"也就不同，可见作者是深明制宪权的重要性的。紧接着，文章指出，在宪法制定方面，有

① 《旅豫晋人上教育总会书：为提议要求国会事》，载《申报》，光绪三十四年六月初八日。

② 《论张中堂之论时务》，载《顺天时报》，光绪三十三年八月十五日。

的"明署为钦定",而有的则为"国约"。

该文作者认为,张之洞主张先开国会再制宪法,实质是"变钦定宪法之制,转而行国约宪法主义"。张之洞在改革方面向来主张稳健,这次却发出了"急进之论",该怎么理解?作者解释道,这不是张之洞"方针之忽变",而是"观于时势之不得已也耳"。

但是,国约宪法是否一定适合于中国,也"尚未可知"。并且,张之洞向来是一个"尊崇国体"的人,怎么会"猝然倡言"开国会以制定宪法呢?

该文作者仔细琢磨了一下传闻中张之洞说过的话,原来,他只说了将来制宪"由议院参与",但并未说出"国约宪法"一词。于是,作者调侃道:"中堂知国约与钦定之别始出此言乎?抑漫然言此,不识所谓钦定与国约乎?"

(二)于式枚污蔑外人

前已述及,当国会请愿运动渐入佳境的时候,正在德国考察宪政的于式枚向清廷递交了一道奏折,题曰"立宪必先正名"。奏折开头提出了一个有趣的命题:"宪法自在中国,不须求之外洋。"若果然如此,那清廷派他和其他几个人分赴德国、日本、英国考察宪政,就是多此一举了。

他所说的"立宪必先正名",指的是制宪之前,必须明确制宪之权在君上而不在臣下,人民不得干预。而促使他提出此说的,乃是他在近期看到的"南中"刊布的一篇国民速开国会请愿书。① 他对国会请愿一事极端仇视,认为举行国会请愿的,根本就不是"民",而是"士"。从请愿书中所用的语言来看,请愿者简直与"乱党"无异。因此,于式枚一面提出,东南各省督抚要"随时劝导,遇事弹压",另一面提出,要借鉴日本天皇所说的"组织权限由朕亲裁"和德国首相俾斯麦所说的"法定于君非民可解",在制宪之前,"正名定分",明确规定只有君主有制宪权。② 他的"正名定分"的本质,就是确定"钦定宪法"原则。

---

① "近见南中刊布之今年国民为国会请愿文一篇,尤可骇诧。"(《考察宪政大臣于式枚奏立宪必先正名折》,载《政治官报》,光绪三十四年五月二十三日。)

② 《考察宪政大臣于式枚奏立宪必先正名折》,载《政治官报》,光绪三十四年五月二十三日。

显然，于式枚是看了国会请愿书之后，意识到速开国会的背后，是国民对制宪权的争夺，于是提出要尽早明确规定，只有君主才可以享有制宪权。

此论一出，舆论哗然。有人略带夸张地描述道，于式枚的奏折被公开后，"南北洋各报章，左击右刺，非诋为阻滞，即诮为迂腐，而于其开端'宪法自在中国'一语尤攻之不遗余力"①。

我们仅举《申报》刊登的《再论于式枚奏陈立宪之谬》一文，以窥民间精英对于式枚的观感。

这篇文章认为，于式枚的这道奏折有三重罪，一是"重诬外人"，二是"欺谎朝廷"，三是"污蔑国人"。其中"重诬外人"一项，实乃对于式枚"正名定分"的彻底解构。

针对于式枚在奏折中说日本是钦定宪法，中国制宪必须记取德国首相和日本天皇的名言，该文针锋相对地指出，于式枚这么说，乃是"抹杀彼中立法部之构造，而窃取单词剩义，为扶植专制之手段"。随后，文章进一步论证道，德国制宪的时候，德国君主在1877年召集了人民所选的代表，德国宪法是经其议决的。并且，德国宪法明确规定，其立法权属于两院。于式枚引用俾斯麦"法定于君"一语，"可笑孰甚"。文章还征引日本宪法条文，试图证明日本国会有协赞立法之权，于式枚对于日本"钦定"的理解，有"举其一端，遗其全体"的毛病。

平心而论，该文对日本国会立法权的解读虽不算错，但所论日本国会协赞的立法，都是宪法以外的其他法律，并未证明日本国会能够参与制宪。也就是说，文章所论并不能否定日本宪法的钦定性。② 但

①　黄寿衮：《宪法自在中国说》，载《北洋法政学报》，第78号，光绪三十四年。
②　"即以日本言，于所称钦定宪法似矣。日本宪法第六条'天皇裁可法律'即于式枚指为由朕亲裁之原本，然第三十七条'凡法律要经帝国议会协赞'，第三十九条'两议院有一否决之法律案不再提出'，是日皇虽有裁可之权，要之立法权限既有协赞又有否决，亦必由君民之同意者，浅而易见。今乃狃于'裁可'二字，置上下两院于不问，举其一端，遗其全体，是殆欲以中国帝皇进而为世界专制之大魔王乎？"显然，该文作者所论的日本国会所享有的协赞立法之权，指的是协赞宪法以外的其他法律，而对于式枚所说的日本宪法系钦定的问题，实无辩驳。参见《再论于式枚奏陈立宪之谬》，载《申报》，光绪三十四年六月初一日。

是，该文作者想通过否定德国、日本宪法的钦定性质以否定中国用钦定的办法制宪的用意则甚为明显。

(三)达寿是"于式枚第二"

继于式枚之后，另一位考察宪政大臣达寿也对当时风起云涌的国会请愿运动有所回应。大概是看到于式枚遭到了舆论的猛烈抨击，达寿在回应国会请愿运动时，没有丑诋请愿者，并反对以人民程度不足为由阻挠开国会，主张宣布召开国会的年限。但是，他并不是国会请愿者的同路人，并不主张立即召开国会，且强烈主张先颁布宪法，后召开国会。他的这些主张都写在《无妨预定折》中，前文曾详细介绍。

这里要指出的是，达寿虽然做了一些伪装，但还是被人们识破。就在颁布《宪法大纲》那天，《申报》上刊登了一篇批驳达寿的文章①，该文一针见血地指出，达寿的奏折表面看起来是热心国会的，但其实却以阻挠国会为目的。达寿奏折中关于制宪的言论，完全以巩固君权为目的，将使人民毫无过问之权。达寿的行文，"其用意之刻深，较之于式枚之顽固派殆有甚也"。

另外，注意一下这篇文章的标题也许是有意思的：《于式枚第二》。②《宪法大纲》就是在这种舆论氛围中颁布的。

---

① 此文刊登于《宪法大纲》颁布之日，其写作、投稿肯定在《宪法大纲》颁布之前，故我将其作为颁布宪法大纲前民间的制宪言论。

② 《于式枚第二》，载《申报》，光绪三十四年八月初一日。

第九章 "钦定"源自"和文毒"

一、"宪法"一词是"和文毒"带来的？

(一) 中国有两毒：鸦片与和文

1901 年 11 月 2 日，《申报》刊登了一篇有趣的文章，但标题有点拗口：《观蔡紫黻征士〈《中国兴利除弊良言》跋语〉试衍其义》。

原来，一个服务于江海新关税务司的中文名叫戴乐文的西方人，在《万国公报》上发表了《中国兴利除弊良言》一文。蔡紫黻读后，作了《〈中国兴利除弊良言〉跋语》。有人读了蔡紫黻的这篇跋语，又写了一篇文章，题为《观蔡紫黻征士〈《中国兴利除弊良言》跋语〉试衍其义》（以下简称《试衍其义》）。

蔡紫黻对戴乐文的文章有如下一段评论：

> 此篇西文元本类皆至理名言，译作华文者闻系南洋公学肄业生，亦颇明白晓畅，惟间染近来恶习，刺取日本新创译书字义，弥望生涩，最为可恶……彼开口"历史"、"殖民地"，满纸"国民"、"宪法"、"列强"、"会社"、"改良"者，仆实不屑教诲矣。[1]

显然，在蔡紫黻看来，"宪法"和"国民""会社"等字眼一样，是"刺取日本新创译书字义"而来。

---

[1] 《观蔡紫黻征士〈《中国兴利除弊良言》跋语〉试衍其义》，载《申报》，光绪二十七年九月二十二日。

《试衍其义》一文的作者读了蔡紫黻的评论，深表赞同，并引申了一番，铺陈成篇。其论道：

> 或曰：彼其人非喜于恶俗不堪，实遵南皮制军宗旨也。南皮之言曰："从洋师不如通洋文，译西书不如译东书。"以故风气大开，人皆奉和文为圭臬耳。
>
> 执笔人曰：是大不然。南皮岂教人以专用"列史"、"殖民地"、"国民"、"宪法"诸字面哉？其意盖谓日本与中国最近，文字亦不茂悬殊，迩者政号维新，富强有效，新书日出，类皆讲求经济，确凿可凭，译而读之，足收事半功倍之效，以故游历则派赴日本，教习则聘自日本，兵制则仿诸日本，而必以译日书导其先路，俾不致向往多迷，初何尝欲若辈昧却本原，致文字之微亦渐忘我华真面目哉。①

南皮制军，一代名臣张之洞也。他在戊戌年（1898）出了一本轰动一时并且影响深远的书，名曰《劝学篇》。在《劝学篇·外篇·广译第五》中，有"从洋师不如通洋文，译西书不如译东书"②一语。

有人提出，近年来之所以满纸都是日式新名词，乃是遵循张之洞的教导所致。《试衍其义》的作者则认为，张之洞之所以提出"译西书不如译东书"这样的命题，别有本心，他可没有想到会出现在翻译日本作品的过程中失去中文本来面目的严重态势。

该文作者更进一步，认为当时毒害中国社会的一个重要因素就是日文，并称之为"和文毒"。作者以调侃的语气写道：

> 犹忆昔者日本名人冈天爵来华揽胜，归而著《观光纪游》一书，

---

① 《观蔡紫黻征士〈中国兴利除弊良言〉跋语》试衍其义》，载《申报》，光绪二十七年九月二十二日。前文为"历史"，后文为"列史"，原报如此。

② 张之洞：《劝学篇》，见赵德馨主编：《张之洞全集》第 12 册，178 页，武汉，武汉出版社，2008。

谓中国人有三毒，一六经毒，一时文毒，一鸦片毒，去此三毒，则国日以兴，留此三毒，则国日以敝。仆则以为六经为天地间至文，安得有毒；时文虽无用，不必以毒目之；其用以毒中华者，向惟鸦片一物，今则并和文毒而二之矣。①

冈天爵，即冈千仞，天爵是他的字。冈千仞是日本名士、学问大家，曾于19世纪80年代访问中国。经过一番游历，冈千仞觉得中国有"三毒"，即"六经毒""时文毒""鸦片毒"。

《试衍其义》一文的作者认为，冈千仞所谈"三毒"中，只有鸦片是真正毒害中华之物。不过，在张之洞《劝学篇》的影响下，现在中国又多了一毒："和文毒"。而"宪法"一词的泛滥，乃是"和文毒"带来的。

(二)《劝学篇》之前，国人已用"宪法"一词

《试衍其义》一文写得很俏皮，但今天的学者见了，肯定会觉得它所说的并无道理。因为今日通行的宪法学教材里都引经据典地写着，"宪法"一词，在先秦时期诸子百家的著作里就已经出现了。一种见解被写进教材，说明它已经是学界的共识，是有志于这一学科的人必须掌握的常识。看来，今日的学人，比刚迈入20世纪门槛的人们要博学得多。②

并且，由于有数据库的帮助，我们还可以很"博学"地指出，《试衍其义》一文对张之洞的指责是有问题的。该文认定，"和文毒"的出现是张之洞《劝学篇》造成的。但是，刊载该文的《申报》，却在《劝学篇》刊布的十多年前，就已经使用"宪法"一词，并且基本上是在今义上使用，而不是在古义上使用。

例如，1887年5月2日，《申报》刊登了《东瀛佳话》一则，曰：

① 《观蔡紫黻征士〈〈中国兴利除弊良言〉跋语〉试衍其义》，载《申报》，光绪二十七年九月二十二日。

② 这种观点也未必准确，因为有文献显示，20世纪初年，也有很多人注意到中国古代典籍中的"宪"与"宪法"一类词语，甚至就中国古代究竟是否有宪法展开过论争，而这一争论又指向另一个更为关键的问题：中国当时到底要不要制定宪法，以及是否可以"钦定宪法"。关于此点，容另文专论。

日本报云，本日（日本）国宪法向来执一从严，近今参照各国，稍稍变通，由各员先立草案，再由内阁大臣批阅，重加修正。目下调查至急，付各委员整订外，又聘德国法律顾问官补助之。所定法律中，第一以皇室关系万世继承，故其意尤精密，其词极威严，即使时势变迁，有乱臣贼子作奸犯上，而宪法至尊至严，有足以防制之者，诚为不易之规也。前月条约改正会议□，全权大臣井上伯特持宪法草案以示各国全权委员，各国委员披览之余，靡不赞美，以为天下万千世界得国宪如此设立，皇室定能安堵也。①

此时明治宪法草案刚刚出炉，日本报刊侦知此事，予以披露，而《申报》则通过翻译日本报刊，向国人加以介绍。文中所用"宪法"一词，已不是该报此前出现这一词语时的含义②，而是指现代意义上的"根本法"。之所以开篇会说"日国宪法向来"如何，是因为起草宪法的伊藤博文等人认为，日本向来是有宪法的，这次起草宪法，不过是对古来宪法的更订而已。③

---

① 《东瀛佳话》，载《申报》，光绪十三年四月初十日。

② 《申报》创刊于 1872 年，次年刊登的掌广东道监察御史邓庆麟的奏折中，有"致使情重者可以幸免显戮，情轻者反被久稽图圄，将何以伸宪法而肃刑章"之语，此处的"宪法"显然是古义，大体与"国法"同义。（《御使邓庆麟片》，载《申报》，同治十二年七月十一日。）此后，该报所出现的"宪法"一词，也都是古义，直到 1887 年《东瀛佳话》一文的出现。"宪法"一词的另一种古义是历法。例如，《清史稿》载，清中叶的著名学者罗士琳撰写了一部研究历法的著作，名曰《宪法一隅》："初精西法，自撰言历法者曰《宪法一隅》。"（赵尔巽等撰：《清史稿》，13994 页，北京，中华书局，1977。）又如，1898 年，户部学习主事陈星庚提出要变更的"宪法"，就是指历法而言，观"凡合同、交涉各事，必不能舍西人月日，独用我中国宪法"一语可知。〔《奏为谨陈更宪法培八旗借异国人材等变法自强管见事》（光绪二十四年八月初三日），中国第一历史档案馆藏录副奏折，档案号：03-9453-053。〕

③ 例如，主持起草明治宪法的伊藤博文在介绍日本制宪过程的时候，就说起草宪法一事是"更定宪法条例"，称颁布明治宪法是"宣布新定宪法"。说宪法是"更定"，说明在其心中，日本此前是有宪法的。"新定宪法"的提法，则显示在其心中，日本是有"旧定宪法"的。参见《日相论制定宪法来历（续）》（译《东京日日报》西四月二十日），载《时务报》，第 27 期，光绪二十三年。

1887 年 5 月 2 日以后,《申报》不但经常报道日本的制宪经过①,对日本颁布宪法一事及其后的行宪②,更是予以密集报道,还对法国、

———————————

① 例如,1888 年 6 月 19 日第 9 版"扶桑晓色"栏报道:"黑田内阁总理大臣本拟择日出巡,自吴港佐世保周历对马岛、冲绳县等处查验海防事务,而刻下政务纷繁,几无暇晷,兼之枢密院会议宪法一案,日内始行开办,恐不能须臾离任所,出巡之说当属子虚矣。"1888 年 7 月 27 日第 2 版"东瀛夏景"栏报道:"日本官报言,枢密院前议帝室典范已毕,今接议宪法。每遇开院会议之期,日皇必亲临,顾问官各陈意见,规模极为严肃。且以近日所议宪法最为国家重要案件,各顾问官无不精细评论,以备召对。本月九号东京电报云,宪法案昨日已一律完结矣。"1888 年 12 月 3 日第 2 版"东报汇译"栏报道:"日本京报言,帝室典范中,宪法所有帝统相续,以及密迩宫闱关系各项重大事件,业由枢密院议拟,现在各员调取皇后、皇子、皇女、亲王、官家等相接名称,议设定制,一经议成,即须颁行。"

② 关于日本颁布宪法,1889 年 2 月 12 日报道:"上月十一日日皇迁入宫城新皇居,颁发宪法典礼,所有人民各犯分别减刑赦免,惟今次系第一回特下恩命,凡关系国事之犯一概免其治罪云。"(《神山仙迹》,载《申报》,光绪十五年正月十三日。)此外,1889 年 2 月 19 日、1889 年 2 月 24 日、1889 年 2 月 25 日、1889 年 3 月 2 日、1889 年 3 月 6 日、1889 年 3 月 16 日等均对颁布宪法一事有报道。参见《崎阳余话》,载《申报》,光绪十五年正月二十;《扶桑盛会》,载《申报》,光绪十五年正月二十五;《东报汇译》,载《申报》,光绪十五年正月二十六;《日皇布政》,载《申报》,光绪十五年二月初一;《东国采风》,载《申报》,光绪十五年二月初五;《扶桑胜景》,载《申报》,光绪十五年二月十五。关于日本行宪,1891 年 11 月 26 日报道:"日本地震后,日皇览奏,即赐银赈抚,并准采御料山林为灾民盖屋之用,并勅令岐阜、爱知二县速办善后事宜,不必遵依宪法。"(《东报译登》,载《申报》,光绪十七年十月二十五日。)1892 年 1 月 1 日报道:"日本议院之设,仿泰西通例,略为变通。上议院系亲王及文武大员,名曰贵族院,下议院公举各府县属民人,名曰众议院。原以通达民情、保卫国计,故凡民间利弊,宜因宜革,必先众议员大发议论,然后达诸贵族院。贵族院如以为可,始得上闻。本年开院,迄今仅届一月,近日众议院正在会议各案,势如破竹,迎刃而解,不料东历十二月二十五号夜十点钟时,有急电达长崎,云帝国议会忽奉日皇诏勅,曰:朕依帝国宪法第七条,命众议院解散。又接续电云,日皇命众议院于本日午后七点钟时解散。按开会、闭会均有定期,今未届期,忽奉此命,殊令闻者为之惊骇云。"(《诏罢议政》,载《申报》,光绪十七年十二月初二日。)1894 年 1 月 14 日报道:"明治二十六年十二月三十号,即我圣清光绪十九年十一月二十四日,日本各大臣奉诏勅曰:朕依帝国宪法第七条,命众议院解散。又诏曰:朕依帝国宪法第七条及四十四条第二项,命贵族院停会。众议院奉此诏勅之余,因开院至今不过一月,正在勇气勃发议论纷陈,忽焉如天降霹雳,无不惊骇异常,各议员有请颁旅费者,未知大藏省能核准否。有知其事者,谓众议院所议,与内阁大臣不合,以致中道而止。各大臣接诏之日,谕令丸内要所宪兵巡查,严为戒备,伊藤首相及井上内务大臣警备尤为严密,田园警视总监时坐人力车赴各大臣邸第巡视,且训令监督警部满布警线以备不虞云。"(《谕停议院》,载《申报》,光绪十九年十二月初八日。)

美国等国家行宪过程中发生的一些大事，如修改宪法条文、停闭议会等事，也予以报道。① 可以说，在《劝学篇》出版之前，《申报》已经在今义上很准确地使用"宪法"一词。《申报》是当时中国报刊的代表，它对"宪法"一词的使用，在一定程度上能反映新媒体对这一词语接纳的程度。

《申报》从 19 世纪 80 年代开始大量在今义上使用"宪法"一词，这一现象值得关注。它不但表明，这个词语的今义不是在《劝学篇》之后才大量使用的，更重要的是，它告诉我们，中国人之接受日式语汇（更广泛地说，是受日本文化的影响），不是在戊戌年（1898），也不是在甲午战败之后，而是早已开始。

当然，不管诸如此类的辩论看起来多么博学，但还是无法回避一个事实：中文中"宪法"一词由古义变为今义，确实是受日本的影响。因为日本人将自己在维新期间制定的国家根本大法用了一个古老的汉语词"宪法"来表示，中国人在介绍日本的这一工作时，也直接用了这一词语，这一做法直接促成了"宪法"一词在中文中由古义到今义的转变。因此，《试衍其义》一文说"宪法"和"国民""殖民地"等一样是"和文毒"带来的词语，还是大致不差的。

二、"钦定宪法"也源自"和文毒"

20 世纪初年，不但有人觉得"宪法"一词是受日文影响才有了今义，就是"钦定宪法"一词，也有人觉得源自日本。

（一）日本学者常用"钦定宪法"一词
前已述及，在刊登于《民报》第 3 号的《希望满洲立宪者盍听诸》一

---

① 例如，1888 年 4 月 23 日报道："四月三号电达长崎云，法国下院于宪法改正事件，关系急进党忽生异议，首相欺蓝鲁意见不合，即拟辞职。"（《欧洲近事》，载《申报》，光绪十四年三月十三日。）1889 年 1 月 17 日报道："美国大统领向例四年一调任，上月六号，上院议员滗雌托篮于改正宪法案内，议得今后大统领展限六年为一任。"（《东报汇译》，载《申报》，光绪十四年十二月十六日。）

文中，汪精卫将成文宪法分为民定、钦定、协定、联合四种。介绍钦定宪法时，汪精卫加了一个有趣的注释：

> 此非谑语，日本法学者所常用。有贺长雄氏《国法学》、美浓部达吉氏《成文宪法论》皆用之。①

似乎"钦定宪法"一词，在有些人的眼中是一句玩笑话，而汪精卫则强调，这不是开玩笑的，日本的法学者常用之，且举出有贺长雄和美浓部达吉的著作为证。

（二）"钦定宪法"是日本学者的创造

《宪法大纲》颁布后数日，刊登于《申报》的一篇文章则认定，"钦定宪法"一词是日本学者的创造：

> 或问曰："上谕所谓钦定宪法者，采用何等之宪法乎？遍考各国，未见有一称钦定宪法之名词也。"则答之曰："此正我国政府不学无术之故也。钦定宪法之名起于日本，宪法由政府起草，人民不参意见，学者间以其编订宪法之专制，故创此名词以讥之耳，非真存一种钦定之特别宪法也。今政府煌煌然自标其名曰钦定宪法，不几令人齿冷乎。"②

这篇文章言之凿凿，"钦定宪法"乃是在明治宪法颁布之后，日本学者创造的一个词语。日本学者鉴于明治宪法的制定全由政府操办，人民的意见完全没有，因此特以这个词语来表达不满，意存讥讽。这种说法准确与否姑且不论，但传达出来一个准确的信息：在该文作者看来，"钦定宪法"一词源自日本。

与这篇文章的"讥刺说"相左，1910 年发表于《民声》杂志的《宪法

---

① 精卫（汪精卫）：《希望满洲立宪者盍听诸》，载《民报》，第 3 号，光绪三十二年。

② 《国会问答二》，载《申报》，光绪三十四年八月初四日。

大纲刍议》一文提出了"阿谀说":"钦定"字样是日本人中的阿谀奉承之辈臆造出来的,目的是争宠。①

(三)1902 年中文杂志上出现的"钦定宪法"

目力所及,中文文献中,"钦定宪法"一词最早出现于 1902 年。这一年的《普通学报》第四期刊登了《读帝国宪法》一文,其中有如下一段:

> 若欧美诸州,夙以自主自由国而夸,以独立独行民而骄。虽然,一翻青史而讨究其宪政之由来,则皆出君民轧轹、上下斗争之余,斑斑血迹,今尚非留污点于其史上,而使人思当年之悲风惨雨乎?如帝国宪法则不然,是所谓钦定宪法之最神圣者……字字灿烂,句句玲珑,所谓金科玉条是乎。泰西史家尝歌曰:"我欧美政法常有秋风肃杀之气,而东洋日本典宪,独有春风和煦、樱花熏朝晖之色。"善哉言也。②

这篇文章对日本宪法非常满意,颇有洋洋自得之气。从行文可以判断,此文必出自日本人之手。看来,20 世纪初年人们的"钦定宪法"是日本人创造的认识,似有几分道理。那么,日本人中,究竟是谁率先使用了"钦定宪法"一词呢?

(四)伊藤博文:日本宪法是钦定宪法

1897 年,鼓吹革新思想的舆论阵地《时务报》刊载了一篇题为《日

---

① "尤可怪者,其奏牍及案语中乃大书'钦定宪法'字样,且言'各国制度有钦定民定之别'(参看文牍宪法大纲奏折)。反复参考,莫知所本。玩其语意,真可谓武断之极者。夫宪法制定之由来,本缘人权竞争之趋势而生,钦定名义,渺无闻焉。……不谓东搜西索,思想横生,乃于宪法之制,竟采钦定政策,斯诚万国所未闻,而中国之先例矣。顾穷其源本,实袭日本学者之说。然日本宪法,已为各国所不齿,细考成文,亦以全国民意为渊源,初未尝有钦定之字厕其内。不过阿谀逢迎辈臆造此说,冀要眷宠,决非能推行世界,博一评议之价值也。梦梦不察,竟输此字于我国宪法之上。常人论议以此为媚上之策,自吾视之,特愚昧无识,可哀孰甚也!"[苏楼:《宪法大纲刍议》,载《民声》(上海),第 1 卷,第 1 期,宣统二年。]

② 《读帝国宪法》,载《普通学报》,第 4 期,光绪二十八年。

相论制定宪法来历》的文章。这篇文章原刊于当年四月二十日的《东京日日新闻》,《时务报》所刊的是其译作。

文章所载内容是伊藤博文在国家学会所谈的日本的制宪历程。据伊藤所谈,日本宪法有一特别命意:

> 征诸日本国体,又参诸当时之情势,不敢上侵君权,又能参以民权,是为握要。盖我邦宪法用意在此也。①

通观全文,伊藤博文并未说日本宪法是钦定宪法,但是,其所言日本宪法不上侵君权并参以民权,则揭示了钦定宪法的特色。

但是,还在明治宪法颁布的当年,伊藤博文已经有了"钦定宪法"的提法:

> 观各国之宪法,依其国情而有异同,要可区别为二:其一为民约宪法,即君主与民间所成之约束,或国民间之规约。其二为钦定宪法,即由君主以独断之权力制订而付与国民者,帝国宪法即属于后者。②

这一段话是在颁布宪法的翌日,即 1889 年 2 月 12 日,伊藤博文对北方长官发表演说时谈到的。在这次演说中,伊藤博文将宪法分为民约宪法与钦定宪法两种,并明确地说,日本的宪法属于钦定宪法。数日之后(15 日),他对各府县议会的议长发表演讲时,也明确地说:"这次颁布的宪法,自不待言,是钦定宪法。"③

伊藤博文是明治宪法的起草者,他在宪法颁布翌日所做的演说中

---

① 《日相论制定宪法来历(续)》,载《时务报》,第 27 期,光绪二十三年。

② 陈丰祥:《日本对清廷钦定宪法之影响》,见"中华文化复兴运动推行委员会"主编:《中国近代现代史论集》第 16 编,243 页,台北,台湾商务印书馆,1986。

③ 〔日〕伊藤博文:《府県会議長に対する憲法演説》(明治二十二年二月十五日),见〔日〕泷井一博:《伊藤博文演说集》,22 页,东京,讲谈社,2011。

论述日本宪法是钦定宪法，很容易让人认为，他就是最早使用"钦定宪法"一词的日本人。

不过，问题似乎没有这么简单。

（五）林包民：宪法可分为国约和钦定两类

因为在明治宪法颁布的八年前（1881），一位高知县的士族林包民已在其所著《政治论纲》中提出，宪法可以分为国约宪法和钦定宪法两类，且对何谓国约宪法、何谓钦定宪法进行了界说：

> 宪法可分为两种，曰国约宪法，曰钦定宪法。何谓国约宪法？曰由人民公选委员，委托以制宪特权，委员吐露其意思，提出其议见，讨议审究，而制定宪法……何谓钦定宪法？曰官家根据自己的意见、希望、议见，擅自将官民权限规定，即此之谓也。①

限于所见，我不能断言林包民是不是第一个使用"钦定宪法"一词的日本人。但是，在明治宪法颁布之前已有人用"钦定宪法"，说明这一词语并非如20世纪初年中国人所认识的那样出现于明治宪法颁布之后，而是出现于明治宪法颁布之前。并且，文献显示，在日本，围绕究竟何为钦定宪法，人们还发生过争论。②

日本人不但发明了"钦定宪法"这个词语，还创造了一部实实在在

---

① ［日］林包民：《政治论纲》，78～82页，东京，自印，明治十四年。

② 伊藤博文在主持制宪的过程中，汇集了大量与制宪相关的材料，后来作为"秘书类纂"之一种，以《宪法资料》为书名，分上中下三卷出版，中卷收录了一篇《钦定宪法考》，虽不清楚作者是谁，也未交代发表时间，但从藏处和内容可以断定，该文是明治维新期间某个关心制宪问题的日本人所作。文中提到，《东京日日新闻》的社论认为钦定宪法不经民意，国约宪法才要民意参与。该文作者根据欧洲各国制宪的历史驳斥道，这是一种误解，其实，绝大多数的钦定宪法，在颁布之前都有民意参与，完全不经民意的，只有普鲁士（"孛鲁社"）宪法。因此，该文作者在文末做如下结论："君主国不用国约宪法，必当用钦定宪法，而钦定宪法在公布之前，须召集议员议定。"（佚名：《钦定宪法考》，见［日］伊藤博文编，［日］金子坚太郎、［日］平塚笃校订：《宪法资料》中卷，261页，东京，宪法资料刊行会，昭和九年。）

的钦定宪法。明治宪法颁布之后，尤其是经张之洞的《劝学篇》号召之后，到日本学习政法的中国人日益增多，到日本考察政治的中国人也越来越多。于是，年轻人在留学课堂上学到了"钦定宪法"的讲解，考察的官绅也通过其他途径得知了"钦定宪法"的妙处。于是，官方最终确定，大清将来要制定一部钦定宪法。但是，民间对于钦定宪法，则赞成的少，反对的多。清末的制宪活剧，便围绕着坚持钦定与打破钦定而展开。

第十章　肃王府的谋划[①]

一、起草宪法是基于督抚的请求？

1910 年 11 月 4 日，清廷颁布了一道非常重要的上谕。这道上谕的主旨，从发布之初到今天，都被解读为宣布开国会年限。但其实，

[①]　本书初稿完成后不久，我于 2016 年 9 月在清华大学参加"第七届晚清史研究国际学术讨论会"时，碰到韩策先生，谈起清季宪政改革，他告诉我，《广东社会科学》即将刊登他的一篇论文，研究的主题就是汪荣宝在宣统二年（1910）跟善耆等亲贵谋划宪法钦定等问题。并且，他说他在第一历史档案馆找到了一份说帖，就是汪荣宝为善耆等人捉刀的。我写此稿时，颇以未能看到汪荣宝为善耆等人所写的折稿为憾，因此对他的研究颇感兴趣。同时，我也有几分惶恐，此事经他研究，恐怕我书中的这一章就没有存在的价值了。待拜读他的大作，我发现他的论述确实很精到，其中给我印象最深的，除了几乎全文刊载了那一份说帖，使我得以窥见全豹之外，尚有两点。一则他认为汪荣宝跟善耆等亲贵策划制宪一事，是他们策略转变的标志，表明他们由速开国会转向了钦定宪法；二则汪荣宝等人所策划的制宪方案中，有排斥由军机大臣领导的宪政编查馆的制宪权的用意。我在研究中未能注意到此举排斥宪政编查馆制宪权的问题，因此，韩先生的论述，颇可补足我这方面的缺陷。至于"策略转变"，可能是值得进一步探讨的问题。如果意识到 1908 年的时候，清廷已经确定了钦定制宪的原则，先定宪法后开国会已是既定方针，那么，此举可能也可以解读为，汪荣宝是想通过速定宪法来谋求速开国会。也就是说，此举是谋求速开国会的策略，而不是抛开速开国会问题，另谋出路。另外需要说明的一点是，我仔细拜读了韩先生的大作，又读了自己书稿的这一章，觉得所讨论的主题虽然非常接近（我们都讨论了运作钦定宪法的问题，韩先生则还讨论了汪荣宝在开国会年限方面的"宣统四年说"），但论述的风格不一（韩先生偏于论，我偏于述），侧重点也各异（韩先生侧重于解读"亲贵大臣与留学小臣的结合"，我则对诸人谋划的核心据点肃王府颇为留意），对有些问题（转下页）

除了宣布开国会年限，这道上谕也宣布要马上动手起草宪法。这道上谕最核心的一段如下：

> 召集议院以前应行筹备各大端，事体重要，头绪纷繁，计非一二年所能蒇事，著缩改于宣统五年实行开设议院，先将官制厘订，提前颁布试办，预即组织内阁，迅速遵照钦定《宪法大纲》编订宪法条款，并将议院法、上下议院议员选举法及有关于宪法范围以内必须提前赶办事项均著同时并举，于召集议院之前一例完备，奏请钦定颁行，不得少有延误。

观此可知，谕旨在宣布将于宣统五年（1913）召开国会的同时还规定，在召开国会之前，必须先厘定官制，设立内阁，制定宪法等法典。并且，在谕旨的开头，还谈到了颁布这一谕旨的原因：

> 前据各省督抚等先后电奏，以钦颁宪法、组织内阁、开设议院为请，又据资政院奏称，据顺直各省谘议局及各省人民代表等陈请速开国会等语，当将原折电交内阁会议政务处王大臣公同阅看，旋据该王大臣等各抒所见具说呈进，又于本月初二日召见该王大臣等详细垂询，切实讨论，意见大致相同。①

据此处所云，颁布宪法一事的直接推动力，乃是各省督抚。此事

（接上页）的看法也不同（如韩先生认为国会请愿运动中，督抚偏重于内阁，请愿代表偏重于国会，宪法问题不受重视，而我则认为，若干督抚的奏请中明确提出要颁布钦定宪法，并且，这类主张受到了清廷的重视，是其派遣制宪大臣的重要原因），似乎可以并存。并且，对于本书而言，宣统二年（1910）汪荣宝等人的谋划，在清廷钦定制宪的故事中实在是绕不开的重要一幕。因此，虽然有韩先生的大作发表在前，但我还是暂时保留这一章，请读者明察。若有人觉得此章已无必要，他日削之可也。韩先生的论述，请参见韩策：《宣统二年汪荣宝与亲贵大臣的立宪筹谋及运作》，载《广东社会科学》，2016(5)。

① 《政治官报》，宣统二年十月初四日。

并非无据。查《宣统政纪》，在"宣统二年九月丙寅"（1910 年 10 月 28 日）条下有：

> 本日资政院具奏，据顺直各省谘议局及各省人民代表等陈请速开国会一折，又据锡良等及陈夔龙、恩寿电奏，组织内阁、钦颁宪法、开设议院等语，著将原折电交会议政务处王大臣公同阅看，预备召见。①

两天后（10 月 30 日）又有："宝棻电奏钦定宪法提前颁布等语，原电著交政务处王大臣公同阅看。"②

锡良、陈夔龙、恩寿、宝棻，当时都是督抚。看来，在国会请愿运动渐入佳境的时候，督抚中确实有人奏请提前颁布宪法。

据 11 月 4 日上谕，王公大臣在钦定宪法方面似乎不那么主动。他们只是在看了督抚们的电奏之后，才发表了自己的意见，似乎并无人主动提出这个问题，积极推动钦定宪法。

事实并非如此。保存至今的汪荣宝宣统年间的日记留下了一些蛛丝马迹，表明在 1910 年 6、7 月间，以肃亲王善耆为中心，王公大臣已经开始极力促成钦定宪法了。下面就以《汪荣宝日记》为据，勾连这一段往事，以窥探王公大臣在国会请愿运动期间谋划钦定宪法方面的努力。

二、王爷来电话了

1910 年 6 月 26 日，汪荣宝因为眼睛不舒服，没有出门。下午，正在休息的时候，他接到了顶头上司肃亲王善耆的电话，要他前往一谈。汪荣宝一听，马上意识到，这是肃亲王"为国会问题有所谘询"，

---

① 《宣统政纪》，"宣统二年九月丙寅"，见《清实录》第 60 册，765 页，北京，中华书局，1987。

② 《宣统政纪》，"宣统二年九月戊辰"，见《清实录》第 60 册，767 页，北京，中华书局，1987。

而他自己也"甚欲一陈愚见，以备采择"，因此立即赶往肃王府。①

　　为什么汪荣宝一接到善耆的电话就会猜想对方是因国会问题找他呢？原来，1908年高涨的国会请愿运动，在清廷颁布《宪法大纲》和九年筹备清单之后，一度冷却下来。但随着时间的推移，人们逐渐发现，清廷对宪政改革的规划存在颇多问题，按照九年筹备清单进行宪政筹备，很难取得实质性进展。于是，以新设立的各省谘议局为核心，在1910年又掀起了新的国会请愿高潮。

　　年初的请愿遭到清廷拒绝之后，各界又在6月份发起了一次规模更大的请愿。面对人民的呼声，清廷决定听取较多官员的意见，于是在6月25日发布一道谕旨，要在27日召见内阁会议政务处王大臣。②

　　清代入关后的最高权力机关，初为内阁，军机处设立之后，渐渐取代内阁成为权力中枢。1901年，为了推动改革，清廷专门成立了一个督办政务处，使决策圈子突破了军机处。③ 1906年，又将督办政务处更名为会办政务处，因由内阁组织活动，故又称为内阁会议政务处。④

　　一般决策由君主与军机大臣商量定夺，只有遇到特别重大的问题，才会召集更大范围的官员参与讨论。这种扩大的御前会议，在清代有一个专有名称——"叫大起"，以区别于只召见军机时的"叫起"。

　　汪荣宝在25日就听到了清廷将于27日"叫大起"的消息。他马上意识到，这是一件很严肃的事情，因为"向例非有大事不为此郑重之举"。他还想到，当八国联军侵华的时候，也有过一次"叫大起"。正是在那次会议上，清廷做出了向八国宣战的决定。他推测，这次"叫大起"一定是为了商议如何对付国会请愿运动，因为除此之外，"朝廷别

---

　　① 北京大学图书馆馆藏稿本丛书编委会编辑：《汪荣宝日记》（"北京大学图书馆馆藏稿本丛书"第1册），542页，天津，天津古籍出版社，1987。

　　② 《政治官报》，宣统二年五月二十日。

　　③ 朱寿朋编，张静庐校点：《光绪朝东华录》，4655页，北京，中华书局，1958。

　　④ 中国第一历史档案馆编：《光绪宣统两朝上谕档》第32册，209页，桂林，广西师范大学出版社，1996。

无何等紧急问题"。那天下班回家后，他接到朋友电话，得知内阁会议政务处第二天会召开特别会议，他马上推测："当是后日奉达意见之准备也。"①

因为有这些信息作铺垫，汪荣宝在 26 日下午接到善耆电话的时候，马上就意识到跟国会问题有关。

善耆何许人也？他的祖上是清太宗皇太极。他出生于 1866 年，号偶遂亭主人，清季文献中的"偶邸"指的就是他。他是一个有抱负的亲王，且颇有作为。中国警察的近代转型，就有他的很大一份功劳。②因此，当 1906 年成立民政部（由巡警部改设）的时候，他被任命为该部尚书。作为民政部的长官，他干过的最富传奇色彩的一件事，大概是当革命党人汪精卫于 1910 年 4 月刺杀摄政王失败被捕后，成功劝说摄政王对汪精卫采取宽大处理，他觉得如此更能赢得人心。清廷此举似乎并未能挽回多少人心，但是，善耆确实赢得了汪精卫的好感。多年以后，汪精卫提及善耆，还说他是"伟大的政治家"。③

正是这位"伟大的政治家"，在 1910 年 6 月 26 日参加了内阁会议政务处的会议之后，打电话给自己的亲信部下汪荣宝，叫他到王府来谈一谈。

三、宪法要"真正钦定"

汪荣宝赶到肃王府之后，马上受到善耆召见。果然，今天内阁会议政务处所讨论的，是围绕着明天"叫大起"时，如何向摄政王提出建议，对付国会请愿问题。善耆介绍完会议情形，汪荣宝对政务处大臣们的意见不满，乃向善耆陈述自己的观点。他说：

---

① 北京大学图书馆藏稿本丛书编委会编辑：《汪荣宝日记》（"北京大学图书馆馆藏稿本丛书"第 1 册），541 页，天津，天津古籍出版社，1987。

② 孙燕京、周福振：《善耆与清末新政——以 20 世纪初十年的北京新政改革为视点》，载《北京社会科学》，2005(1)。

③ 孙燕京、周福振：《善耆与革命党》，载《清史研究》，2005(3)。

召集国会为立宪政体题中应有之义，何必断断于三五年迟早之间。人心难得而易失，借此激发舆情，亦未尝非绝好之政策。应请以资政院议员任满之日改设上下议院，以时记之，不过提早三年，而人心必当大奋，朝廷何惮而不为？①

政务处会议上，大臣们仍然倾向于不缩短开国会年限，而汪荣宝则提出，今年资政院将开院，这一届议员将在 1912 年任满，1913 年要选举新的议员，如果趁此机会，在 1913 年开国会，比九年筹备清单只提前了三年，却可以使全国人心振奋起来，是一件很有意义的事情，为什么不能这么办？

善耆听了，"甚以为然"，但又认为"必不能行"。为什么不能行，汪荣宝在日记中没有交代。

此议不行，汪荣宝转而提出另外两项建议：第一，请设立责任政府；第二，请实行钦定宪法。所谓设立责任政府，就是设立责任内阁。至于实行钦定宪法，应该是指将钦定宪法一事落到实处。在实行钦定宪法方面，汪荣宝还提出，要"先设宪法讲筵"，请摄政王"亲临讲习"。②

---

①　北京大学图书馆馆藏稿本丛书编委会编辑：《汪荣宝日记》（"北京大学图书馆馆藏稿本丛书"第 1 册），542 页，天津，天津古籍出版社，1987。

②　汪荣宝记载此事的原文如下："因提出两议：（一）请设立责任政府；（二）请实行钦定宪法，先设宪法讲筵，亲临讲习。"那么，"亲临讲习"的是谁？1910 年 6 月 29 日汪荣宝所说的解决当下的危局必须"启沃圣聪"的"圣"是谁？我认为都是摄政王载沣，而韩策认为都是宣统皇帝溥仪。韩先生的论述如下："二十三日，善耆对奏稿甚称赞，于是商议呈递之法。汪荣宝因毓朗曾赞同此意，故劝善耆与其一商，如能再联合载洵、载泽一致运动尤妙。善耆同意先商毓朗。当'谈及大局之危险'，善耆问计，汪荣宝答以'惟有启沃圣聪'，善耆'首肯者再'。盖摄政王载沣暗弱，不足掌控局势，以致政出多门，故只有启沃宣统皇帝尽快成长亲政，方有可能控制大局。而设'宪法讲筵，皇帝亲临讲习'正是'启沃圣聪'的要招，乃立宪时代皇帝典学的题中之义。"[韩策：《宣统二年汪荣宝与亲贵大臣的立宪筹谋及运作》，载《广东社会科学》，2016（5）。]关于此事，韩先生或有误会。传统时代，"启沃圣聪"一般情况下当然是指启迪君主，但是，"圣"也未必只能指君主，如武则天就和唐中宗并称"二圣"。汪荣宝之设宪法讲筵，是为了实行宪法钦定，因为按照日本的做法，最高统治者必须富有宪法方面的学识，才有能力做到（转下页）

这跟达寿的思路一致。我们还记得，1908 年达寿曾提出，为了实现宪法钦定，一定要皇上和太后亲自学习宪法知识。

善耆对汪荣宝的建议颇感兴趣，汪荣宝受到鼓舞，"即坐上草成说帖一件"。善耆看了，要他缮写两份，"明日当与隐坪上公计议"。载泽字荫坪，一作隐坪。

回到家里后，汪荣宝请他的连襟孙润宇将说帖"照写两通"，晚饭后，将这两份说帖"函送肃府"。① 马不停蹄，干劲十足。

27 日上午 9 点，汪荣宝又接到肃亲王的电话，要他在下午 5 点和延鸿（逵臣）、章宗祥（仲和）一起到他府上，"有事面谈"。于是，汪荣宝马上动身去民政部，通知延鸿。午饭后到宪政编查馆，遇到章宗祥，也"告以邸约"。从延鸿、章宗祥都由汪荣宝通知来看，汪荣宝与善耆的关系确实非同一般。

下午 5 点 30 分，当汪荣宝赶到肃王府时，延鸿已在那里。过了一会，章宗祥也来了。汪荣宝在日记中写道，善耆给他们几个详细介绍

（接上页）"真正钦定"。因此，"亲临"宪法讲筵的那位，肯定是要行使宪法"钦定"大权的。汪荣宝等人在宣统二年（1910）所谋划的，是尽快颁布钦定宪法。按照 1908 年颁布的九年筹备清单，颁布宪法的时间是 1916 年，一旦"尽快"，则必在此之前。至于"亲临"宪法讲筵的时间，则更要提前，很有可能在宣统二年（1910）就要启动。溥仪出生于 1906 年，1910 年时才 5 岁，到 1916 年也才 11 岁。也就是说，即使按照九年筹备清单的规划推进改革，颁布宪法时，溥仪也没有到亲政的年龄，因此"钦定"不可能由他来完成，而只能由他的父亲摄政王载沣来完成。当然，5 岁的孩子，还没有开始识字呢，自然也不可能"亲临讲习"，学习宪法。因此，汪荣宝所提建议中"亲临讲习"的人，没有可能是溥仪，而只能是载沣。至于善耆问该如何解决当下危局时汪荣宝所说的"惟有启沃圣聪"的"圣"，也只能是载沣。从长远来看，载沣"暗弱"靠不住，因此，解决大清的危机要寄望于幼主，倒也言之成理，但是，有点远水救不了近火。并且，载沣既已监国，既已摄政，事实上就是当今之"圣"，唯其"暗弱"，才需要"启沃"也，这是其一。汪荣宝在日记中写的是"先设宪法讲筵，亲临讲习"，并未说"亲临"的主体是谁，而韩先生笔误成了"先设宪法讲筵，皇帝亲临讲习"，才使"亲临"的主体明确为宣统皇帝，这是其二。根据当时的情势推断，我觉得"亲临"的主体应该是载沣；要启沃的"圣"，也是指载沣。

① 北京大学图书馆馆藏稿本丛书编委会编辑：《汪荣宝日记》（"北京大学图书馆馆藏稿本丛书"第 1 册），542 页，天津，天津古籍出版社，1987。

了"本日召对情形"，可惜，对于究竟是如何召对的，汪荣宝没有记下来。但他提到另外一件事：善耆介绍完召对情形之后，要他"将请设宪法讲筵先事研究，并实行钦定之旨拟一奏稿，预备陈奏"。观此，善耆这时对于钦定宪法的意见，与前一天相比似乎有所变化："宪法讲筵"的问题还要"先事研究"一下，而"钦定之旨"则可以拟成奏折了。① 这种变化，不知是不是他找载泽"计议"的结果。②

28日上午，汪荣宝到法律馆上班。午饭后回到家里，他便埋头代善耆起草《敬陈管见折》。他从下午忙到晚上，洋洋洒洒，写了两千多字。据其日记，可知这一折稿的大旨包括七个方面：

（一）国会与宪法成立之先后，视国体而异。
（二）中国国会之成立当在宪法制定以后。
（三）宪法必须钦定。
（四）宪法必须真正钦定。
（五）钦定宪法必要之预备及预备之时机。
（六）日本制定宪法之历史：（甲）天皇之英断；（乙）伊藤博文自述之语。
（七）请设宪法讲筵。③

从第三点和第四点来看，在汪荣宝心中，似乎"钦定"还有"真正钦定"与"虚假钦定"之别。至于何谓"真正钦定"，由于未能看到折稿全文，

① 北京大学图书馆馆藏稿本丛书编委会编辑：《汪荣宝日记》（"北京大学图书馆馆藏稿本丛书"第1册），543页，天津，天津古籍出版社，1987。
② 如果此处的答案是肯定的，则可以说，载泽对这次谋划是产生了影响的，他对钦定宪法的问题，是热心贡献了自己的意见的。对此，韩策持相反的意见，他在评价善耆没有联络载泽一事时写道："考虑到二十一日善耆与载泽刚商议过此事，似可推知载泽并不热心。"［韩策：《宣统二年汪荣宝与亲贵大臣的立宪筹谋及运作》，载《广东社会科学》，2016(5)。］
③ 北京大学图书馆馆藏稿本丛书编委会编辑：《汪荣宝日记》（"北京大学图书馆馆藏稿本丛书"第1册），544页，天津，天津古籍出版社，1987。

无从得知。①

———————

① 因为有了韩策的发现，我们现在已可知道汪荣宝所说的"真正钦定"的含义了。韩先生所发现的那份说帖，是由汪荣宝代善耆起草的这份奏折的修改稿。如韩先生所揭示，说帖保留了奏稿的基本精神，内容也基本相同，唯删去了"请设宪法讲筵"这一主题。据说帖，汪荣宝论述中国宪法必须钦定和必须真正钦定的文字如下："宪法为国家根本法典，一经制定，不宜轻事动摇。故君主国家恒以宪法之制定专属诸元首之大权，而不能与一切法律得以政府或国会之提议，随时修正者比。此实钦定宪法固有之性质，亦国体有以使之然也。将来中国宪法必以大权钦定，固属毫无疑义。顾自名义上言之，则前此颁行之一切法律，何一不由于钦定，而按诸实际，则厘订编纂，多由委任大臣画诺于崇朝，皇上俞允于顷刻。名为钦定，实与寻常奏准者无异。今宪法之效力既迥出于一切法律之上，若其制定之事，亦复以寻常立法之道行之，或迁就现状，杜撰法例，或掇拾文义，不适国情，既未尝折衷至当于先，又安能率履不忒于后。此中流弊，胡可胜穷。故一言以蔽之，则宪法者非实行钦定不为功，有断然矣。"观此可知，在说帖中，虽无"真正钦定"字样，但通过说明以前的加了"钦定"二字的法律只有钦定之名，而与"寻常奏准者无异"，已经表明了汪荣宝心中的"真正钦定"的所指。那就是，不能如以前那样，在臣下起草好了之后，君主只履行认可的职责，而应该真正参与到对草稿的讨论和修订中去。对于此，如果看完了他论述明治宪法制定史的文字，便可加深理解："查日本制定宪法之初，伊藤博文诸人承命起草，属稿既竟，日皇亲与诸臣逐条讨论，苟有疑义，辄往复剖析，必真知灼见而后定稿。故日本天皇于宪法精义最为透澈，所以立宪数十年而运用宪法悉协机宜。伊藤博文尝自述其编订宪法之历史，谓立宪政治在保护众民之生命、财产、自由、名誉，欲保护之，则宜于天皇之大权加以必要之裁制，若无此裁制，则立宪政体无论如何不能成立。当宪法草案既成，天皇付枢密院审议，亲临讨论，院中有保守进步诸说，各抒所见，仰候圣裁。是时保守派之势力颇占优胜，惟圣断则常取自由进步之思想，故日本遂得有现行之宪法。是其缔造之始，惟断乃成，良非易易。"当伊藤博文领导的制宪班子将草案起草完毕，天皇先与起草诸臣逐条讨论，定稿之后，交枢密院审议的时候，天皇还在保守派与自由派之间做出决断，选择自由派的学说。这种做法，就是"真正钦定"。紧接这一段，汪荣宝为中国所规划的制宪办法，其实是模仿了日本的制宪历史，也是一个"真正钦定"的方案，原文如下："今朝廷毅然变法，国是大定，正宜及此闲暇，先事绸缪。拟请仿照日本成法，特简通晓新学大臣及深明宪法人员公同商榷，悉心起草，一俟编订告成，恭呈御览，再请监国摄政王于听政余暇，于每日午后召集王大臣及有法政专门学识各员，与起草诸臣从容讨论，如有疑问，即令详细解释，必考订完密，精确不磨，而后亲以大权，特加钦定，届期颁布，永远遵行。"[《呈钦定届期召开国会条陈单》（约宣统二年五月底），中国第一历史档案馆藏朱批奏折，档案号：04-01-30-0112-006，转引自韩策：《宣统二年汪荣宝与亲贵大臣的立宪筹谋及运作》，载《广东社会科学》，2016(5)。]

　　29 日，汪荣宝起床之后，洗了一个冷水澡，然后便"修改昨稿"。在家里接待了两拨客人之后，他带着折稿到达民政部。部务结束之后，善耆邀请他约同延鸿一起到一家叫作"福全馆"的饭店餐叙，"共商此事"。

　　在福全馆，汪荣宝将奏稿交给善耆，善耆看了，"大称善"。三人进而商量呈递之法。这时，汪荣宝想起来，他曾经跟毓朗谈过自己的意见，毓朗听了也"极表同意"，因此劝善耆与毓朗商量，并说"如能联合仲泉贝勒、隐坪上公为一致之运动，尤为上策"。

　　毓朗是乾隆皇帝长子永璜之后，生于 1864 年，字月华，《汪荣宝日记》中多次出现的"月华贝勒"就是指他。他在 1886 年受封为三等镇国公，1907 年袭多罗贝勒。毓朗在 1910 年奉派为军机大臣①，是皇族中升迁极快的一位。

　　仲泉贝勒，即载洵。载洵是醇亲王奕譞的第六子，生于 1885 年，字仲泉。他的一个哥哥载湉在同治皇帝死后入承大统，年号光绪。光绪皇帝死后，他另一个哥哥载沣的长子溥仪又入承大统，年号宣统。因为这些特殊关系，载洵在宣统朝虽年纪轻轻，但大权在握，成为复兴大清海军事业的负责人，1909 年被任命为筹办海军大臣。②

　　不知何故，善耆对于和载洵联合行动不感兴趣，他只答应"先商月华"。

　　至于载泽，他也没有准备与之商量，这又是何故？

　　当汪荣宝在 25 日提出设立责任内阁和实现宪法钦定两项建议的时候，善耆还说，他将在次日与载泽计。26 日善耆找汪荣宝起草奏折的时候，只要他谈钦定宪法问题，至于责任内阁一层，则不用提及。很有可能，在设立责任内阁方面，载泽泼了冷水，对于钦定宪法，则还有些兴趣。至于 29 日汪荣宝建议善耆联合载泽等人一致行动的时候，善耆表现冷淡，很有可能是因为他在 26 日才与载泽谈过，对载泽

---

　　①　"七月十三日内阁奉朱谕：贝勒毓朗著补授军机大臣，钦此。"（《政治官报》，宣统二年七月十四日。）

　　②　《著载洵萨镇冰充筹办海军大臣谕》（宣统元年五月二十八日），见张侠、杨志本、罗澍伟等合编：《清末海军史料》，96 页，北京，海洋出版社，2001。

的态度比较清楚。

29 日在福全馆吃完午饭，汪荣宝到宪政编查馆上班。下午 5 点多，他在宪政编查馆接到善耆电话，向他索要《宪法大纲》，赶紧"检一部送去"。①

看来，肃亲王对于钦定宪法问题，热情确实很高。

四、捍卫钦定，撕破脸皮

第二天，善耆真的找毓朗谈了。于是，下午 4 点多，正在宪政编查馆上班的汪荣宝接到了他的电话，被告以"前稿已商诸月华贝勒，属（嘱）于二十六日午前十时诣贝勒处一谈"②。这一天是 6 月 30 日，农历五月二十四日，所约的二十六日，即公历 7 月 2 日。

但就在 7 月 1 日，发生了一件有趣的事情。

这天下午 3 点，汪荣宝参加了"资政院开院准备会"的例会。③ 这是一部分资政院议员为即将召开的资政院举行的不定期会议，以便在资政院开院之后，能提出一些有价值的议案。

《资政院章程》中关于资政院的议决事件，有"宪法不在此限"一语。来自山东的民选议员蒋鸿斌抓住了这一点④，在这次例会上，他提出了一篇说帖，对此"大加批难"，并提出要在资政院"开院后提议将该

---

① 北京大学图书馆馆藏稿本丛书编委会编辑：《汪荣宝日记》（"北京大学图书馆馆藏稿本丛书"第 1 册），545 页，天津，天津古籍出版社，1987.

② 北京大学图书馆馆藏稿本丛书编委会编辑：《汪荣宝日记》（"北京大学图书馆馆藏稿本丛书"第 1 册），546 页，天津，天津古籍出版社，1987.

③ 这一日的日记中，汪荣宝只简单记为"准备会例会"。但他在 6 月 2 日的日记中对于此会有记全称，且对该会的发起有简单交代："饭后三时顷，到石桥别业，为资政院开院准备会第一次会期，同人到者三十九人。先由余与玉初报告上届发起会议情形，次由胡伯平、雷季兴将所拟本会简约朗读，逐条讨论。"［北京大学图书馆馆藏稿本丛书编委会编辑：《汪荣宝日记》（"北京大学图书馆馆藏稿本丛书"第 1 册），517 页，天津，天津古籍出版社，1987。］

④ 关于蒋鸿斌系来自山东的民选议员，参见张朋园：《中国民主政治的困境，1909—1949：晚清以来历届议会选举述论》，320 页，上海，上海三联书店，2013.

条修正"。

汪荣宝听完，坐不住了，马上站起来辩难，由于太激动，辩难的时候超出了切磋的限度。他自己在日记中对此写得很简单，就四个字："词色甚厉"。但他又记载了事后劳乃宣对他的批评："意气太盛，大非所宜。"并且，他还写道，他"敬谢玉老忠告，愿痛自敛抑，勉为和平"。① 劳乃宣，号玉初，玉老是对他的尊称。将这些联系在一起，我们大致可以想见，汪荣宝在辩难中严重失态了。

汪荣宝之所以如此激动，显然是因为他自己正在努力推进钦定，而蒋鸿斌的主张，则是要打破钦定。为了捍卫钦定，他居然撕破脸皮，与人激烈争论，也算是忠于自己的理想吧。资政院钦选议员和民选议员之间的冲突，似乎在这里就显示了一点苗头。

五、改奏折为说帖

7月2日上午10点，汪荣宝如约拜见毓朗。很不巧，耆龄在座。午饭后，耆龄告辞，但又有客人来访。待毓朗把客人打发走了，才开始和汪荣宝讨论钦定宪法问题。毓朗提出两条意见，一则将奏折改为说帖，二则将"请设宪法讲筵"一节删去。对于宪法讲筵问题，毓朗和善耆意见相似。但善耆主张将钦定宪法问题上奏，而毓朗则主张只作为说帖提出，不要上奏，规格显然降低了。②

汪荣宝听了毓朗的意见，当场改定。毓朗"阅定"后，叫汪荣宝"携归付缮"。③

---

① 北京大学图书馆馆藏稿本丛书编委会编辑：《汪荣宝日记》（"北京大学图书馆馆藏稿本丛书"第1册），547页，天津，天津古籍出版社，1987。

② 对改奏折为说帖一事，韩策评论道："奏折改说贴，格式既稍为自由，更可密呈摄政王载沣而避开军机大臣。"此说与他所论汪荣宝等人的筹谋有排斥宪政编查馆制宪权的用意一说前后一贯，颇有见地。参见韩策：《宣统二年汪荣宝与亲贵大臣的立宪筹谋及运作》，载《广东社会科学》，2016(5)。

③ 北京大学图书馆馆藏稿本丛书编委会编辑：《汪荣宝日记》（"北京大学图书馆馆藏稿本丛书"第1册），548页，天津，天津古籍出版社，1987。

至此，原本计划中的上奏案，最后变成了一个说帖。这个说帖后来有哪些人看过，《汪荣宝日记》没有交代，我们也就不得而知了。

不过，汪荣宝似乎并没有因为奏折降格为说帖而气馁，因为从那天开始，他的日记里留下了大量阅读宪法类书籍和编纂宪法类材料的记载。并且，他所读的宪法类书籍都是日本学者所著关于日本宪法的，所编纂的宪法类材料，也是与日本宪法相关的。① 是不是他得到了某种暗示，将来制定宪法的时候需要人才，他有希望成为参与制宪之人，因此动手做些准备？

六、力主钦定宪法

11月2日（十月初一日）是汪荣宝生日。他早上起床，洗了冷水浴，补写前天和昨天的日记。想起今天是自己的生日，他忍不住思考起人生大问题："行年三十余，居官录录（碌碌），了无建树。"他是多么希望能够有机会成就一番大事业，名留青史。

写完日记，发完感叹，他于10点左右来到宪政编查馆。在那里，他听到消息，明天又要"叫大起"。

原来，第二次请愿遭遇清廷冷遇之后，请愿代表们再接再厉，又发动了第三次请愿。第三次请愿的动员面更广泛，言辞更急迫恳切。为了拿出恰当的应对方案，清廷只好又"叫大起"。一年之中，为了请愿问题两次"叫大起"，真不能说清廷不重视此事。

汪荣宝还从劳乃宣口中得知，军机大臣已经拟好了一份说帖，建议在宣统五年（1913）召开国会。

---

① 例如，7月2日，汪荣宝"六时半散归，阅北鬼氏《大清宪法案》"；7月19日，"阅工藤氏《帝国议会史》"；7月20日，"阅穗积八束《日本宪法说明书》"；7月21日，"阅工藤氏《帝国议会史》"；8月19日，"拟定编纂《日本宪法释义》体例，与伯平商榷，并检出参考书数种付之，属其草创"；8月20日，"草《日本宪法讲义》四纸，函送逵臣"。[北京大学图书馆馆藏稿本丛书编委会编辑：《汪荣宝日记》（"北京大学图书馆馆藏稿本丛书"第1册），548、566、567、568、598、601页，天津，天津古籍出版社，1987。]

　　下午 2 点左右，汪荣宝和章宗祥一起到善耆府上了解情况。善耆跟他们讲："颁布宪法为召集国会之根本，既须速开国会，便须速定宪法。明日召对，拟即申明此义。"①

　　其实，这个时候，汪荣宝最关心的，是劳乃宣所说的军机大臣主张宣统五年（1913）开国会之说是否确切，是否有可能再提前一年开国会。② 而善耆所关心的，则是钦定宪法，他对于确保宪法钦定问题，实在是满怀激情。

　　不过，汪荣宝也不是不关心钦定宪法。善耆是从宪法与国会的先后的角度关心钦定，强调要先颁布宪法，后召开国会。在"叫大起"的那天（11 月 3 日）晚上，汪荣宝虽然已知清廷已经决定宣布在宣统五年（1913）召开国会，但他还是给溥伦写了一封信，尽力争取早一年开国会。从这封信的内容来看，汪荣宝是从一个与善耆不同的角度关注钦定的。他在日记中记下了这封信的要点：

　　　　略言今日危急存亡之际，朝廷政策以鼓舞人心为第一要义。又言多一日豫备不过多一日敷衍。又言安危之机在此一举，若发表之后再有更动，则朝廷之威信尽失，即大权之根本不坚，与其诒悔于将来，何如审机于此日。又言若坚持五年，必令花团锦簇之举消归乌有，决非得策。③

_____

　　① 北京大学图书馆馆藏稿本丛书编委会编辑：《汪荣宝日记》（"北京大学图书馆馆藏稿本丛书"第 1 册），676 页，天津，天津古籍出版社，1987。

　　② 11 月 2 日，汪荣宝从肃王府回家之后，"电询延鸿，五年说是否确定，可否再提前一年，属其设法"。11 月 3 日，他于"八时半诣延鸿贝子，祝其生辰，仲和亦来。贝子言，召集国会之期，闻已确定宣统五年，欲再提前，实难为力。正商议间，闻那相于退朝后有事来谈，余与仲和忽忽辞去"。那天下班后，本来有人在石桥别业请客吃饭，汪荣宝饭未吃完就回家了，因为他心里惦记着国会年限的事情。回家后，他给溥伦写了一封信，"力请设法再行提前一年"。〔北京大学图书馆馆藏稿本丛书编委会编辑：《汪荣宝日记》（"北京大学图书馆馆藏稿本丛书"第 1 册），676～678 页，天津，天津古籍出版社，1987。〕

　　③ 北京大学图书馆馆藏稿本丛书编委会编辑：《汪荣宝日记》（"北京大学图书馆馆藏稿本丛书"第 1 册），678 页，天津，天津古籍出版社，1987。

从其所言的第三点理由来看，汪荣宝觉得，如果宣布在宣统五年（1913）开国会之后，人民不满足，继续请愿，清廷迫于压力，又宣布再次缩短开国会年限，将会使清廷失去威信，并影响到君上大权，若到了这一步，那就后悔都来不及了。我们知道，清廷之所以热衷于钦定宪法，就是为了实现大权政治，希图借宪法巩固君上大权。因此，作为一个诚挚地希望清廷能实现宪法钦定的人，汪荣宝提出，如果不能尽量将开国会年限缩短到请愿者能够接受的程度，巩固君权的美梦就会成空。

汪荣宝以诚恳的态度打动了溥伦。11月3日"叫大起"之后，清廷没有当即发布谕旨，这也是汪荣宝还能尽力争取的原因所在。谕旨是在11月4日发布的。溥伦在3日晚收到汪荣宝的信，4日一大早，他便跑到三所找摄政王，将汪荣宝的意思"竭力敷陈"。但是，摄政王告诉他，大臣们都主张宣统五年（1913）开国会，他也无可如何。溥伦又跑到军机处，向军机大臣力争，但"应者寥寥"。将于宣统五年（1913）召开国会的决策未能改变。但是，汪荣宝听溥伦讲，他们的争取也不是完全没有效果，至少上谕内的"召集议院"改为"开设议院"了，并且，摄政王还命令内阁会议政务处的所有王大臣都在上谕上签字，要大家共同担负起责任。①

七、最大的赢家

看了善耆及其亲信部下汪荣宝等人促进钦定的努力，我们回过头再去读11月4日谕旨中关于起草钦定宪法的原起，理解自然要深入一层。

虽然上谕说王公大臣们对这些事情的讨论，都是在朝廷将督抚的电奏和人民的陈请交给他们"公同阅看"之后，但实际上，在这之前，汪荣宝已经为善耆和毓朗两位皇亲准备好了一份说帖，论证宪法要"真

---

① 北京大学图书馆藏稿本丛书编委会编辑：《汪荣宝日记》（"北京大学图书馆馆藏稿本丛书"第1册），678页，天津，天津古籍出版社，1987。

正钦定"，这两位已经明确提出要抢在开国会之前颁布钦定宪法的主张。

上谕说在 11 月 3 日"叫大起"的时候，摄政王"详细垂询"了，与会者也"切实讨论"了。联系到《汪荣宝日记》所记，善耆在"叫大起"前一天很认真地说过，召对的时候，要以促成钦定宪法为发言主旨。可以想见，当摄政王垂询善耆的时候，他应该发表了"颁布宪法为召集国会之根本，既须速开国会，便须速定宪法"一类意见。

按上谕所说，在 11 月 3 日"叫大起"之后，王公大臣们再未就开国会、颁宪法等问题发表意见，但据汪荣宝所记，实际上，溥伦在 11 月 4 日一大早还分别找了摄政王、军机大臣，推销汪荣宝的主张，即为了确保君上大权，应该将开国会的时间再提前一年。

当然，我们不仅仅可以加深对 11 月 4 日上谕的理解，也能加深对汪荣宝命运的理解。

汪荣宝能够在中国宪政史上留名，跟他参与起草了中国最早的宪法有关。光绪年间的《宪法大纲》是否以他为主起草，尚无从坐实，但在宣统年间以《宪法大纲》为蓝本起草大清宪法的过程中，他确实是个要角（后文详述）。而他之所以能获得这一美差，恐怕跟他参与了肃王府的谋划有很大关系。[1]

从前述可知，在整个谋划的过程中，汪荣宝无疑是个关键人物。尤为重要的是，通过积极推动钦定制宪，汪荣宝成功地让善耆、载泽、毓朗等握有实权的亲贵知道他是热衷于钦定宪法的，并且，借助溥伦之口，使摄政王也知道他是非常关注君上大权的。他后来获得参与制宪的美差，这恐怕是非常重要的因素。

---

[1] 韩策也认为汪荣宝之所以有机会成为协纂宪法大臣，与他此前密谋宪法一事有关："后来他荣膺协纂宪法大臣，既因溥伦力保，亦由毓朗举荐，故汪的获选，与此前密谋和宪法说贴决有关系。"［韩策：《宣统二年汪荣宝与亲贵大臣的立宪筹谋及运作》，载《广东社会科学》，2016(5)。］

第十一章　制宪大臣的权限

一、钦派制宪大臣

(一)命溥伦、载泽篡拟宪法

1910 年 11 月 5 日，清廷颁布一道上谕，正式启动了制宪工作。上谕加盖了监国摄政王的大印，并有当朝四位军机大臣奕劻、毓朗、那桐、徐世昌的署名。因为是启动大清制宪的重要谕令，故有必要全文抄录如下：

> 钦定宪法为万年不易之典则，现在提前筹办宪政，亟应首先篡拟宪法，以备颁布遵行。著派溥伦、载泽充篡拟宪法大臣，悉心讨论，详慎拟议，随时逐条呈候钦定。如应添派协同篡拟之员，并著随时奏闻，候朕简派，以期迅速办理，克期告成。钦此。①

这道上谕，可以说很好地体现了清廷要用钦定的办法制宪的主张。上谕一开头，就说大清的宪法是一部钦定宪法；在后面指示办公方式时则强调，篡拟宪法大臣起草的宪法，要逐条进呈，加以钦定。

清廷何以会在这个时候派遣大臣起草宪法？

前文已经介绍，在此前一日，清廷颁发了一道非同凡响的谕旨，宣布将在宣统五年(1913)召开国会，并规定，召开国会之前，必须先

---

① 《宣统政纪》，"宣统二年十月甲戌"，见《清实录》第 60 册，771～772 页，北京，中华书局，1987。

厘定官制，设立内阁，制定宪法等法典。

既然 11 月 4 日清廷宣布要赶紧制定宪法，那在 11 月 5 日派遣制宪大臣，也就顺理成章了。

不过，4 日的谕旨还有一个细节令人印象深刻：强调制定宪法时，要以《宪法大纲》为蓝本。

提到《宪法大纲》，人们会很自然地想到，它确立了钦定的制宪原则。我们也不会忘记，在上奏《宪法大纲》的折子里，还有一句妙语："欲开设议院，必以编纂宪法为预备之要图，必宪法之告成先行颁布，然后乃可召集议院。"①

在开国会和颁宪法二者的顺序方面，之所以要坚持先颁宪法，后开国会，就是为了防止国会参与制宪，影响君权。并且，通过达寿等人的"启蒙"，清廷已经树立了一种观念：只有君主独断颁行宪法才是钦定，若有国会参与，那就不是钦定，而是协定或民定了。毋庸置疑，上奏《宪法大纲》时提出要先颁宪法后开国会，为的是实现宪法钦定，以便巩固君权。

至此，我们能够明白，之所以在 1910 年 11 月 4 日颁布召开国会年限的时候提到制宪问题，并在次日就钦派纂拟宪法大臣，乃是为了落实两年前确立的先颁布宪法后召开国会的原则，即钦定宪法的原则。

（二）制宪大臣都是懿亲

5 日的谕旨是派溥伦、载泽为纂拟宪法大臣，但道路传闻，这与军机大臣推荐的人选出入很大。听说军机大臣拟定了一份名单，里面有于式枚、李家驹、达寿等人的名字。② 这三位都曾奉命出洋考察宪政，且都明确主张以钦定的方式制定宪法，尤其是达寿和于式枚，堪称官员中鼓吹钦定宪法的急先锋。

---

① 《宪政编查馆会奏遵拟宪法大纲暨议院选举各法并逐年应行筹备事宜折（附清单二件）》，载《政治官报》，光绪三十四年八月初二日。

② 《京师近信》，载《时报》，宣统二年十月十六日。《大同报》则称，是庆亲王奕劻、肃亲王善耆拟出了一份七人名单，于式枚、李家驹在内。参见《拟保专订宪法大臣》，载《大同报》，第 14 卷，第 13 号，宣统二年。

但是，摄政王载沣对这份名单似乎不满意。听说他看过之后，在于式枚的名字前面加了一个"泽"字。① 于是，后来颁发的谕旨，是以溥伦、载泽为纂拟宪法大臣，而于式枚、李家驹、达寿等人均未奉派。

为什么会这样？

《时报》分析，有三个原因：首先，"二邸皆为亲贵"；其次，这次在讨论开国会年限的廷议中，二人"奏对特多"，使载沣最终做出决定，缩短开国会年限；最后，载泽向来与载沣关系好，"素为摄政礼重"，而溥伦则作为资政院总裁，表现不错，"颇有领袖资政院群彦"的风范。②

《时报》所说的三点原因中，"皆为亲贵"是关键。载沣摄政之后，因为太过年轻，缺乏政治阅历，更谈不上政治智慧③，再加上心胸狭隘，不信任汉人，以为权力越集中于满人尤其是皇族亲贵之手，政权越牢固，因此，有很多揽权于皇族的举措。这次钦派制宪大臣不用于式枚、达寿、李家驹等人，而用溥伦、载泽，不过是故技重演而已。在载沣的观念里，于式枚、达寿、李家驹等人虽然向朝廷表达了拥护钦定的态度，但是，与溥伦、载泽相比，毕竟还是外人。为了确保宪法钦定，巩固君权，当然还是"家里人"信得过。

---

① 《专电》，载《时报》，宣统二年十月初五日。

② 《京师近信》，载《时报》，宣统二年十月十六日。

③ 清朝统治被推翻以后，亲贵中不止一人认为载沣缺乏政治能力。例如，载润称："载沣生性懦弱，在政治上并无识见。""优柔寡断，毫无政治手段。""隆裕与载沣皆无治国之才。"（载润：《隆裕与载沣之矛盾》，见中国人民政治协商会议全国委员会文史资料研究委员会：《晚清宫廷生活见闻》，77～78 页，北京，文史资料出版社，1982.）载涛称："载沣是我的胞兄，他的秉性为人，我知道的比较清楚。他遇事优柔寡断，人都说他忠厚，实则忠厚即无用之别名。他日常生活很有规律，内廷当差谨慎小心，这是他的长处。他做一个承平时代的王爵尚可，若仰仗他来主持国政，应付事变，则决难胜任。"（载涛：《载沣与袁世凯的矛盾》，见中国人民政治协商会议全国委员会文史资料研究委员会：《晚清宫廷生活见闻》，79 页，北京，文史资料出版社，1982.）

这两位当然都是自家人。溥伦是道光皇帝的曾孙，他的祖父奕纬是道光皇帝的长子。溥伦出生于 1874 年，1894 年受封为贝勒。[①] 载泽是康熙皇帝的六世孙，生于 1868 年，1894 年受封为镇国公。[②] 载泽娶了慈禧太后的弟弟桂祥的长女为福晋，她是当朝隆裕太后的亲姐姐，更是亲上加亲。

二、与宪政编查馆划清权限

（一）起草宪法本是宪政编查馆职掌

清廷派遣溥伦、载泽为制宪大臣，不但冷落了于式枚、达寿、李家驹等人，而且，还剥夺了宪政编查馆的职权。

1907 年，清廷将考察政治馆改制为宪政编查馆的时候，对宪政编查馆的职掌有明确规划。当时赋予该馆的职掌中，非常醒目的一条便是"调查各国宪法，编订宪法草案"；并且，这一工作交给该馆编制局的第一科负责。[③] 这一规划是得到了清廷认可，并且公布于天下的。

因此，从宪政编查馆成立之日起，人们就普遍认为，宪法将由该馆起草乃是理所当然的事情。[④] 并且，该馆也为制宪一事多少做了一

①　赵尔巽等撰：《清史稿》，5248 页，北京，中华书局，1976。

②　赵尔巽等撰：《清史稿》，5245 页，北京，中华书局，1976。

③　《宪政编查馆奏拟办事章程折》，载《政治官报》，光绪三十三年九月二十日。

④　例如，1909 年 4 月，《申报》刊载的一篇文章写道，宪政编查馆收藏了那么多宪政书籍，"馆员之处其中者，如入五都之市，光怪陆离，神迷目眩，不知其果能悉心研究，折衷至当，以定一确合中国情势之宪法乎"（《改良中国之资料》，载《申报》，宣统元年二月二十七日）。又如，1910 年瞿方书在抨击《宪法大纲》的文章中，特意为"宪政编查馆诸君子告"，希望他们在正式制宪时能解决《宪法大纲》中存在的问题，显然也以宪政编查馆为起草宪法的当然机关。参见苏楼（瞿方书）：《宪法大纲刍议》，载《民声》（上海），第 1 卷，第 1 期，宣统二年。

些准备。① 在这种背景下，当清廷谕令溥伦、载泽主持制宪时，很多人感到匪夷所思。《顺天时报》很快刊登社论，认为另派大臣起草宪法失于轻率，因为成立宪政编查馆的时候，已经规定该馆负责起草宪法及附属法，现在另派制宪大臣，"则是将宪政编查馆职权之一部分离而二之"。有人说，纂拟宪法大臣只负责宪法，至于附属法，则依然是宪政编查馆负责，不存在问题。但该社论认为还是有问题，因为附属法和宪法关联性非常强，分为两个单位负责是不妥的，容易产生"龃龉之失，冲突之害"。② 该报预感到，由于另派制宪大臣事实上侵夺了宪政编查馆的权力，难免会发生冲突。

（二）制宪大臣负责政治改革的所有方面？

按照上谕的规定，溥伦和载泽所主持起草的宪法，应该是狭义的宪法，也就是《顺天时报》所提到的，只负责宪法本身，至于《议院法》《选举法》等附属法典，不在其工作范围之内，其他事务更是超乎制宪

---

① 例如，1909 年年底，宪政编查馆给各省督抚发咨文，请各省就制宪事宜发表意见，以便将来制成完善宪法。《广东地方自治研究录》报道了此事："现闻宪政编查馆以宪法一端关系至重，既经制定，即难于更改，以故其中采择去取，沿革变迁，均当探其要领，究其指归，统酌情形，细为规定，方期妥协。如日本宪法，虽取例普、比，其著重大权之处则多取澳、德之说，以矫正欧洲宪法之失，其未尽合宜之处，均详细研究，指摘分明，而供采择。现当实行预备之际，各督抚自应就地方情形，采取东西成法，悉心比较探讨，随时条议咨报，以资采择而臻完善等情，咨行来粤遵照矣。"（《拟就地方上研究宪法》，载《广东地方自治研究录》，第 10 期，宣统元年闰二月廿日。）1910 年年初，该馆又向各省发咨文，强调要先颁宪法后开国会等事："编纂宪法为筹备立宪最要之端，然必须宪法告成先行颁布，然后可开议院。此事虽经分行各省详加筹议，惟宪法乃一国大典，现当编纂之初，自非逐项择要详细研求不足以昭慎重而垂久永。而宪法精要之点在于，政府受议院之监督，以见君主神圣不可侵犯，及议院监督财政、协赞立法，明定人民之义务、权利，设各级审判厅执行司法权以为保障法律之要素。以上各节均宪法上之最精要者，自应体察地方情形，酌核各国成法，一体悉心酌议，切实妥筹，以凭陆续查核编纂，以臻完善。"（《宪政馆近日注重之点》，载《申报》，宣统元年十二月初一日。）同年稍晚，报刊还传出了宪政编查馆法制局第一科受命将各国宪法译成汉文，以便将来制宪时参考的消息。参见《编制宪法之预备》，载《顺天时报》，宣统二年三月二十五日。

② 《论纂拟宪法之宜慎重》，载《顺天时报》，宣统二年十月初七日。

大臣的职权范围。

吊诡的是，据报刊所载，溥伦和载泽以制宪大臣身份参与的事务，远远超出于制定宪法条文。

例如，奉派的次日，他们就与军机大臣商量，拟于两天后请内务府大臣来商量政事，因为他们"提前筹备宪法事宜"的设想是：

> 先由改革内务府与责任内阁制同时厘订，其皇室经费亦拟照度支部奏准成案与税法同时办理，均提前于明年奏请钦定。此外关于财政者如税法、公债、会计法、预决算等诸政拟于两年内一律奏请钦定实行。其宪政编查馆新奏准展后二年实行之官俸专章亦有随同官制仍提前颁行之议。①

看看这一规划，从皇室制度、内阁官制，到财政诸问题、官俸章程，包罗甚广，偏偏没有起草宪法本身。如果这真是他们提出的"制宪"设想，可以说如此"制宪"，与 1906 年以来一直在进行的"预备立宪"即政治改革毫无二致。而这些工作都是宪政编查馆负责的事务。如果新派的制宪大臣要管理这些事务，那么，宪政编查馆该怎么处置？

(三)裁撤宪政编查馆？

人们普遍猜测，宪政编查馆将被裁撤。有人还大胆推测，之所以会另派制宪大臣，就是因为该馆"设立数年，毫无成绩"，监国摄政王"深知该馆之因循难靠，故又特派纂拟宪法大臣，已隐寓将裁该馆之意"。②

果然，据报载，在派遣制宪大臣之后不久的一次军机处会议上，毓朗提出，为了尽快制宪，"或于军机附设纂拟宪法事务所，或将宪政编查馆改名宪法处，均宜从速请旨遵办"③。如果清廷采取毓朗的第二个方案，将宪政编查馆改为"宪法处"，宪政编查馆就无异于被裁撤了。

---

① 《国会年限宣布后之筹备》，载《申报》，宣统二年十月十四日。
② 《宪政编查馆之大恐惶》，载《盛京时报》，宣统二年十月十四日。
③ 《枢府连日会议纪详》，载《申报》，宣统二年十月十六日。

不过，这个方案没有实施。而没有实施的原因，听说是遭到了宪政编查馆的抵制。

听说宪政编查馆的中层官员得到要被裁撤的消息之后①，"非常惶恐"，于是力谋抵制，"纷纷请询于某邸"。这位"某邸"，当指庆亲王奕劻。当时的报刊在揭庆亲王短处时，常以"某邸"指代，以示厚道，但明眼人一看便知。

很庆幸，庆亲王"极力保存"，对来请托的宪政编查馆官员讲："在新内阁未经成立以前，暂时必不裁撤各员，可照常办事，勿生疑虑。"有了这句话，宪政编查馆的官员们有如吃了一颗定心丸，"现又有所恃而不恐矣"。②

不久，几位军机大臣又碰头，讨论宪政编查馆的去留问题，毓朗和徐世昌都主张"将该馆即行撤裁"，只有"某邸"即庆亲王"颇不认可"，主张修改一下宪政编查馆的编制，"留为督察宪政进行之机关"。③

庆亲王是军机领班大臣，他不主张裁撤宪政编查馆，那该馆就不会被裁撤。于是，如何划分宪政编查馆与制宪大臣的权限，就成为当务之急。

（四）制宪大臣受到军机大臣掣肘

制宪大臣奉派之初想插手一切宪政事务，而以庆亲王为首的军机处，则想使制宪大臣服从自己的领导，"使该两大臣事事仍须禀承宪政王大臣之命令解决"，此事当然遭到溥伦、载泽的抵制，双方矛盾加深。④

不过，据报载，军机大臣们并非铁板一块，热衷于牵制制宪大臣

---

① 当时宪政编查馆被裁撤的风险，不仅来自制宪大臣，还来自资政院。部分资政院议员觉得宪政编查馆侵犯了资政院的权力，要求裁撤宪政编查馆，至少要缩小其权限。"初六日资政院会议申明资政院立法范围议案，各议员如易宗夔、于邦华等力攻该馆，主张请旨裁撤，或改为法制局，缩小办事范围。"（《顾鳌好自为之》，载《申报》，宣统二年十月十七日。）

② 《顾鳌好自为之》，载《申报》，宣统二年十月十七日。

③ 《纂拟宪法权限问题》，载《申报》，宣统二年十月二十日。

④ 《纂拟宪法权限问题》，载《申报》，宣统二年十月二十日。

的，只是其中一派。原来，在派遣制宪大臣之后，"政府诸公"也发生了分化，大致可以分为三派。庆亲王和那桐为一派，"仍持专制大权不肯轻放，事事以牵掣资政院及宪法大臣为能力"。毓朗则与溥伦、载泽同调，"知注重民气，颇有急进之概，惟事事与庆邸不合，难免为其压抑，故屡次会议均至冲突"。至于徐世昌，则"自为一派"，不过，"其权势与前两派均属不敌，亦均不敢有所得罪，惟遇事调停两间，敷衍而已"。至于各部大臣，也就分立于庆亲王、毓朗两派，但"仍以依附庆邸一派者为多"。① 看来，制宪大臣遇到的阻力不小。

（五）溥伦激进，载泽保守？

说到内部不是铁板一块，军机大臣如此，制宪大臣似乎也是如此。

奉派为制宪大臣之后不久，就有报道说，"两大臣意见亦有龃龉之处"，听说溥伦"主张急进"，而载泽则怀抱"慎重主义"，因此开会讨论的时候，"意见多有不合"。② 他们的意见如此分歧，以致连制宪期间每个月应该开几次会这样的小事都无法达成统一意见，载泽觉得每个月开九次会议就足够了，而溥伦则认为要开十二次会议才好。

当然，也有完全相反的报道，说外间风传的两位大臣"感情不恰"的说法不可信，其实他们对于制宪，"意见毫无龃龉之处"。③

但是，同一份报刊，没过几天又传出消息，说摄政王近日召见两位制宪大臣的时候，特别叮嘱："宪法须赶速纂拟，和衷商榷，毋各执己意，如有疑难之处，进呈酌核，折中办理。"④

一般而言，有涵养的人与人说话时，遣词造句都有讲究，有所针对，不会无的放矢。摄政王在训话中强调两位制宪大臣要"和衷共济"，不要"各执己意"，恐怕是由于他也听到了两位在商讨制宪问题时未能和衷共济，有各执己意的现象。

并且，据报载，奉派为制宪大臣之后，载泽和溥伦都一度有"撂挑

---

① 《行政大臣各分党派之暗潮》，载《申报》，宣统二年十月二十五日。
② 《组织内阁纂拟宪法谈》，载《申报》，宣统二年十月二十一日。
③ 《筹备宪政之进行》，载《申报》，宣统二年十月二十五日。
④ 《电一》，载《申报》，宣统二年十月三十日。

子"的言论。撂挑子的理由，无非是本职工作就已经非常棘手了，无力兼任制宪这样的"要差"。① 但是，从来官员宣称要撂挑子，除了表面的理由之外，都有不便于说出口的深层理由。在很多时候，没有说出口的才是真正的原因。溥伦和载泽闹着要撂挑子，除了他们口里所说的本职工作繁忙无暇兼顾之外，恐怕也有受到庆亲王掣肘，甚至是两人之间存在矛盾等深层原因吧。

（六）摄政王：和稀泥

制宪大臣和宪政编查馆之间的这场争斗，惊动了监国摄政王。他觉得有必要调停一下。

于是，他将奕劻叫到三所，告诉他："宪法大臣专主编纂宪法，宪政馆专主督促宪政，其权限既截然不同，两不相妨，即两可并存。"奕劻得到了宪政编查馆不会被裁撤的确耗，非常高兴，"释然而退"。②

在另一场合，他则向溥伦、载泽宣布，"此次纂拟宪法关系宪政前途，至为重要，诚恐其中或有种种阻隔，以致延误"，为了方便开展工作，两位制宪大臣今后可以"随时赴三所或本邸面陈关于宪法各事"。如此，制宪大臣就不必担心自己要接受军机大臣领导、要随时向军机大臣汇报工作了，他们也很开心。11 月 17 日，载泽就去了一趟摄政王府邸，面陈"纂拟宪法之事"。③

载沣这种和稀泥似的调停手法起了作用，制宪大臣和宪政编查馆之间的争斗，终于以划分权限的方式了结。

---

① "泽公前日蒙旨召见时力言部处政务繁要，治理尚艰，再兼纂拟宪法要差，实属才难胜任，倘有疏误，关系至重，拟请另简大员专司其事，裨资完备云云。当由监国温谕慰留，仍嘱其奏保精干大员襄理一切。""庆邸昨在枢垣提议，宪法大臣已经简设，乃伦贝子以院务纷忙，屡言不暇兼顾，泽公亦以部务纷忙、势难兼顾为词，大抵基础不立，必难督促进行，目下应于何处为纂拟宪法会议办公之所必须先行择定。"（《纂拟宪法权限问题》，载《申报》，宣统二年十月二十日。）

② 《宪法大臣与宪政馆之权限》，载《申报》，宣统二年十月三十日。

③ 《伦泽两大臣有随时奏事特权》，载《申报》，宣统二年十一月初一日。

三、制宪大臣负责的事务

（一）制宪大臣要负责"宪政法典"并参与官制改革

双方 11 月下旬初步协商的结果，是"凡关于宪政法典之事由宪法大臣主持，凡关于宪政行政各事仍由宪政馆主持"。不过，官制改革一事，因其"于行政法典均有关系，拟由宪政馆、政务处主稿，仍由宪法大臣参核，以分责任而臻完善"。①

制宪大臣负责的是"宪政法典"，显然不仅包括宪法。那么，是不是宪政建设过程中制定的各种法典，如《刑律》《民律》《刑事诉讼律》《民事诉讼律》等都包含在内呢？那倒不是。

制宪大臣和宪政编查馆划清权限之后，《申报》有如下一篇短评：

> 上月初国会年限缩短后，宪政编查馆颇有岌岌可危之势，幸赖各枢臣极力保存，始得在新内阁未成立以前仍行存立。兹闻现与宪法大臣分权，又得优胜。除帝国宪法、议院法、调查选举法三大法典外，其余内外官制及各项关于宪政之各法典仍均归宪政馆修订。故该馆除新调唐宝锷等三人外，拟再由京外各衙门大行奏调人员，以资扩充。而该馆各人员，均皆欣欣自喜矣。②

另据《盛京时报》记载，制宪大臣和宪政编查馆划分权限之后，溥伦曾向人如此谈起制宪事宜：

> 现本大臣所急宜纂修者，即帝国宪法、议院法、选举调查法三大法典，然已均有蓝本，帝国宪法应依据《钦定宪法大纲》，议院法依据资政院详章，选举调查法依据谘议局议员选举法，再参

---

① 《京师近事》，载《申报》，宣统二年十月二十三日。
② 《宪政馆又有扩充之耗》，载《申报》，宣统二年十一月十三日。

酌各国成例，不过数月之间即可告成。①

诸如此类的报道显示，制宪大臣所负责的"宪政法典"，乃是指宪法及其附属的《议院法》和《选举法》。

除了起草宪法及其附属法，制宪大臣还要参与官制改革事宜。对"官制"二字，不可望文生义，认为就是关于官员的制度。刘伟教授告诉我们，官制是一个体系：

> 中国古代政治制度中的"官制"，即"设官分职"，是涉及机构、职官、俸禄、铨选和考察等的一系列制度体系。②

官制涉及机构，这一点至关重要。清廷的预备立宪，是从官制改革入手的。③ 1906年的内官制改革中，不但设计过责任内阁和行政各部，也设计了资政院以及负责司法的大理院。④ 可以说这次内官制改革是按照三权分立的原则，重新设计国家的权力架构。而宪法也要设计国家权力结构，划分立法、行政、司法等机构的权力。因此，让制宪大臣参与官制改革事宜，完全是可行的。

（二）制宪大臣只需起草宪法

不过，1910年11月下旬划分的权限，并不是制宪大臣职掌的最

---

① 《宪法大臣之好整以暇》，载《盛京时报》，宣统二年十一月七日。

② 刘伟、彭剑、肖宗志：《清季外官制改革研究》，1页，北京，社会科学文献出版社，2015。

③ 1906年9月1日，清廷公布预备立宪国策，同时宣布预备立宪将从官制改革入手："时处今日，惟有及时详晰甄核，仿行宪政，大权统于朝廷，庶政公诸舆论，以立国家万年有道之基。但目前规制未备，民智未开，若操切从事，涂饰空文，何以对国民而昭大信。故廓清积弊，明定责成，必从官制入手，亟应先将官制分别议定，次第更张……"[《宣示预备立宪先行厘定官制谕》（光绪三十二年七月十三日），见故宫博物院明清档案部编：《清末筹备立宪档案史料》上册，44页，北京，中华书局，1979。]

④ 刘伟、彭剑、肖宗志：《清季外官制改革研究》，20页，北京，社会科学文献出版社，2015。

终版。其权限的最后确定，是在 1911 年年初出台的修正筹备宪政清单中。

如众所知，1908 年制定的筹备宪政九年清单，是对宪政改革的全盘规划。但是，在国会请愿运动之后，开国会的时间提前到 1913 年，颁布宪法、制定新官制等事的时间也随之提前。宪政建设中最关键的事务都提前了，意味着对宪政改革的全盘规划都必须做出调整。

正是在这样的背景下，宪政编查馆奉命对九年筹备清单做了修改，于 1911 年 1 月 17 日公布。按照修改后的清单，制宪大臣需要负责起草的，只有宪法一种法典了，《议院法》和《选举法》均不由其负责，而由宪政编查馆负责。至于官制改革事宜，则由宪政编查馆和内阁会议政务处负责。①

何以会做如此调整，不得而知。倒是道路传闻的一个故事，有点意思。故事梗概如下：

宪政编查馆修改清单的时候，决定将颁布宪法一事安排在宣统四年（1912），开国会一事安排在宣统五年（1913）。军机处审议修改清单的时候，有人觉得宣统五年（1913）只有开国会一项，"未免太少"，提出将颁布宪法一事也安排到宣统五年（1913）。这一提议遭到了负责修改清单的宪政编查馆官员的驳斥。宪政编查馆的官员强调，"必须于先一年颁定宪法，然后次年可以开国会"，理由是，不如此，"恐不能兼顾"。②

以"不能兼顾"为理由，实在颇为牵强。颁布宪法必须比开国会早一年，其真实的原因，乃是落实先颁宪法后开国会的钦定制宪原则。

不管怎么样，在奉派制宪两个多月之后，制宪大臣的权责终于确定下来：只需起草宪法。

① 《宣统政纪》，"宣统二年十二月丁亥"，见《清实录》第 60 册，834～835 页，北京，中华书局，1987。

② 《春季开国会之难行》，载《申报》，宣统三年正月初四日。

第十二章　制宪乃生死关头

一、生死关头

清廷宣布要迅速制定宪法之后，民间最初并不反对钦定。

比如，在派遣溥伦、载泽为纂拟宪法大臣的次日，《申报》就刊登了一篇文章，认为宪法既然冠以"钦定"名目，那就必然会"由朝廷订布"，不会允许臣下过问，且会在召开国会之前颁布，因此，在缩短开国会年限之后，派遣大臣制宪是合适的。该文还认为："我国宪法，大纲早经先帝颁示，煌煌大典，已具雏形。"①该文对依照《宪法大纲》制定宪法持认可态度。而如我们所已知，《宪法大纲》确立的乃是钦定的制宪原则。

不过，很快，令人眼前一亮的一个词语出现了。

1910 年 11 月 8 日，《申报》刊登的一篇《时评》对制宪问题发表意见，其中有如下一句：

> 记者敢为一班起草员告曰：编订法典为国会良楷、人民生死关头，不得视为过易，而率尔操觚，亦不可畏难，而迁延遗误。②

制宪期间，民间发表了大量评论，堪称文山论海。但万语千言，都抵不上"生死关头"这四个字有分量。它的出现表明，在清廷派遣制

---

① 醒：《读宣统五年开设国会上谕恭注》，载《申报》，宣统二年十月初五日。

② 《时评（其一）》，载《申报》，宣统二年十月初七日。

宪大臣，起草宪法提上日程之后，民间很快看到了制宪一事的极端重要性。制定得好，人民权利有保障，人民才有生路；制定得不好，人民权利被剥夺，便只有死路一条。

既然制宪关系到人民生死，那就应该打破钦定，争取人民的制宪权。但是，该文作者没有提出这一主张，而是寄希望于制宪大臣。"不得视为过易""亦不可畏难"云云，听起来振振有词，好像在对制宪大臣提出严格要求，但不争取制宪权，空言岂能有什么力量？

不过，当我们第二次在《申报》上看到"生死关头"一词的时候，该报已经极力主张打破钦定了。

这是该报于 12 月 11 日刊登的一篇时评。文章犀利地提出，派溥伦、载泽制宪的做法是不对的。因为宪法是"君民共守之法"，除了日本之外，其他各君主国制宪的时候，"皆有人民参预其间"，"断非一二亲贵所能独断独行，而拉杂纂拟"。

该怎么办？应该让资政院参与制宪。不过，《资政院章程》第十四条规定，资政院无权议决宪法。因此，人民要参与制宪，"首宜废去此条文"。若不如此，也该"别谋组织机关，以为要求参预之根据地"。总而言之，现在到了制宪的时刻，"生死关头，吾国民幸毋忽视之也"。①

与"生死关头"类似的说法，是"生命关头"。

《申报》11 月 25 日刊登的一则《时评》写道：

> 宪法为君民共守之法，尤为人民保障权利之法，生命关头，吾民断不可漠视也。今直隶谘议局有联合各省共同研究之举，而请愿代表团复有会集海内法政家纂拟成书呈备采择之通告，江苏人民权利思想素富，而上海又为法政发祥之地，其亦有名流巨彦同声相应，以襄此盛举乎。②

这一时评，号召江苏和上海精通法学的人们行动起来研究宪法，纂拟

---

① 《时评（其一）》，载《申报》，宣统二年十一月初十日。
② 《时评》，载《申报》，宣统二年十月二十四日。

成书，因为制宪一事，乃是"生命关头"，国民不可漠视。

至于《时报》，则用了"万劫不复"一词表达"生死关头"的含义。该报 11 月 21 日所登《论宪法与权限》一文写道：

> 使当此政府纂拟宪法之时，而吾人民一若置诸不闻不问也，袖手以俟三年后之召集国会，罔或起而争之，则自今以往，万劫不复，又乌用是半面时装之立宪傀儡登场之国会为哉。①

此文同样号召人民行动起来争取制宪权，否则会堕入万劫不复的境地。

正是因为意识到制宪一事是一个生死关头，若不争取制宪权，国民将万劫不复，在野的精英们采取了一些争取制宪权的行动。

二、国会请愿代表：争取参与

清廷在 11 月 4 日宣布将于宣统五年(1913)召开国会，并于此前设立内阁、颁布宪法的同时，要求各省请愿代表不再滞留京师，立即解散。②

但是，在京的请愿代表们没有立即遵旨散归，而是向各省请愿同志会发出了一份通告，表示要先听父老们的意见，再决定是否继续请愿。

在此通告中，请愿代表向各省的请愿同志会提出了一系列问题，比如，离开国会还有三年，而三年中列强环视，"外交上有无变更与否"？现在财政竭蹶，国内"有无嚣暴与否"？在召开国会之前设立内阁，无人监督，"有无滥用权力与否"？

在众多问题中，有一问是针对制宪的："宪法先颁而不经国会通

---

① 帝民：《论宪法与权限》，载《时报》，宣统二年十月二十日。

② "十月初三日内阁奉上谕，现经降旨，以宣统五年为开设国会之期，所有各省代表人等，著民政部及各省督抚剀切晓谕，令其即日散归，各安职业，静候朝廷详定一切，次第施行。钦此。"(《政治官报》，宣统二年十月初四日。)

过，有无权限失当与否？"①

其实，对于这些问题，请愿代表心中并非没有答案。他们只是以提问的方式提醒读者，这些问题值得注意。聪明的读者看了他们所写的这些问题，自然都会选择"是"，而不会选择"否"：在未开国会的这三年之中，外患内忧，是会日益严重的；没有国会的内阁，是会有权力滥用的；不经国会通过的宪法，是会存在权限适当问题的。

当然，留京的请愿代表也并非时时都用这种迂回的宣传策略，他们有时也会用很直白的语言表明自己的观点。比如，在上述通告之后不久发布的另一份通告中，请愿代表就直接提出要设法参与制宪：

> 宪法、议院法、选举法及官制、内阁组织法，此数项为国会未开以前应行设备之事，自应要求赶早编订，并设法参预之。②

那么，该如何参与制宪？

在一份通告书中，请愿代表们介绍，北京报界有人提出过一种设想，即在人民中推举代表，参与政府制宪。"未审海内政法家意见如何？"通告书虽这么问，但执笔者对这种做法显然并不欣赏，因为"允准与否尚难逆料"。他们提出了另一种参与方式："私家纂拟成书，呈备采择。"

通告书继续写道，如果能将宪法等"代为编纂，克期告成"，也许开国会年限还能再缩短，国会请愿还能再继续。因为据其观察，"朝廷初无成见以靳国会"，之所以"迟迟不即举办"，就是因为宪法、议院法、选举法未起草好。如果能将它们"代为设备"，就可以使那些"持缓进主义者无所设辞"，"关其口而夺之气"。如此，"则异时请愿，度尚可再举"。③

作为国会请愿代表，其关注制宪时总是与国会问题挂钩，本无可

---

① 《同志会通告书》，载《东方杂志》，第 7 年，第 11 期，宣统二年。

② 《同志会通告书》，载《东方杂志》，第 7 年，第 11 期，宣统二年。

③ 《国会代表团再通告书》，载《时报》，宣统二年十月二十八日。

厚非。但是，换个角度来看，他们的观点就有些问题。此前，他们向人们暗示，宪法不经国会通过就颁布，会有权限适当的问题。按照这一思路，那就应该争取先开国会，后定宪法。但他们计不出此，而是提出由个人草拟，进呈给政府，供其参考，以便能尽快制定宪法等法典，然后再提出进一步缩短开国会年限的要求。若依此而行，即使遂愿，也还是先颁宪法后开国会，宪法还是没有经过国会通过就颁布了，还是难免"权限适当"。因为私拟的法典草案，进呈之后，采择与否，是全无把握的。尤其是宪法，如果不合清廷"巩固君权"的宗旨，那么私拟的草案陈义越高，束之高阁的可能性越大。

倒是 12 月初报刊披露的请愿代表团的一份最新通告书提出的参与制宪的方式，能够较好地打破钦定。

该通告书提出，目下应该重视的问题有四项，其中的第二项为制宪问题。①

从表面上看，这份最新通告书并不反对钦定，宣称"吾国宪法诚当然出于钦定"。但是，从其所谈的制宪方法来看，绝非钦定，而是协定。在支持钦定的名义下打破钦定，这是在野者打破钦定的一种方式。

通告书认为，溥伦、载泽两人虽奉命纂拟宪法，但他们所起的作用，不过是"名议上总其大成"，宪法条文肯定都"出于协纂之手"。有机会成为协纂的，肯定都是宪政编查馆的人。而宪政编查馆的官员，"灌输东学，浸淫日久"，必然会以日本宪法为模仿对象。若如此，"其危险不可思议"。因为每个国家的历史、地理、风俗、习惯都不相同，不可"强以相绳"。

制定宪法关系到"国家之存亡，人民之生死"。为了打破制定的宪法完全以日本为蓝本的局面，该通告书提出，要由各省的国会请愿同志会直接给资政院打电报，请资政院具奏上请，待将来宪法起草好了，作为法典议案，由该院"协赞通过"后，再由"君上裁可颁行"。②

---

① 另三项分别为督促政府速立新内阁、请释党禁、灌输国民宪政之知识。参见《同志会通告海内外书》，载《申报》，宣统二年十一月初五日。

② 《同志会通告海内外书》，载《申报》，宣统二年十一月初五日。

资政院是为国会做预备的，其议员中有一半来自民选，另一半来自钦选。宪法若能由其议决，那就意味着人民在一定程度上参与了制宪，与由国会议决，具有相似的意义。

将争取人民的制宪权落实到争取资政院的"协赞"权，这是一个不错的主意。不过，这是马后炮。因为在请愿代表之前，早有人讨论这一主张，且资政院议员已采取过切实的措施，试图争取"协赞"权。

三、争取资政院的协赞权

（一）《申报》：资政院要争权

早在 11 月 15 日，《申报》就刊文提出，由专制政体进于立宪政体，必须有一个"最高之立法机关"，从事制定宪法等工作，这是"稍有政学者所同知"的。在共和国，立法权属于人民；在君主立宪国，裁可之权虽然属于君主，但立法之权则属于国会。我国的国会要等到宣统五年（1913）才召开，那么，要提前赶定的包括宪法在内的各种法典，当由什么机构负责？

该文作者注意到，此前，因无立法机关，法典都由宪政编查馆负责。但是，现在资政院已经成立，就不应该再由宪政编查馆负责，而应该由资政院负责，因为资政院被定位为上下议院的基础。该文作者推测，上谕在布置制宪事宜的时候，没有赋予资政院立法的权责，说明朝廷仍然有意继续以宪政编查馆为负责机关——这是该文作者的误会，其实，清廷的本意是要剥夺宪政编查馆的制宪权，宪法草案制定后，并不会交给该馆查核，而将直接钦定。

该文认为，宪政编查馆不应该享有立法权。而按照《资政院章程》，该院议员有立法权，这是"先朝设立资政院之本意"。如果还将立法权交给宪政编查馆，则是该馆侵权。文章明确提出，资政院要向政府提出质问案，争取参与制定宪法等立法权，不可放弃责任。末了，还加一句："吾不知朝廷何故靳而不予也。"[1]其矛头直指清廷，表达对清廷

①　嘉言：《再读十一日上谕谨注》，载《申报》，宣统二年十月十四日。

不让资政院参与制宪的不满。

《申报》11月20日刊登的一篇文章则写道，人们早就注意到，4日宣布缩短国会年限的上谕存在一个严重的问题：人民为了速开国会，开展了声势浩大的请愿运动，但是，上谕却说，之所以会缩短国会年限，"系采取各省督抚之奏章及王大臣之谋议"，完全不将人民放在眼里。因此有人大胆推测，将来制定出来的宪法，其内容"益可想见"，肯定摧抑民权。

作者继续以介绍他人观点的笔调写道，有人提出，要预防出现这种局面，必须争取资政院参与制宪的权力，"宪法非经资政院之协定，而议院、选举诸法非经资政院之协赞，吾民必不能承认之"。这里明确提到宪法要由资政院"协定"，否则，人民不予承认。并且，资政院议员也不能完全相信，人民应该"别设机关"，既作为资政院的后援，又监督资政院，如果发现了"不忠于民之议员"，这个机关要"设法对付之"。①

（二）《宪法大纲》的表与里

11月21日，《时报》刊登的《论宪法与权限》一文，也明确反对清廷的钦定主张，不过，对于资政院的"协赞"，该文也不太看好。

该文作者注意到，《宪法大纲》（实则是宪政编查馆等上奏《宪法大纲》时的奏折）中有如下一句话："宜使议院由宪法而生，不宜使宪法由议院而出。"

该文作者指出，对这句话，不能满足于表面含义，而要注意到它的深层含义，从表与里两方面入手，才能参透其真意。他的分析，可谓一针见血："就表面观之，似为争立宪与议会之先后，而就里面观之，则在争宪法之成立于上而非成立于下也。"成立于上的宪法，即钦定宪法；成立于下的宪法，则是协定宪法或民定宪法。

在该文作者看来，宪法是不能成立于上的，因为"所谓宪法者，君与民均纳之于范围之中，而所当共同遵守者也"，因此，"宪法之发生，君与民共同制定而始成立，否则偏于独裁，仍未铲除专制之旧根性，非特效率无由生，而与宪法之原则相违背者也"。

---

① 樊：《论国会问题之一喜一惧》，载《申报》，宣统二年十月十九日。

但是，我国的宪法则明确规定要钦定。在该文作者看来，这"不啻明视宪法为在上者之专有物，而不容吾民之置喙"。并且，颁布宪法在先而召开国会在后，这是告诉臣民，大家只有"赐予闻政"的份儿。

何以会出现这种情形？该文作者认为这是宪政编查馆的责任，因为宪政编查馆的人不懂三权分立是立宪的基本原则，议院拥有立法权更是各国的普遍做法。①

本来，资政院成立之后，应该享有立法权。但是，《资政院章程》却规定，宪法不交资政院核议。这说明资政院只是政府的附属机关，"弗克代表国民之公意"，即使让它参与制宪，给它"协赞"权，也未必能制定出一部好宪法来，何况还不让它参与呢？该文作者听说宪政编查馆将要改成"宪法局"了，并由此推测，将来协纂宪法，肯定都由该局来承担，资政院越发"处于退婴"，成为无用之物。

该文作者既然不看好资政院的协赞，乃号召人民起来争取制宪。在他看来，从来没有哪个国家有宪法而无国会，因为"稽宪法成立之源，可谓因有国会而起"。如果在制定宪法的时候没有国会参与、协赞，则宪法将毫无价值，"无异一纸之空文"。但是，我国国会还要等三年才会成立。因此，人民现在应该起来争取制宪权，不能袖手旁观，等待三年后的国会召开，否则，将有"万劫不复"之虞。

（三）吴赐龄等人：删除"但宪法不在此限"七字

在媒体热议是否可以通过争取资政院参与制宪以打破钦定期间，以吴赐龄为首的一些资政院议员，递交了一份《修改资政院章程提案》。其中，对于《资政院章程》第十四条的修改意见与制宪问题直接相关。

《资政院章程》第十四条关乎资政院可以讨论的事项的范围，涉及资政院的权限，内容如下：

> 资政院应行议决事件如左：一、国家岁出入豫算事件，

---

① "三权鼎立之主义，昭然如日月同明，而议院操立法之权，尤如江海之导源于星宿，世界立宪各国固出一辙。"（帝民：《论宪法与权限》，载《时报》，宣统二年十月二十日。）

二、国家岁出入决算事件，三、税法及公债事件，四、新定法典及嗣后修改事件，但宪法不在此限，五、其余奉特旨交议事件。①

提案关于此条的修改意见有两点，一是将"法典"改为"法律"，二是删去"但宪法不在此限"七字。

提案对将"法典"改为"法律"的理由说得很简单："典字不如律字之赅括。"概括性强的法律所包含的内容，必然比概括性弱的法典要多。因此，一字之改，实有扩大资政院权限之意。

至于删除"但宪法不在此限"七字，则显然是为了争取资政院参与制宪的权力。为什么要删除这一句？提案做了详细说明。

从法理上说，宪法是国家的根本法，也是其他法律的渊源。"法政"有"三要件"：宪法、民法、刑法。民法是保护私益的，刑法是保护公益的，但要确定权利义务的界限、法律命令的范围，则要以宪法为标准。宪法如此重要，因此，要想宪法能够"垂之百世而无弊，推之天下而皆准"，就必须在"明乎立国之本"的基础上，"辨析至精，权衡至当"。要做好"辨析""权衡"的工作，当然要扩大参与面，给资政院参与制宪之权。若不如此，万一稍有不慎，就会"酿成莫大之忧"。

从事实上讲，1908 年的《宪法大纲》就是由宪政编查馆和资政院会奏的，奏折内写得很清楚："此折系宪政编查馆起草，会同资政院办理。"也就是说，"当时宪法大纲已由资政院参与会内（同）奏请钦定"。提案写道，"景庙"（光绪皇帝）那么"神圣"，都让资政院参与制定了《宪法大纲》，何况今上"尚在冲龄"，还是个小娃娃，当然更应该让资政院参与制宪了。并且，缩短开国会年限，钦派制宪大臣之后，"海内外人民希望参与宪法之热诚较之国会尤为殷切"，在这种情况下，如果只允许少数人参与，"不免起天下之争"，不如让资政院参与制宪，让较多人参与，"最足起臣民之望"。

---

① 《资政院会奏续拟院章并将前奏各章改订折（附清单）》（宣统元年七月初八日），见故宫博物院明清档案部编：《清末筹备立宪档案史料》下册，632 页，北京，中华书局，1979。

提案还说，资政院参与制宪跟钦定的宗旨并不冲突，因为"经会场通过后，仍由议长会同军机大臣及编纂大臣奏请圣裁"，这完全是"恪遵钦定宪法之祖训"。①

说宪法重要，因此需要多数人参与，这是多年来人们言之甚多的问题，并无新意。但是，以允许资政院参与制宪跟钦定不冲突为说辞，倒是一个创新。② 并且，提案拿资政院与宪政编查馆会奏了《宪法大纲》说事，也有新意。虽然当时的资政院徒有其名，建制不全，人才匮乏，《宪法大纲》完全出自宪政编查馆之手，资政院只是列名而已，但是，奏折中确实写着"会同资政院办理"的字样，白纸黑字，谁也不能否定资政院参与了此事。既然资政院能参与《宪法大纲》的制定，为什么不能参与正式制宪的工作呢？提案的逻辑便是如此。

---

① 《修改资政院章程提议案》，载《顺天时报》，宣统二年十月二十四日。

② 很快就有人跟着这么说，并且有所发展。例如，1911 年 1 月初徐敬熙在《申报》刊文，提出纂拟宪法大臣起草好宪法之后，在由君主钦定之前，应该先交资政院协赞，并论道："若谓先经国民协赞有背于钦定名义，不知所谓国民协赞者，乃表示国民之意志，非谓国民协赞即定为法律。其裁可之权，仍上操于君主也。且正惟尊重主权之故，欲期推行于后，自当审慎于先。即以资政院之钦选议员为言，亦必先由各部院互选，后由朝廷钦选，未闻以互选之故，背于钦选。或又谓既有纂拟，又有协赞，不无抵触。然纂拟与协赞，权限分明，毫无顾虑。纂拟者纂拟未成之宪法，协赞者协赞已成之宪法。纂拟者为起草员之代名词，纂拟毕责亦毕。若协赞者，乃据其纂拟之结果，审其当否，而上诸君主，仰凭裁可者也。故析言之，纂拟自纂拟，协赞自协赞，钦定自钦定，界线严明，罔相逾越。而合言之，纂拟、协赞为一级，钦定为一级，上下贯通，互相结合。所谓钦定手续，固不得不如此也。"（徐敬熙：《钦定宪法义解》，载《申报》，宣统二年十二月初八日。）徐敬熙此文将纂拟、协赞、钦定分为制宪的三个不同阶段，是挺有意思的。并且，徐敬熙还以资政院中出自部院衙门的钦选议员，是先经部院互选，后面才有钦选为由，说明先有较多人参与并不违背钦定，进而提出经资政院"协赞"的宪法与"钦定"不违背，也是新信息。徐敬熙在 1907 年的时候就积极建言献策，推进宪政改革。时任两江总督的端方曾代递过他的一份呈文，颇能从三权分立的角度探讨立宪事宜。据此呈文，1907 年时徐敬熙的身份是"候选内阁中书、江西副贡"[《两江总督端方代奏徐敬熙呈整饬行政立法司法机关折》（光绪三十三年八月十八日），见故宫博物院明清档案部编：《清末筹备立宪档案史料》上册，261 页，北京，中华书局，1979]。

第十三章 制宪要秘密

一、派遣协纂人员

(一)汪荣宝看到奉派协同纂拟宪法消息

1911 年 3 月 20 日，汪荣宝和往常一样，起床后先洗冷水浴。上午 10 点左右，到宪政编查馆上班。正在看张荫棠(憩伯)写的一份条陈官制的奏折时，华世奎(璧臣)来了，拿出一份当天的上谕。汪荣宝接过来一看，他和陈邦瑞、李家驹一起，被派为协同纂拟宪法人员。他感到非常荣幸、非常激动，在日记中记下了当时的感受："自维浅薄，何敢当此重任。用逾其量，不胜懔懔。"①

汪荣宝从华世奎手上接过的那道上谕，原文如下：

> 纂拟宪法大臣贝子溥伦等奏请派员协同纂拟宪法一折，著派度支部右侍郎陈邦瑞、学部右侍郎李家驹、民政部左参议汪荣宝协同纂拟，钦此。②

这是继 1910 年 11 月 5 日派遣溥伦、载泽为纂拟宪法大臣，1911 年 1 月 17 日确认纂拟宪法大臣的职责只在于起草宪法之后的又一个重要的时间节点。从此，制宪一事，不但有了纂拟宪法大臣，还有了协

---

① 北京大学图书馆馆藏稿本丛书编委会编辑：《汪荣宝日记》("北京大学图书馆馆藏稿本丛书"第 1 册)，814 页，天津，天津古籍出版社，1987。

② 《政治官报》，宣统三年二月二十一日。

同纂拟宪法大臣。

据此上谕，派遣协同纂拟宪法大臣，乃是基于溥伦、载泽的奏请。但是，其实溥伦、载泽之所以会有此奏请，乃是基于另一道上谕的要求。在派遣他们为纂拟宪法大臣的时候，上谕就交代："如应添派协同纂拟之员，并著随时奏闻，候朕简派，以期迅速办理，克期告成。"①但是，从1910年11月5日宣布溥伦、载泽可以奏派协同纂拟人员，到1911年3月20日，相隔了四个半月。如此长时间，民间自然难免有种种猜测，而官员中则难免有一些奔竞。因为，制宪是中国古来所无的一桩大事，谁能参与，谁就有机会青史留名。

（二）要派六人协同纂拟宪法？

钦派溥伦、载泽负责起草宪法之后没几天，《顺天时报》就爆料称，两位大臣已经碰面，商量派遣协同纂拟宪法人员事宜，并且说，他们已经选好了六人：宝熙、于式枚、李家驹、汪荣宝、杨度、金邦平。

该报还介绍了这六个人的简单情况：

宝熙是学部左侍郎、宪政编查馆提调、内阁学士，"熟悉皇室制度及宪政事宜"。

于式枚是吏部右侍郎，"曾奉派考察德国宪政事宜，精悉内外行政事宜"。

李家驹是学部右侍郎、"宪政编查馆帮办②"，他曾任驻日大使，后来"改充考察宪政大臣，在日本研究宪法及皇室典范"，回国之后，"进呈《行政大纲》，为各王大臣所嘉许"。

汪荣宝是民政部参议，也任职于宪政编查馆，还是资政院的钦选议员。

杨度是宪政编查馆参议，组织了宪政公会，主张速开国会、融合满汉，其《金铁主义》一书发行后，"洛阳纸贵，文名驰于东西"，他也因此被视为"近代之英"。

---

① 《宣统政纪》，"宣统二年十月甲戌"，见《清实录》第60册，771～772页，北京，中华书局，1987。

② 原文如此，应为提调。——引者注

金邦平是资政院的秘书长，在日本早稻田大学毕业后，曾充当北洋大臣的幕僚，"精于法律，为资政院政府中之逸才"。

该报对这个班底很满意，故以《纂拟宪法协同员得人》为题加以报道。

（三）媒体猜测过的其他可能参与制宪的人物

《顺天时报》在做上述报道的时候，还放出消息说，溥伦、载泽商定以宝熙、于式枚等六人为协纂人员之后，"不日即将具折"奏请派遣。①

不过，此后很长时间，并无制宪大臣奏请派遣协同纂拟宪法人员的消息。于是，报刊继续报道哪些人可能成为协同纂拟人员。说是报道，基本上都是"道路传闻"，甚至出于猜测。

11 月 14 日，《申报》刊文说，未来的"协纂大臣"是李家驹、达寿和沈家本三人。② 李家驹和达寿都曾考察日本宪政，而沈家本则是修订法律大臣，为一代法学大家。

次日，该报又报道，有消息显示，溥伦、载泽两位制宪大臣拟以孟昭常、雷奋、于邦华为协同纂拟宪法大臣，三人都是资政院的民选议员。③

17 日，《时报》刊文，报道了将派汪荣宝、李家驹、章宗元协纂宪法的传闻。④ 章宗元，字伯初，毕业于美国加利福尼亚大学，时任北京内城警察厅厅丞，并在宪政编查馆编制局任职。⑤

两天后，该报又报道，在派遣溥伦、载泽为制宪大臣的时候，军机大臣们就保荐了一些人为协纂。其中，庆亲王奕劻保荐了宝熙、李家驹、杨度，毓朗保荐了金邦平、汪荣宝，那桐保荐了曹汝霖，徐世昌保荐了章宗祥和曹汝霖。之所以没有立即派遣，是因为摄政王觉得，既然已经派遣溥伦、载泽为纂拟宪法大臣，那就应该将上述人员的名

---

① 《纂拟宪法协同员得人》，载《顺天时报》，宣统二年十月初八日。
② 《纂拟宪法组织内阁之预备》，载《申报》，宣统二年十月十三日。
③ 《国会年限宣布后之筹备》，载《申报》，宣统二年十月十四日。
④ 《京师近信》，载《时报》，宣统二年十月十六日。
⑤ 彭剑：《清季宪政编查馆研究》，217 页，北京，北京大学出版社，2011。

单交给他们，"听其自行选举"，然后再奏请简派，"以昭郑重"。①

不久，《申报》又刊载了一则传闻，说溥伦、载泽将奏请派遣伍廷芳为"襄纂宪法大臣"，并且，"日内将专折奏保"。②

（四）宪政编查馆的官员为成为协纂大臣而大肆"运动"

与哪些人将成为协纂大臣的传闻满天飞同时，另一种传闻也出现了。那就是，宪政编查馆的官员们为了成为协纂大臣而奔走权门。

例如，1910 年 11 月 18 日，《申报》刊文说，因为将要设立"宪法处"，宪政编查馆将面临被裁撤或缩小权限的命运。加上近来资政院议员攻击该馆的时候，该馆官员顾鳌作为特派员出席了，当时他"期期艾艾"，"不敢吐一词"，颇为狼狈。顾鳌从资政院回来之后，立即告诉同事们，大家听了，"皆恐该馆不能长久"，于是，"各出其运动手段，冀充宪法分拟员"。听说，其中"运动最烈者"就是顾鳌。该报还以调侃的语气写道："宪法处如果成立，顾鳌必有独占之喜。"③

（五）横空杀出陈邦瑞

关于协纂人员的种种传闻，显示了国人对制宪问题的高度关注。传闻多有不实之处，但也并非都系无稽之谈。最后奉派的三人中，李家驹、汪荣宝二人都出现在好几种传闻中。只有陈邦瑞，从来没有人想到他会成为协纂，他完全是"横杀"出来的。④

陈邦瑞生于 1855 年，浙江慈溪人，并无留学外邦学习政法或出国考察宪政的经历，怎么会奉派协纂宪法？此事恐怕能从溥伦、载泽的奏折中看出一点端倪。他们在奏折中写道，之所以派陈邦瑞、李家驹、汪荣宝三人，是因为他们"志趣纯正，学识淹通，历经襄办要政，颇著成绩，均为臣等素所深知之员"⑤。也许，对陈邦瑞而言，"素所深知"

① 《有协纂宪法之希望者》，载《时报》，宣统二年十月十八日。

② 《纂拟宪法问题之最近闻》，载《申报》，宣统二年十月二十三日。

③ 《顾鳌好自为之》，载《申报》，宣统二年十月十七日。

④ 《奏派协纂宪法人员之真相·横杀出陈邦瑞》，载《申报》，宣统三年二月二十七日。

⑤ 溥伦、载泽：《奏为纂拟宪法事关重大请旨简派陈邦瑞等员协同纂拟事》（宣统三年二月二十日），中国第一历史档案馆藏录副奏折，档案号：03-9300-018。

四个字是关键。因为载泽为度支部尚书，陈邦瑞则是该部侍郎。

（六）多重身份汪荣宝

汪荣宝是以民政部参议的身份奉派协纂宪法的。但是，他除了担任这一职务，还在宪政编查馆和修订法律馆任职，并且，还是资政院的议员。道路传闻，宪政编查馆的很多官员为有机会协纂宪法而大搞"运动"，而军机大臣对于资政院议员协纂宪法一事持否定态度。① 那么，汪荣宝究竟是如何获得这一美差的？

道路传闻，虽然军机大臣不愿意有资政院议员身份的人协纂宪法，但是，汪荣宝得到了溥伦力保，因而获派。② 按这种说法，汪荣宝成为协纂宪法大臣，与溥伦颇有关系。这能从汪荣宝的日记中找到一丝证据。1911 年 3 月 14 日下午，溥伦把汪荣宝叫到府邸，"以编纂宪法问题有所谘询，谈至八时顷而回"。③ 这一信息，似可解读为溥伦在考察汪荣宝。次日晚，汪荣宝和他的四弟汪乐宝一道，请溥伦在颇有档次的六国饭店进餐，饭后还一起"打球至夜深"。④ 这一信息，似可解读为汪氏兄弟在"运动"溥伦。两天的日记连在一起，很容易使人想到：

---

① 在关于协纂宪法人员的种种猜测中，有一种猜测，是资政院的几个民选议员有望成为协纂人员，一如前述。据 1910 年 12 月 10 日《申报》刊载的一封电报，主张用资政院议员为协纂人员的是溥伦。溥伦将此意跟载泽谈了之后，载泽跑去跟军机大臣商量，但遭到了后者的拒绝，听说"各枢臣"都认为，"议员参预宪法未载资政院条文，讵可滥干"。（《专电》，载《申报》，宣统二年十一月初九日。）而该报同日刊登的另一则短文则说，因为资政院开院以来，议员对军机大臣颇不客气，"屡次攻揭政府隐私"，军机大臣曾经谋划"用笼络手段"，对资政院议员"奖以职官，以钳其口"，但未曾想，天机泄露，只好作罢。但溥伦觉得"民选议员多系通才"，因此决定待资政院会期结束之后，从民选议员中挑选数人，作为协纂人员，"以期详慎"。但是，又有传闻说，派资政院议员为协纂人员，"仍为政府收揽议员之变相"。（《资政院要闻拾录》，载《申报》，宣统二年十一月初九日。）

② 《奏派协纂宪法人员之真相·横杀出陈邦瑞》，载《申报》，宣统三年二月二十七日。

③ 北京大学图书馆馆藏稿本丛书编委会编辑：《汪荣宝日记》（"北京大学图书馆馆藏稿本丛书"第 1 册），808 页，天津，天津古籍出版社，1987。

④ 北京大学图书馆馆藏稿本丛书编委会编辑：《汪荣宝日记》（"北京大学图书馆馆藏稿本丛书"第 1 册），809 页，天津，天津古籍出版社，1987。

溥伦在制宪问题上颇欣赏汪荣宝，而汪荣宝则趁热打铁"运动"了一番，难怪几天后派遣协纂宪法大臣的时候，汪荣宝赫然在列。

　　但是，又有道路传闻，虽然大家都以为汪荣宝的任职得力于溥伦，但其实溥伦不敢力保汪荣宝，汪荣宝之奉派，乃是载泽与奕劻相争的结果。听说上一年资政院讨论弹劾军机处的时候，来自载泽主管的度支部的钦选议员章宗元大呼"当弹劾领袖军机"，奕劻怀疑这是载泽授意的，颇为介怀，其坚持不可以用有议员身份的人协纂宪法，原因在此。但是，载泽却针锋相对，提出："议员不议员，毫与大局无关。"① 在载泽的坚持下，汪荣宝获派协纂宪法。

　　汪荣宝究竟是受溥伦的保荐，还是因载泽的坚持而荣获协纂宪法的差使，已很难考定。民间关于高层权力斗争的猜测绘声绘色，虽然不能说全系想象，但若只从这方面看问题，未免偏颇。② 就汪荣宝获得协纂宪法这一差使而言，我们至少要注意到他的才干。

　　还在开启预备立宪国策之初，汪荣宝就参与到了宪政改革的核心工作中。预备立宪以官制改革为开局，在此过程中，载泽作为编纂官制大臣非常活跃，而汪荣宝则是官制起草者之一。③ 在那个时候，载泽对汪荣宝，应该已有较深印象。

　　两年后起草的《宪法大纲》，汪荣宝很有可能是核心人物，而正是《宪法大纲》，确定了以"巩固君权"为宗旨的"钦定"宪法原则。

　　又过了两年，在国会请愿运动期间，汪荣宝力促实行宪法钦定，并且强调要实行"真正钦定"。在此过程中，汪荣宝奔走于肃亲王善耆、军机大臣毓朗等亲贵之间，并且，善耆曾经将汪荣宝的方案与载泽讨论，载泽对他的"真正钦定"论，当留有印象。

　　因此，汪荣宝确实是溥伦、载泽奏折中所说的"素所深知"之人，

---

　　①　《庆泽暗潮记》，载《盛京时报》，宣统三年三月二十一日。
　　②　但很遗憾的是，那时的人们挺喜欢从这一角度看问题，这似乎已经成为一种时代风气。这种风气传达出这样的信息：在人们心中，高层政治都是奔竞或倾轧的结果，一团黑暗，不值得信任。这种风气实非皇朝之福。
　　③　《更革京朝官制大概情形》，载《宪政初纲》(《东方杂志》临时增刊)，光绪三十二年十二月。

并且，也是"历经襄办要政，颇著成绩"之人，从清廷的立场来看，还是"志趣纯正"之人。以这样的人来协纂宪法，当然可以落实"钦定"方针。

对于李家驹，也当作如是观。他之所以能得协纂宪法的差使，除了他与军机大臣关系密切之外①，更重要的是，他在考察日本宪政的过程中，表现出了对"钦定"的欣赏，并且考察归来之后，作为宪政编查馆最活跃的提调，参与了很多重要的制度设计，表现出了对宪政的熟悉和热心。

(七)肃亲王密旨

汪荣宝在 3 月 20 日上午得知自己被派为协纂宪法大臣的时候，正在宪政编查馆上班。午饭后，他到民政部上班时，将此事向顶头上司、民政部尚书善耆做了汇报。善耆嘱咐他，制宪的时候，要"谨慎秘密"。想必善耆在说出这四个字的时候，态度是非常严肃的，给汪荣宝留下了深刻印象。因此，日记里在这四个字的旁边加了着重号，并说，对肃亲王的交代，"余谨受教"，表示要认真落实。②

在奉派协纂宪法的当天，汪荣宝就受到肃亲王的告诫，而告诫的内容，就是制宪时要"秘密"。被告诫的这一位，对"秘密"一事，一点都不觉得反感，而是感觉很受教。这是值得注意的一个细节。也许，在派遣协纂宪法大臣当天，最值得注意的细节就是这一个了。

关于制宪要秘密一事，也从选定制宪办公场所一事中体现出来。

二、制 宪 场 所

(一)民间的种种猜测

奉派协纂宪法将近一个月之后，汪荣宝在 4 月 15 日的日记中写道：

---

① 侯宜杰揭示，李家驹投靠了奕劻和那桐，参见侯宜杰：《二十世纪初中国政治改革风潮》，306 页，北京，中国人民大学出版社，2009。道路传闻，李家驹之获派协纂宪法，系出自"枢府授意"。参见《奏派协纂宪法人员之真相·横杀出陈邦瑞》，载《申报》，宣统三年二月二十七日。

② 北京大学图书馆藏稿本丛书编委会编辑：《汪荣宝日记》（"北京大学图书馆馆藏稿本丛书"第 1 册），814 页，天津，天津古籍出版社，1987。

纂拟宪法，初拟就文华殿办事，现已议定改就武英殿，正收拾房屋，事竣即可开办。①

这是制宪人员中最早关于制宪办公场所的记载。据此，制宪的办公地，初拟文华殿，后来改为武英殿。

但是，在此之前，报刊已经刊登多种说法，猜测制宪大臣将会在何处设置办公处所，这里仅以《申报》所刊为例略加介绍。

派遣溥伦、载泽为纂拟宪法大臣之后不久（11 月 14 日），《申报》就刊文说，协纂宪法大臣将从宪政编查馆、资政院、民政部、法部各单位"遴选精通法理、熟悉中国典制之员"担任，将会成立一个"宪法处"，这个机构暂时附设于宪政编查馆内。②

17 日，该报又刊文，介绍了一次亲贵商讨立宪方策的会议。在这次会议上，毓朗提出，在制宪方面，要设立一个办公处所。这个办公处所，或叫作"纂拟宪法事务所"，附设于军机处；或叫作"宪法处"，由宪政编查馆改设。③

21 日，该报又说，庆亲王提出，应该尽快敲定制宪办公场所，他觉得可以将实录馆之蒙古馆暂时作为"纂拟宪法办公处所"。听说他的这一意见得到了其他军机大臣的认可，只要与溥伦、载泽商量一下，"即可定夺"。④

27 日，该报称，溥伦、载泽决定以宪政编查馆为办公之地，不另设公所。⑤

29 日，该报又说，溥伦、载泽商定，将"宪法公所"设在位于西城西斜街的资政院开办公所内，并决定此后每周一、三、五为"堂期"。⑥

---

① 北京大学图书馆馆藏稿本丛书编委会编辑：《汪荣宝日记》（"北京大学图书馆馆藏稿本丛书"第 1 册），840 页，天津，天津古籍出版社，1987。

② 《纂拟宪法组织内阁之预备》，载《申报》，宣统二年十月十三日。

③ 《枢府连日会议纪详》，载《申报》，宣统二年十月十六日。

④ 《纂拟宪法权限问题》，载《申报》，宣统二年十月二十日。

⑤ 《京师近事》，载《申报》，宣统二年十月二十六日。

⑥ 《京师近事》，载《申报》，宣统二年十月二十八日。

12月4日,该报称,溥伦、载泽不但已经决定以资政院开办公所为"办事处",并已商妥,将在"日内"呈递数件有关制宪的奏折,其中之一,就是"奏报公所成立及开用关防日期"。①

此后四个月,该报没有再刊登制宪办公地的消息。

1911年4月3日,该报刊登了一则电报,称:"宪政馆奏准以文华偏殿为编纂宪法所。"②但既然已经派遣了制宪大臣,为什么办公地却由宪政编查馆具奏?

次日,该报就改口了,说办公处所是溥伦、载泽两位制宪大臣在派遣协纂宪法大臣之后选定的,办公之处也不是文华殿,而是文华殿旁边的一个侧殿。并且,纂拟宪法大臣和协纂宪法大臣已经在这里开过一次会,讨论制宪事宜。听说,开会的时候,李家驹和汪荣宝颇积极,而陈邦瑞则一言不发。③

到了13日,该报又刊文说,溥伦、载泽原拟以文华殿为"议事处",后来觉得文华殿"不甚合宜",乃改为武英殿,听说已经"邀同总管内务府大臣等前往查看一切"。④

因为此前该报关于制宪办公场所的许多报道最后都落空,1911年4月初关于制宪办公地由文华殿改到武英殿的说法恐怕也不会引起人们的重视。但是,这一次的报道却与汪荣宝的记载若合符节,所言属实。并且,汪荣宝在日记中落笔之前两日,《申报》就已经报道此事。

(二)在宫禁之内才"妥慎"

虽然媒体和汪荣宝的日记都在4月中旬就已经传达出将要以武英殿为制宪办公场所的信息,但是,溥伦、载泽具折奏报此事,则在三个月之后。看来,在这个问题上,有点"补办手续"的味道。奏折全文如下:

---

① 《宪法大臣决定上奏事件》,载《申报》,宣统二年十一月初三日。

② 《电四》,载《申报》,宣统三年三月初五日。

③ 《纂拟宪法将着手矣,诸君已备抄袭之脚本否》,载《申报》,宣统三年三月初六日。

④ 《纂拟宪法之留学生,还是西洋货好》,载《申报》,宣统三年三月十五日。

臣溥伦、臣载泽跪奏：

　　为奏闻事。臣等奉命纂拟宪法，事关重大，其开办之地，应以宫禁綦严处所方为妥慎。谨就武英殿西偏焕章殿为臣等纂拟之所，业经内务府略加装修工竣，臣等当即敬谨办理。除编订条文，遵旨随时进呈，恭候钦定外，理合恭折奏闻，伏乞皇上圣鉴。谨奏。宣统三年六月廿三日奉朱批：知道了。①

　　观此可知，最后确定的制宪办公场所，并不是武英殿正殿，而是其偏殿焕章殿。而更值得注意的，也许是奏折所谈选择在宫禁之内办公的原因：只有如此，才能"妥慎"。这当然显示了对制宪一事的重视，但其实也包含了保密的意思：在宫禁之内办公，消息不容易泄露，确保秘密。"慎"字的真意，不外乎此。

三、袁励准：制宪要严守秘密

（一）密交制宪大臣阅看

　　制宪要秘密，也是派遣制宪大臣之后很多官员向清廷提出的重要建议。

　　我曾在《清季宪政编查馆研究》一书中介绍过钱能训，他建议不可用资政院议员协纂宪法，理由就是如果用了议员，"泄露必多"，以致宪法"与民定者无异"，无法保证钦定。"泄露必多"，言下之意，即不能保密也。至于王樨，则明白地提出："起草之初宜守秘密，不可使人民先行参预，致宪法条文无由成立。"②

　　在此介绍另一位官员的主张。他叫袁励准，是南书房翰林，他的

　　①　溥伦、载泽：《奏请以武英殿西偏焕章殿为纂拟宪法之所事》（宣统三年六月二十三日），中国第一历史档案馆藏录副奏折，档案号：03-9302-020。
　　②　彭剑：《清季宪政编查馆研究》，81、82页，北京，北京大学出版社，2011。

奏折在 1910 年 11 月 8 日奉朱批——"著密交溥伦、载泽阅看"①，可见是在钦派制宪大臣之后立即呈递的。

朱批要求将此折秘密交给制宪大臣阅看，其实，这道奏折的主题词也是"秘密"，因此，被后世的档案人员命名为《袁励准奏为密陈纂拟宪法事关重要请饬严守秘密以期详慎事》，标题中出现了两个"密"字，令人印象深刻。

那么，且看这位翰林怎么申述秘密制宪的理由。

(二)为何要秘密

袁励准写道，宪法有钦定和协定之别。协定宪法"出于君民协商"，因此，"政柄有下移之患"。钦定宪法"成于朝廷之独断"，因此，"大权无旁落之忧"。我国制宪，要由钦定，这是光绪皇帝以谕旨的形式确定的原则，并且，这一原则是得到了臣民认可的。②

正是为了保障朝廷对宪法的"独断"之权，因此必须秘密制宪。袁励准写道，如果在尚未颁布之际，宪法条文就传播开来，必然会有"横议之士，妄肆讥评，巷议心非，所在皆是，或群请改定，或强欲协商"。若到了这步田地，那就不好办了，"拒之则诽怨频兴，徇之则宗旨寝失"，使朝廷进退失据，左右为难。最终，会造成钦定不能落实，"君上大权动遭牵制"的局面。在袁励准看来，这太可怕了："滋可惧也。"

为了加强说服力，袁励准还拿日本和美国说事。

在他笔下，日本制宪的时候，伊藤博文带着起草人员在海边僻静处住下，"慎密从事"。稿成之后，开御前会议讨论时，参与讨论的大臣们也都"严守秘密"，"不稍漏泄"。

日本如此，美国也差不多。袁励准写道，"华盛顿创定宪法时"，

---

① 《袁励准奏为密陈纂拟宪法事关重要请饬严守秘密以期详慎事》(宣统二年十月初七日)，中国第一历史档案馆藏朱批奏折，档案号：04-01-30-0111-004。

② 袁励准的原话是："中国宪胥由钦定，业经先朝明降谕旨，薄海臣民同深钦仰。"[《袁励准奏为密陈纂拟宪法事关重要请饬严守秘密以期详慎事》(宣统二年十月初七日)，中国第一历史档案馆藏朱批奏折，档案号：04-01-30-0111-004。]

参与讨论的人员"会于密室"。稿成之后，"藏之铁函"，还"叠加扃钥"，目的就在于"以防宣布"。正因为如此秘密，故"未颁布之先，莫不肃然静候。既颁布之后，莫不翕然从风"。

日本的君主立宪和美国的民主立宪，前者是大清模仿的对象，后者是共和的典范。这两个国家都是秘密制宪，大清当然也要如此。

（三）要追究泄露之责

因此，袁励准提出，纂拟宪法大臣挑选协纂宪法人员的时候，一定要非常慎重（他用了"慎选"一词）。起草宪法期间，纂拟宪法大臣和协纂宪法大臣要"共守秘密"。稿成之后，要"逐条密陈钦定"。制宪的每个步骤，都不离一个"密"字。

袁励准还提出，倘若在制宪期间，有关于宪法的信息泄露，要用连坐的办法追究责任："如有漏泄，与事之员，同干严谴。"

袁励准相信，若能如此办理，则可以保证，制宪期间，"群情静定，横议不生"，宪法可以如期告成。如此，则"天下幸甚"！

多亏袁励准的奏折是奉朱批秘密交给溥伦、载泽阅看，没有"泄露"给报馆，否则，肯定有报馆要以调侃的语气写道，按照袁翰林的建议制宪，不是天下幸甚，而是皇家幸甚。

虽然找不到直接证据，但是，根据汪荣宝在奉派协纂宪法当日受到的告诫，从制宪办公处所最终选择在宫禁之中，从袁励准、钱能训、王楙等官员的建议，以及摄政王对袁励准等人奏折的朱批，我想在此做一推断：派遣制宪大臣之后，正式起草宪法之前，清廷确立了秘密制宪的原则。秘密制宪，无疑是为了确保钦定，以实现巩固君权的目的。

第十四章 制宪开局

一、开始制宪

（一）焕章殿会议

1911 年 7 月 3 日，是另一个具有"节点"意味的日子。因为在这一天，制宪工作终于正式开始了。关于此事，汪荣宝在日记中留下了如下文字：

> 纂拟宪法，本日在武英殿西庑焕章殿开办。余于十时顷前往，陈侍郎及李院使先在。十一时顷，伦、泽二邸同至，会议纂拟程叙（序）及派员办理庶务，寻派定李秘书绍烈及恩郎中华二人。一时顷散。①

陈侍郎，即陈邦瑞。李院使，即李家驹。奉派协纂宪法之后不久，责任内阁成立，其附属机构中有一个法制院，李家驹被任命为该院院使。②

当日会议的主题有两个：讨论纂拟宪法的程序，派员办理庶务。

---

① 北京大学图书馆馆藏稿本丛书编委会编辑：《汪荣宝日记》（"北京大学图书馆馆藏稿本丛书"第 1 册），919 页，天津，天津古籍出版社，1987。

② 《御史范之杰奏请饬议分析法制院与法律馆之性质划清权限限制用人片》（宣统三年七月初三日），见故宫博物院明清档案部编：《清末筹备立宪档案史料》上册，587 页，北京，中华书局，1979。

纂拟宪法的程序如何，当天的日记没有记载。我曾根据汪荣宝日后的日记，得知其详："由李家驹、汪荣宝负责起草条文并加具按语，交陈邦瑞修改，再由溥伦、载泽把关审核，然后分批缮呈摄政王'钦定'。"①

所派两位办理庶务的人员，一位是李绍烈，另一位是恩华。

对这两位，我们了解都有限。

李绍烈是湖北襄阳人，进士。据其1909年为亡友写的墓志铭，他在参加科举考试的过程中，接受过朋友的经济援助，可知其出身寒门。在同一份墓志铭中，有"予仍滞郎署"之句，而落款则有"赐进士出身截取繁缺知府吏部郎中"等衔名，看来1909年时他尚在吏部任职。② 汪荣宝称他为秘书，应该是指他担任的资政院一等秘书一职。

恩华，蒙古镶红旗人，巴鲁特氏，字咏春，大约出生于1867年。③ 在清宫档案的资政院全宗中，保存了一份《露西亚宪法》，翻译者即恩华，由此可知他不但热心于宪法事务，并且还通外文。④ 而民国时代的《约法会议纪录》显示，恩华毕业于日本法政大学。⑤ 他也任职于吏部，1907年宪政编查馆成立时，出任该馆编制局科员。⑥ 当该馆

① 彭剑：《清季宪政编查馆研究》，83页，北京，北京大学出版社，2011。

② 李绍烈：《亡友李君明台德配莫孺人墓志铭》，http://blog.sina.com.cn/s/blog_8f9210b60101fybf.html，2012-05-12。

③ 恩华纂辑，关纪新整理、点校：《八旗艺文编目》，"前言"，1页，沈阳，辽宁民族出版社，2006。顾鳌编的《约法会议纪录》则显示，1914年恩华39岁，则其当出生于1875年左右。并且，《约法会议纪录》说咏春是他的号。参见顾鳌编：《约法会议纪录》，见沈云龙主编：《近代中国史料丛刊》(186)，127页，台北，文海出版社，1968。

④ 《露西亚宪法》(咏春译自东京《朝日新闻》)，中国第一历史档案馆藏资政院全宗，案卷号：3。

⑤ 顾鳌编：《约法会议纪录》，见沈云龙主编：《近代中国史料丛刊》(186)，127页，台北，文海出版社，1968。

⑥ 彭剑：《清季宪政编查馆研究》，215页，北京，北京大学出版社，2011。

参议劳乃宣在宣统年间为摄政王讲宪法的时候，恩华是其重要帮手。①

（二）汪荣宝的预拟

自从王晓秋在 20 世纪 80 年代通过对《汪荣宝日记》的解读，揭示出汪荣宝参与制定宪法草案的一段往事之后，学术界大凡涉及预备立宪或辛亥革命，都会在此落笔。并且，关注启动时间的学者基本上都会根据汪荣宝的日记，说制宪是从 1911 年 7 月 3 日开始的。

正式起草工作始于 1911 年 7 月 3 日，无可争议。但是，若说纂拟分工也是在这一天进行的，则不甚确切。

在 7 月 3 日会议之前将近一个月的时候（6 月 7 日），汪荣宝在日记中留下了这样一句话："饭后从事宪法纂拟，检阅群籍。"②如果没有得到指示，汪荣宝怎么会在此时纂拟宪法？

6 月 27 日，汪荣宝在日记中写道："柳溪来，谈峋峋岩之行，定以本月十一日。"③单看此句，不明奥妙。但检阅后来的日记，可知所谓"峋峋岩之行"，乃是与李家驹一起去位于京郊十三陵的玉虚观起草宪法（后详）。

再往前，6 月 17 日，汪荣宝记："又诣柳溪，讨论关于宪法问题。"④此处"又"字对应的是 6 月 10 日所记："诣柳溪，商榷宪草。"⑤

这两处都没有明确提他们是否负责起草宪法，但 6 月 13 日的日记中，则说得很确切："早起，冷水浴。诣柳溪，商榷纂拟问题，遇于晦

---

① "近日进讲诸臣日形忙碌，闻最称上意者实为劳京卿乃宣所讲之宪法，并闻劳京卿对于进讲一事多所参考，其平日相与琢磨者率皆谙习法政人员，宪政馆科员恩某出力尤多，帮同编纂讲义，深为京卿倚赖云。"（《京师近事》，载《申报》，宣统元年四月十一日。）

② 北京大学图书馆藏稿本丛书编委会编辑：《汪荣宝日记》（"北京大学图书馆馆藏稿本丛书"第 1 册），893 页，天津，天津古籍出版社，1987。

③ 北京大学图书馆馆藏稿本丛书编委会编辑：《汪荣宝日记》（"北京大学图书馆馆藏稿本丛书"第 1 册），913 页，天津，天津古籍出版社，1987。

④ 北京大学图书馆馆藏稿本丛书编委会编辑：《汪荣宝日记》（"北京大学图书馆馆藏稿本丛书"第 1 册），903 页，天津，天津古籍出版社，1987。

⑤ 北京大学图书馆馆藏稿本丛书编委会编辑：《汪荣宝日记》（"北京大学图书馆馆藏稿本丛书"第 1 册），896 页，天津，天津古籍出版社，1987。

老。午刻回寓。"①联系后来的日记，可知这一天他专程拜访李家驹所"商榷"的"纂拟问题"乃是纂拟宪法一事。并且，他刚好碰到了于式枚，因此三人在一起谈得很投机，到中午才散。

如此看来，此次制宪，李家驹和汪荣宝要执笔起草，此事在 7 月 3 日焕章殿会议之前就已经确定。并且，连外出起草的地点都已做好安排。

（三）来自报刊的旁证

关于制宪的分工，除了《汪荣宝日记》提示的信息，报刊也早有刊布。

4 月 5 日，《盛京时报》刊布的一则消息，以《纂拟宪法已着手矣》为题，称纂拟宪法大臣已做出安排，宪法由李家驹、汪荣宝两人起草，陈邦瑞则"总司核定"，限四个月内完成。②

两天后，《申报》也刊布消息称，根据溥伦、载泽的指示，宪法将由李家驹、汪荣宝执笔，陈邦瑞负责核定，并说，溥伦提出，为了制定出一部好宪法，应该从精通宪法的人中奏派一些人当顾问。而某位协纂则说，制定宪法乃是"君主无上尊权"，将来草案修订好之后，直接由纂拟宪法大臣等奏请"钦核颁布"，不要交由政务处、宪政编查馆、资政院及各省督抚复核，这样可以"上崇君主宪法大权，并免意见纷歧等弊"。《申报》对这位协纂的言论颇为不满，因此，给这则消息加了一个有点火药味的标题：《纂拟宪法者之通天本领，君上大权曷为假手公等》。③

报刊所报道的与制宪有关的消息，多为道路传闻，不一定确有其事。例如，《申报》所刊溥伦提议要派顾问一事，其他报刊也有类似消息④，

①　北京大学图书馆馆藏稿本丛书编委会编辑：《汪荣宝日记》（"北京大学图书馆馆藏稿本丛书"第 1 册），868 页，天津，天津古籍出版社，1987。

②　《纂拟宪法已着手矣》，载《盛京时报》，宣统三年三月初七日。

③　《纂拟宪法者之通天本领，君上大权曷为假手公等》，载《申报》，宣统三年三月初九日。

④　如《纂拟宪法处将设顾问》，载《顺天时报》，宣统三年三月十三日；《纂拟宪法处将设顾问，恐怕多开一份薪资罢了》，载《申报》，宣统三年三月二十五日。

但事实上并无其事。不过，关于协纂大臣分工的消息，却被证明是准确的。报刊关于此事的报道是在 4 月初。也就是说，在奉派为协纂大臣之后半个月左右，李家驹、汪荣宝、陈邦瑞三人已经知道自己在制宪中将要扮演的角色。

（四）汪荣宝：频出访，辞馆差

若只看 7 月 3 日的焕章殿会议，很容易产生制宪班子极端拖沓的印象。从派遣纂拟宪法大臣算起，已经过去八个月，即使从派遣协纂宪法大臣算起，也已过去三个半月才正式开启制宪工作，岂非拖沓之至？但是，如果我们注意到，在派遣协纂大臣之后半月左右已对他们进行分工，负责执笔的两位其后也有了一些谋划，甚至已经试笔，则拖沓的印象似乎可以稍微改变一点。

若进一步深究，在《汪荣宝日记》中，我们还可以找到一些零星记载，显示自派遣协纂大臣起，制宪班子内部就有了一些活动。

派遣协纂大臣的次日（1911 年 3 月 21 日）倒春寒，京城飘起了雪花。中午，善耆约汪荣宝到福全馆吃饭，"谈两时许而散"。随后，汪荣宝去拜见溥伦，刚好李家驹也在，于是，大家"略谈宪法之豫备"。溥伦还约汪荣宝"晚间到府再谈"。傍晚，李景铄（孟鲁）请客。晚上 8 点，汪荣宝从饭店赶往溥伦府邸，发现雷奋（季兴）、孟昭常（庸生）、金邦平（伯屏）在座。原来，溥伦还在忙碌另一件事情：集约同志，组织一个俱乐部，"隐为组织政党之豫备"。这几位，就是受邀来商议此事的。雷奋和孟昭常走后，溥伦和金邦平打球，汪荣宝观战，"十二时顷而回"。[1] 虽然汪荣宝和溥伦所约晚上继续商议制宪一事未能实现，但那天白天他们已和李家驹一起商谈此事，则为不争的事实。

第二天（22 日），汪荣宝一早去拜见载泽，"未见"[2]。

---

① 北京大学图书馆馆藏稿本丛书编委会编辑：《汪荣宝日记》（"北京大学图书馆馆藏稿本丛书"第 1 册），815 页，天津，天津古籍出版社，1987。

② 北京大学图书馆馆藏稿本丛书编委会编辑：《汪荣宝日记》（"北京大学图书馆馆藏稿本丛书"第 1 册），816 页，天津，天津古籍出版社，1987。

23 日下午，汪荣宝"访柳溪，亦不值"①。

汪荣宝此时去拜访载泽和李家驹，应该是因为才被派为协纂大臣，故拜见主官和同僚，以便将来开展工作。

4 月 1 日上午，汪荣宝欲拜见溥伦，但后者"高卧未起"，于是改为拜访陈邦瑞，"请谈片刻"。② 第二天上午，"陈瑶圃侍郎来谈"③。日记简略，未交代所谈何事。但因新近奉派协纂宪法，他和陈邦瑞之间商谈制宪事宜的可能性极大。

也正是在 4 月 1 日的日记中，汪荣宝提到，他要辞去宪政编查馆的职务：

> 余近以宪政馆办事棘手，每有献替，多不见纳，而论者或疑余等把持一切，枉道取容，交相攻击。余久有去意，苦未得间。比奉诏协纂宪法，两邸意亦不愿余兼此差，本日因具呈辞职，以部务殷繁为词，并函致四提调，请于枢堂前善为我辞。④

明明是自己在宪政编查馆办事不能得心应手，且受到他人攻击，同时，奉派为协纂宪法大臣之后，溥伦和载泽也希望他不要再兼宪政编查馆的工作，但是，辞呈落笔，却决口不提这些，而以民政部事务繁忙为理由，"官场艺术"，展现无遗。

溥伦和载泽为何希望汪荣宝不再兼宪政编查馆的差事，汪荣宝没有交代。但是，从他们奉派制宪后与宪政编查馆之间关系的僵持，则不难理解。他们大抵是想将制宪一事与宪政编查馆撇清关系吧。

---

① 北京大学图书馆藏稿本丛书编委会编辑：《汪荣宝日记》（"北京大学图书馆馆藏稿本丛书"第 1 册），817 页，天津，天津古籍出版社，1987。

② 北京大学图书馆藏稿本丛书编委会编辑：《汪荣宝日记》（"北京大学图书馆馆藏稿本丛书"第 1 册），826 页，天津，天津古籍出版社，1987。

③ 北京大学图书馆藏稿本丛书编委会编辑：《汪荣宝日记》（"北京大学图书馆馆藏稿本丛书"第 1 册），827 页，天津，天津古籍出版社，1987。

④ 北京大学图书馆藏稿本丛书编委会编辑：《汪荣宝日记》（"北京大学图书馆馆藏稿本丛书"第 1 册），826 页，天津，天津古籍出版社，1987。

不过，汪荣宝辞职一事并不顺利。

4月7日，当他在民政部办事的时候，吕铸（寿生）从宪政编查馆来，向他转述宝熙（宪政编查馆提调）的话：宝熙已经将辞职一事跟军机大臣说了，但军机大臣却要宝熙代为挽留，"并将原呈送还"①。但不管怎么样，因主官不愿意他继续在宪政编查馆任职（虽然还有别的原因），汪荣宝就立即递交辞呈，说明他是非常看重协纂宪法这一工作的。

并且，虽然军机大臣挽留，但汪荣宝在那之后，直到宪政编查馆于6月23日被奉旨裁撤②，再未踏入该馆，态度相当坚决。

二、舆论：钦定之法不可取

（一）制宪组织不完备

前文提及，报刊在4月初就已经爆料，三个协纂大臣的分工，将是李家驹、汪荣宝起草，陈邦瑞核定。针对某位协纂的宪法将不交政务处、宪政编查馆、资政院、各省督抚复核之议，《申报》还使用了火药味十足的新闻标题。其实，不交政务处、资政院等处复核，直接由制宪班子进呈摄政王定夺，这是清廷心目中标准的钦定做法，《申报》攻击之，正显示了在野者打破钦定的用心。

该报在刊登上述新闻的次日（4月8日），又发表了一篇题为《敬告今之纂拟宪法者》的时评。该文提出，宪法重要，制定之时，起草者的选择必须慎之又慎，博览强记的法学家、辞藻富丽的文章家，都"不能胜任而愉快"，只有"洞达内外政治之情状，而富有判断力，通晓各国宪法之原理，而精于抉择法"的人才能担当此任。这样的人才不容易找到，各国都如此。因此，"各先进国"制宪的时候，都尽量借重集体的

---

① 北京大学图书馆馆藏稿本丛书编委会编辑：《汪荣宝日记》（"北京大学图书馆馆藏稿本丛书"第1册），832页，天津，天津古籍出版社，1987。

② 《宣统政纪》，"宣统三年五月甲子"，见《清实录》第60册，985页，北京，中华书局，1987。

力量，由"各种委员协同商议"。一般而言，有四种委员：准备委员、起稿委员、审查委员、修正委员。

与此相比，中国今日制宪就显得"贸贸然"了，仅仅派李、汪起草，由陈核定。这三个人的学识能否担当这样的重任，且不去管它，仅从组织方面来说，就极不完备，"遑论其它"。该时评对能否制定出一部好宪法，明确表示质疑。①

（二）起草宪法不能以《宪法大纲》为据

同月 24 日，该报刊登了《论宪法草案不宜根据宪法大纲敬告纂拟宪法大臣》一文，认为《宪法大纲》成稿草率，问题成堆②，这次制宪，不宜以此为准据。

该文作者写道，《宪法大纲》问题很多，但值得庆幸的是，"朝廷仅以此为宪法之雏形，未定为正式之法典"。意思是说，不以它为今日制宪的根据，不算违背朝廷本意。

但是，事实并非如此。

1908 年颁布《宪法大纲》的时候，上谕就说得很清楚，将来制宪，要以此为蓝本。1910 年宣布开国会年限的时候，上谕也明确要求根据《宪法大纲》起草宪法条文。清廷的本意，显然是要以《宪法大纲》为今日制宪的根据。因为《宪法大纲》不但确立了钦定的制宪原则，并且呈现了一个强调君权、限制民权的范本，以此为据，有利于巩固君权。

该文作者既然关心制宪，不太可能不知道清廷的本意。他说不以《宪法大纲》为据制宪不违背清廷本意，不过是一种"戴高帽"的说话技

---

① 《敬告今之纂拟宪法者》，载《申报》，宣统三年三月初十日。

② 该文作者认为，《宪法大纲》"不合于法理、不适于习惯者指不胜屈"。文章还用了相当多的笔墨论证《宪法大纲》第八条（宣告戒严之权。当紧急时，得以诏令限制臣民之自由）中的"紧急时"三字有很大问题，因为"臣民之自由以宪法为保障，用意何等郑重，兹仅以'紧急时'三字为限制臣民自由之前提，至如何情形称为紧急，又未明定，遍查各国宪法，无此法文"。在该文作者看来，诸如此类，今日制宪，都不可作为蓝本。参见方平来稿：《论宪法草案不宜根据宪法大纲敬告纂拟宪法大臣》，载《申报》，宣统三年三月二十六日。

巧——明明知道对手有险恶的用心，偏偏恭维对方绝对不会有此用心，以使其险恶用心不至付诸实施——希图借此打破《宪法大纲》的钦定原则，使今日所制定的宪法比较有利于民权。

（三）皇统要维护，皇权要削减

6 月 6 日和 8 日，《申报》刊登的《皇统与皇权》一文，是一篇直指要害的文章。

载泽在 1906 年的密折中提出，日本立宪之后，君权非常强大，"完全严密"，"无有丝毫下移"，因此中国只管立宪，不必担心君权下移。在同一道密折中，他又提出，立宪有"三大利"，排在首位的，就是"皇位永固"（另外两大利是"外患渐轻""内乱可弭"）。显然，按照载泽的说法，立宪一事，既可保护君权，又可维持君位（皇统）。① 他的这一说法，对慈禧太后影响很大。正是看了这一密折，慈禧太后对立宪的所有顾虑都烟消云散，于是，宣布"预备仿行宪政"，开启宪政改革之门。

载泽的密折具有重大的功劳，他也因此博得时誉，被时人称为中国立宪的"开幕元勋"。② 清廷也从此认定，立宪一事，是君权和君位都可保全的。

《皇统与皇权》一文则提出，皇统与皇权为一物，这是日本特有的。皇统与皇权为一物，表现为立宪后的天皇享有大权，这就是所谓"大权政治"。在日本，皇统和皇权之所以能够同一，是因为日本的天皇是"万世一系"的。中国的君主却没有"万世一系"的现象，因此，在中国，皇统和皇权必须分开。

分开也就意味着，皇统和皇权，犹如鱼与熊掌，不可兼得。为了

---

① 《出使各国考察政治大臣载泽奏请宣布立宪密折》（光绪三十二年），见故宫博物院明清档案部编：《清末筹备立宪档案史料》上册，174～175 页，北京，中华书局，1979。

② 《考政大臣之陈奏及廷臣会议立宪情形》，载《宪政初纲》（《东方杂志》临时增刊），光绪三十二年十二月。

保住皇统，必须削减部分皇权，大权政治在中国行不通。①

大清的皇统当然要保持："皇统者有历史上永远保存之性，为全国国民所应尊重。苟有异心，举国所共诛者也。"

但是，皇权则不一样，必须削弱。在该文作者看来，削弱君权，既符合中国古义，也符合立宪原理："以旧义言之，则天子须有公天下之美德。以立宪真理论之，则其精义即不外以民权立国。"他还强调："公天下者，天位永固。"也就是说，要想巩固君位，必须放弃部分君权。

而如果坚持既要鱼，又要熊掌，后果会相当严重。一旦祸乱爆发，"吾皇室实首受其祸"，结果是连君位都保不住，遑论君权？②

既想捍卫君位，又想巩固君权，鱼和熊掌都想要，这是清廷从立宪之初就定下的一个基调，也成为其宪政改革的一个死结。其实，立宪一般都是由专制而来。要立宪，就必须打破专制；打破专制，就意味着削夺君权。唯独日本，因其君主在立宪前本无何等权力（大权在幕府将军手上），其立宪是通过倒幕而实现的，倒幕之后，还了一部分权力给天皇，因此，其君主的权力，反比立宪之前增加了。这确实是日本特有的现象，非他国所可模仿。而清廷却一意效法，因此围绕着宪法钦定还是协定等问题，产生许多纠葛。打开这一死结的办法，诚如该文所论，就是将皇统与皇权分开，为了保持君位，必须放弃部分君权。

可惜，草泽清音，不为居庙堂之高者所重视。

---

① 该文作者有一段文字论述中国如果实行大权政治将会有大祸乱，且暗示将会危及皇家统治："自东学输入以来，所谓君主大权云云者飘举焱发，日炽月昌，于是当轴之臣、承学之士遂以此为抽象之演解。记者有一预言于此，酿成政治上之乱因，陆沉吾中国于九渊者，必此主义也，必此思想也。盖此等主义，为日本国家之特色，实为东方并无真正立宪政体之确切凭据，万万与吾国思想不合，非吾国之国体所得沿用。必欲沿讹习谬，取以为宪法上之根本主义，则政治现象不可言矣。"（选：《皇统与皇权》，载《申报》，宣统三年五月初十日。）

② 选：《皇统与皇权》，载《申报》，宣统三年五月十二日。

三、谘议局联合会：资政院应该要求协议宪法

当 1910 年 8 月成立谘议局联合会的时候，制定了一份《直省谘议局议员联合会章程》。依此，每年的农历六月是谘议局联合会的年会时间。①

但是，1911 年，由于福建谘议局"应议决者甚多"，要求提前开谘议局联合会，得到各省赞成，因此第二届谘议局联合会在农历四月提前召开。② 各省谘议局代表"甫入都门"，就赶上了皇族内阁的出台——皇族内阁成立于 5 月 8 日（四月初十）③，于是大家火速决定，以推倒皇族内阁、建立"完全内阁"为此次年会第一议题。④ 正是在商量如何推倒皇族内阁的过程中，制宪问题也提上了日程。

5 月 20 日（四月二十二日），在松筠庵⑤——这是明代敢谏之士杨继盛的故居，1895 年的"公车上书"就是在这里酝酿出来的——举行的谈话会上，有与会代表提出，为了推倒皇族内阁，需要去拜见政府要员。

王振垚则提出："我们以皇族不可充内阁为请，即遍谒政府，恐必无下判断者。与其如此，不如直接要求协赞宪法。"

此议得到孙洪伊的附和，他马上说："可加入此项。"

主席谭延闿接着说："四川来电第二条，即同此主张。可否即推萧

---

① 《直省谘议局议员联合会章程》，见邱涛点校：《直省谘议局议员联合会报告书汇录》，2 页，北京，北京师范大学出版社，2013。

② 《联合会第二届第一次会员记事录》，见邱涛点校：《直省谘议局议员联合会报告书汇录》，146 页，北京，北京师范大学出版社，2013。

③ 《宣统政纪》，"宣统三年四月戊寅"，见《清实录》第 60 册，934 页，北京，中华书局，1987。

④ 《谘议局联合会宣告全国书》，载《盛京时报》，宣统三年六月十六日。

⑤ 关于 1911 年谘议局联合会年会的开会地点，《申报》有如下报道："联合会代表议定将来开会地方，借定顺治门外松筠庵，约十五后即行开会。"（《谘议局联合会进行近状，恐亦一场无结果》，载《申报》，宣统三年四月十七日。）

湘君起草。"①

谭延闿所说的"四川来电",是指四川谘议局的电报。该电报是通过该省在谘议局联合会的两个代表李文熙(缉庵)、萧湘(秋恕)转交给联合会的。② 这一电报向联合会提出了一些建议,其中第二条为:"催促速编宪法交院协赞。"③电报中所说的"交院",显然是指交给资政院。

谭延闿的提议得到与会者的赞成,于是,"要求协赞宪法"遂成为年会的一项议题,并由萧湘起草。

萧湘的文章作得不错,当5月29日(五月初二日)讨论的时候,大家没有什么异议,只是提出要修改一下文字而已,《陈请建议速编宪法交院协赞案》遂宣告完成。④

该陈请从两个方面论述宪法一定要经资政院协赞之后才能颁布。

首先,不由人民协赞,恐怕人民会不乐于服从,而交给资政院协赞,则显示了朝廷"无我"的境界,能获得人民的拥戴。问题是,交资政院协赞,岂不是破坏了清廷定下的钦定的原则?陈请书辩解道,资政院协赞,与钦定原则并不冲突,因为"即使付院协赞,而最终决定仍归于乾纲独揽",依然还是钦定。如我们所已知,在维护钦定的口号下打破钦定,这是绅士集团新近发明的一个斗争策略。

其次,宪法是根本法,由多数人讨论,能使其完备。陈请书写道,宪法分为"不文宪法"和"成文主义",不文宪法好变动,成文宪法难修改。我国制定的是成文宪法,一旦颁布,不易修改,因此,在制定之

---

① 《联合会第二届第七次会员记事录》,见邱涛点校:《直省谘议局议员联合会报告书汇录》,160~161 页,北京,北京师范大学出版社,2013。

② 二人都是由四川谘议局互选产生的资政院民选议员,按照《直省谘议局议员联合会章程》,联合会以各省谘议局所派遣的议员组成,各省也可派遣由本省谘议局选出的资政院议员,未经派遣的资政院议员,可以请其为会员。参见《直省谘议局议员联合会章程》,见邱涛点校:《直省谘议局议员联合会报告书汇录》,1~2 页,北京,北京师范大学出版社,2013。

③ 《谘议局联合会进行近状,恐亦一场无结果》,载《申报》,宣统三年四月十七日。

④ 《联合会第二届第十二次会员记事录》,见邱涛点校:《直省谘议局议员联合会报告书汇录》,178 页,北京,北京师范大学出版社,2013。

初，应该由多数人讨论。他们还提到，日本的钦定宪法，就因为没有集思广益，留下了很多问题，"前辙之败，可为明鉴"，中国切不可重蹈前辙。①

四、拒绝宪友会

6月13日，《申报》刊登了如下一则消息：

> 近日宪友会员有拟请求政府允准参预宪法之议，宪法大臣伦贝子侦知此事，特于日前与内阁总理会商对付办法。闻已决议拒驳，不允其措词，谓修订宪法为君主大权所寄，关系朝廷尊权，至为重要，各行政衙门尚不得从而参预，何况该会。并拟将来修订告竣，即行奏请钦核颁布，并不由资政院复议云。②

此消息也属于道路传闻，其真实性颇可怀疑。宪友会是在国会请愿同志会的基础上成立的一个政党，其成员多有与谘议局联合会重叠之处。③ 谘议局联合会正在谋求促成资政院协议宪法，并且由议会参与制宪，这是立宪国比较普遍的做法，而以政党名义参与制宪，显得师出无名。当然，不能排除个别宪友会成员有此想法。但是，仅仅因为有个别成员发了这么一种议论，并未成为全党的意志，溥伦就有那么大的反应，于情于理都说不过去。该消息还说溥伦对此的了解是侦探而来，似乎他为了控制制宪权，派了密探专门去侦察民党的动向。此事也颇令人怀疑。

不过，这种莫须有的消息，却是报刊所津津乐道的。7月1日和2

---

① 《陈请建议速编宪法交院协赞案》，见邱涛点校：《直省谘议局议员联合会报告书汇录》，237 页，北京，北京师范大学出版社，2013。

② 《宪友会员未能参预宪法，宪友会又多此一举》，载《申报》，宣统三年五月十七日。

③ 张朋园：《立宪派与辛亥革命》，94 页，上海，上海三联书店，2013。

日，该报又登载了一篇题为《今日参预宪法问题》的论说，就此传闻引申开去，大谈必须允许人民参与制宪，以及为了争得制宪权该采取的措施。这种传闻和论说的出现，都显示了在野者对于钦定宪法之做法的不满和打破钦定的愿望。

因为该文正好发表于钦定制宪班子在焕章殿开会启动制宪事宜之前，下文将不嫌辞费，对它略加介绍，以窥见钦定制宪班子是在一种什么样的舆论声中启动制宪工作的。

一开篇，该文作者写道，听到宪友会要求参与制宪遭拒的消息，不禁感慨系之。这说明，清廷并非真想立宪，所谓立宪，"不过窃借立宪二字以实行其专制"而已，这么做，还可以避开专制之名。从表面上看，中国是在立宪，但其实，"专制之精神直愈接而愈厉"。

在该文作者看来，拒绝宪友会参与制宪的请求尚说得过去，因为政党才出现于中国，"极幼稚"，"萌芽才茁"，没有什么活动能力。但宪法"不由资政院复议"一事，则完全说不过去。作者写道：

> 若资政院非所谓将来议院之基乎，而不容其置喙，是直以宪法为在上者专有之一物，而以后纵钦核颁布，已失其成立之价值。①

为什么说不经资政院讨论就颁布的宪法没有价值？理由很简单，宪法是君与民应该"共同遵守"，双方都不可逾越的，因此，"宪法之发生，亦君与民共同制定之而始成立"。"出诸独裁"的宪法是违背宪法原理的，是得不到人民认可的。

该文作者进一步分析道，溥伦等人宣称"修订宪法为君主大权所寄"，其法理根据，当在于颁布《宪法大纲》时所确立的先颁布宪法后召开国会的原则。但是，未经"在下者之参预而协赞"，完全"成于上"的宪法，肯定只是一纸空文。清廷现在仍坚持要先颁宪法后开国会，事实上就是要完全剥夺"吾民"参与制宪的权利。

---

① 嘉言：《今日参预宪法问题》，载《申报》，宣统三年六月初六日。

在该文作者看来，必须争取制宪权，否则宪法一经颁布，人民就要"万劫不复"了。

至于争取的办法，他提出来两个，一个是修改《集会结社律》，另一个是修改《资政院章程》。修改《资政院章程》，即人们言之已多的删除资政院议决事项中"宪法不在此限"一句，以使资政院协赞宪法有法理依据。至于修改《集会结社律》，可以说是该文作者的一点创新。不过，修改该律究竟如何有利于人民参与制宪，文中说得并不清楚。①

但是，无论如何，这篇文章和同时期的其他文章一样，至少显示了在野者急切想参与制宪的热忱。

清廷的制宪班子，正是在这种氛围中正式开始办公的。

---

① 该文作者论道："按前次颁布《政治集会结社律》有云：'政治集会不得过二百人，政治结社不得过一百人。'并有不准干涉国家种种之制限。推其当日制律之意，是唯恐有伟大巩固之政党之出现，而预定此法律以离散之，俾即有无量数之政团崛起，于时各各分立，亦不复有力。去岁虽经资政院议员有此项陈请建议之呈文，然未闻将原律交院修改，则此律不改，而欲望区区少数之党员得以参末座而有所献替，其可得也乎？"该文作者之意，似乎是只有修改《集会结社律》，才能形成有力量的政党，有了强大的政党，要求制宪时，就不会如宪友会这般被粗暴拒绝，才有机会参与制宪。参见嘉言：《今日参预宪法问题（续）》，载《申报》，宣统三年六月初七日。

第十五章　旅行与制宪(上)

一、峋峋崖之行

(一)华洋旅馆

1911 年 7 月 6 日早上，汪荣宝起床后，洗了个冷水澡，便收拾行装。行李中，有书十多本。11 点，他到达西直门车站。不久，李家驹也来了。他们搭乘了 12 点 45 分开的火车，于下午 2 点 43 分抵达南口，入住华洋旅馆。

两位这次同行，是为了避开京城的喧嚣，为大清起草宪法。

在华洋旅馆安顿下来之后，天变得阴沉沉的，一派山雨欲来的样子。天气不好，周围也没有什么好景致，于是，他们在旅馆的客座后轩坐下来，"促膝杂谈"。虽然是夏天，但非常凉快，感觉可以穿夹衣。晚饭后，天气转晴，月亮出来了。他们谈到 10 点多，各自入房休息。

他们准备第二天参观明陵，由赵氏兄弟向导。赵氏兄弟的家就在陵门左近，他们是端方的旧交。端方听说汪荣宝和李家驹要到明陵起草宪法，特意请赵氏兄弟"料理一切"。赵氏兄弟很上心，这天特意赶到西直门恭迎两位大人物。第二天的入山事宜，他们也都安排好了。汪荣宝觉得，这真是"极旅行之便利"。①

(二)明陵楠木

大概由于到了新环境，汪荣宝次日醒得很早。他躺在床上，听到

① 北京大学图书馆馆藏稿本丛书编委会编辑：《汪荣宝日记》("北京大学图书馆馆藏稿本丛书"第 1 册)，922 页，天津，天津古籍出版社，1987。

了淅淅沥沥的雨声。不过，等他5点30分起床的时候，雨停了。

吃过早餐，7点左右，汪荣宝和李家驹坐肩舆出发，参观明陵。来到一座"雕镂精妙"的石坊时，他们停下来小憩。石坊以东有一道堤防，用来阻挡山洪，这是端方担任直隶总督期间，特意要昌平州修筑的。在石坊东北的小山上，有一排别墅，也是端方的杰作。一看两位大人饶有兴趣，赵氏兄弟便带他们过去参观。他们在那里休息了一会，赵氏兄弟又招待他们吃午饭，他们的父亲（汪荣宝在日记中记作"赵翁"）也过来打招呼。

午饭有点早，但补充一点能量，对于参观有好处。11点左右，汪荣宝和李家驹在赵氏兄弟中的赵珍（席卿）的陪同下参观长陵，明成祖朱棣和他的皇后长眠于此。他们对长陵的宏壮叹为观止，尤其是祾恩殿的大柱，都是巨大的楠木做成，"圆周可丈许"，令人震撼。李家驹和汪荣宝兴致高涨，决定两个人合抱一下看看。他们试了试，两人合抱，"手指不能及"。这令他们益发惊叹，摩挲着楠木大柱，遥想"明初物力之盛"。

从长陵出来，又参观定陵，明朝第十三位皇帝神宗朱翊钧和他的皇后埋葬于此。汪荣宝一看，定陵"规制狭小，不及长陵远矣"。从长陵的宏壮到定陵的狭小，汪荣宝读到了历史的盛衰。

他们很快结束了对定陵的参观，上轿，前往岣岣崖。沿途风景颇佳，"山翠扑人，泉流清绝"，不过，道路也越来越崎岖，到后来，只能下轿，徒步前行。来到瑞峰庵的时候，他们实在有点累了，便稍作休息。但此时已下午5点多，他们不敢勾留太久，乃再次鼓起勇气，拾级而上，终于到达了此行的终点：玉虚观。

薄暮时分，汪荣宝和李家驹登上玉虚观后面的玉皇阁，坐下来远眺，只见群山苍翠。俯视明陵，只看到一个角，形如手掌。正看得有兴致，突然雷雨交作，天一下子昏黑，什么都看不清了。两人赶紧回到玉虚观。

那天夜里，他们住在玉虚观的西厢。[1]

---

[1] 北京大学图书馆馆藏稿本丛书编委会编辑：《汪荣宝日记》（"北京大学图书馆馆藏稿本丛书"第1册），923页，天津，天津古籍出版社，1987。

（三）宪法章目

8 日清早，汪荣宝洗冷水浴后，和李家驹一道走出玉虚观，循着一条小路，往西一转，没走多远便看到了一个人工水池，蓄着泉水。岩泉清冽，如蒸馏过一般。玉虚观中的饮用水就是从池中提取的。水池的一侧有小庙，供着龙神，取名"五龙宫"。

略事参观五龙宫之后，两位正式办公，"商榷纂拟义例"。

早饭后，汪荣宝回房睡了两小时。起床后，继续起草宪法的工作："起草凡例六条，又拟定章目。"

汪荣宝所起草的"凡例六条"，应该就是他和李家驹商讨过的"纂拟义例"。这六条凡例我无缘得见，宪法章目则在汪荣宝的日记中留了下来，弥足珍贵：

（一）皇帝；（二）摄政；（三）领土；（四）臣民；（五）帝国议会；（六）政府；（七）法院；（八）法律；（九）会计；（十）附则。①

后来执笔起草宪法条文的时候，各章的名称没有改变（后文详述）。

汪荣宝起草完宪法章目之后，和李家驹一起到玉虚观之东的碧霞宫游览，薄暮时分才返回玉虚观。回到玉虚观后，他还在一块石碑的侧面留下了一首放翁诗。②

（四）议久不决

9 日，一早起来，他们就开始工作。先讨论弼德院是否应该"列为宪法上之机关"，两人将所带来的书参考了一遍，依然不得要领。于是他们开始草拟第一章。到第八条的时候，又遇到了问题。这一条是关于君主命令权的，汪荣宝"欲采普鲁士等国宪法主义，不取独立命令，而略采俄罗斯宪法之意，加入委任命令一层"，但与李家驹讨论，"议

---

① 北京大学图书馆馆藏稿本丛书编委会编辑：《汪荣宝日记》（"北京大学图书馆馆藏稿本丛书"第 1 册），924 页，天津，天津古籍出版社，1987。
② 北京大学图书馆馆藏稿本丛书编委会编辑：《汪荣宝日记》（"北京大学图书馆馆藏稿本丛书"第 1 册），924 页，天津，天津古籍出版社，1987。

久不决"，干脆搁笔，参观去。

这时已是下午 6 点左右，他们去了玉虚观以东的斗姆宫和了了亭。后者是端方建造的，"榆柏交荫"，非常幽静。回来的路上，经过碧霞宫，他们又进去看了一下。

晚饭后，他们登上玉皇阁。天空中没有一丝云彩，月光如画。树影婆娑，泉声潺潺，"一洗尘虑"。两位诗兴大发，乃玩起了诗钟游戏，以"宪""沟"二字分咏。① 正在构思之际，突然听到数声怪啸，"自南而北"，两人听了，大为惊异，回到玉虚观，向道士询问。道士说，这种怪啸，他们也"从来未闻"。汪荣宝推测，应该是"山兽鸣号"。②

（五）但使君臣同一体

10 日，起床后，汪荣宝一人走出玉虚观，西行散步。与东面相比，这一面更为险峻，"俯仰岩壑"，汪荣宝突然产生了"出尘之想"。汪荣宝当然无法"出尘"，他很快就跟李家驹见面，商量昨日未决的宪法第八条"独立命令"问题。经讨论，他们达成了一致意见："采日本宪法主义，而条件加严。"两人接着往下起草，完成了第二章。

傍晚 6 点，结束了一天的工作之后，两人一起登上玉皇阁（汪荣宝写作"玉皇观"，当系笔误），玩起了联句游戏，成诗一首，题写在壁上：

---

① 诗钟是一种高雅的文字游戏。《中国古代生活辞典》中有"诗钟"条："流行于清代文人中的一种文字游戏。任取两件事物作题，此二者意义绝不能相同，可以分咏，可以嵌字，要求诗句必须斤两相当，凑和自然。如将'尺'、'蜂'作题，以两句分咏：'灯下量衣催五夜，房中酿蜜正三春'；以'女'、'花'为题：'商女不知亡国恨，落花犹似堕楼人。'两字分别嵌于上下两句诗中。游戏构思时以缕系寸香，并缀有铜钱，下面置盂，待香火焚烧断缕，钱落盂中，即为到时，此后就算做得再好，也不算数了。因钱落盂中会发出脆响，所以得名'诗钟'。后来将这种文人游戏移用于灯谜上，即形成所谓'诗钟体'：谜面为两句律诗，分扣两个绝不相类的谜底。"（何本方、李树权、胡晓昆主编：《中国古代生活辞典》，499 页，沈阳，沈阳出版社，2003。）

② 北京大学图书馆馆藏稿本丛书编委会编辑：《汪荣宝日记》（"北京大学图书馆馆藏稿本丛书"第 1 册），925 页，天津，天津古籍出版社，1987。

汉家陵阙已苍茫，

西上灵岩见夕阳。

径路千盘飞鸟绝（以上三句汪荣宝），

山阿终古女萝荒。

可怜钟漏沉沉歇（以上二句李家驹），

谁念衣冠寂寂藏（此句汪荣宝）。

但使君臣同一体，

更无来者吊兴亡（以上二句李家驹）。①

从李家驹的"更无来者吊兴亡"可以看出，他对于目前正在从事的起草宪法工作寄有厚望，对时局相当乐观。至于汪荣宝，则似乎要悲观一些，这从"谁念衣冠寂寂藏"等句可以感受出来。

（六）领土变更问题

11 日，起床后，汪荣宝就收拾行囊。9 点左右，他和李家驹一起步行下山。二人行至瑞峰庵，稍事休息，坐轿子到德胜口。赵珍的族人多居住于此，他热情地邀请两位大人到自己的一位叔父家品茗。12 点，他们抵达端方的别墅，本来准备在此吃完午饭就赶往南口，但赵翁热心挽留，盛情难却，加上"湿云如墨，恐有暴雨"，因此决定在此过夜。

还好，雨下得不大，持续时间也不长。雨停后，他们登上北首山望远，汪荣宝还捡了一块黄色琉璃瓦带回来。

晚饭后，两人讨论"领土变更问题"，到 10 点多才睡。②

（七）消遣读物

次日早上 5 点多钟，汪荣宝和李家驹就起床了。赵翁也起来了，他继续热情挽留两位贵宾，但两位贵宾"决意返京"。6 点左右，他们

---

① 北京大学图书馆馆藏稿本丛书编委会编辑：《汪荣宝日记》（"北京大学图书馆馆藏稿本丛书"第 1 册），926 页，天津，天津古籍出版社，1987。

② 北京大学图书馆馆藏稿本丛书编委会编辑：《汪荣宝日记》（"北京大学图书馆馆藏稿本丛书"第 1 册），927 页，天津，天津古籍出版社，1987。

坐上肩舆，向沙河进发，准备乘坐 8 点 49 分由此开出的火车回京。

　　未曾想，汪荣宝所乘的肩舆，有一个舆夫行动有些迟缓，结果，李家驹先到达，刚好火车也来了，但因汪荣宝落后，他不能单独登车。等汪荣宝赶到，火车已开走。没有办法，两人只好坐下一班车。

　　等车期间，他们在附近的小客店休息。但是，客店太简陋，"不堪驻足"。汪荣宝乃从行囊中翻出来一本美浓部达吉的《宪法》阅读，借以打发时间。12 点，两人再回到车站等车，下午 2 点抵达西直门。①

二、玉虚观归来：开始进呈钦定

(一)凡例与章目，恭候训示

　　从峋嵝崖回来的次日（7 月 13 日）早上，汪荣宝接到溥伦电话，约他中午 1 点左右到府上一谈。上午 10 点，汪荣宝到福全馆参加应酬。饭后，他本欲先拜访一下邹嘉来（子东），祝贺他成为弼德院副院长，但邹嘉来不在，于是便前往溥伦家，"为纂拟事有所商榷"。所商何事，不得而知。

　　从溥伦家出来，汪荣宝去了焕章殿，载泽和陈邦瑞已在。载泽交给汪荣宝几份文件。汪荣宝打开一看，是"半年间朝官条陈宪法折片数件"。到底是哪几件，汪荣宝没有留下记录，但应该有前文提到的钱能训、王樸、袁励准几人的折子，他们都强调制宪时一定要保守秘密。

　　不久，"柳溪及贝子陆续至"。汪荣宝写得很清楚，是李家驹先到，溥伦后到。那么，在李家驹到之后，溥伦到之前，他们有没有做点什么？汪荣宝没有交代。我想，载泽可能将那几件京官折片也给李家驹看了。同样，在汪荣宝到之前，他应该也将这些折片给陈邦瑞看过。作为主持制宪的大臣之一，载泽将这些折片交给协纂大臣们阅看，等于明白宣示，要注意这些人的意见。

　　溥伦到后，正式开会。

_____

　　①　北京大学图书馆馆藏稿本丛书编委会编辑：《汪荣宝日记》（"北京大学图书馆馆藏稿本丛书"第 1 册），928 页，天津，天津古籍出版社，1987。

先由李家驹将他和汪荣宝商定的"纂拟凡例及章目"拿出来讨论，而汪荣宝则向溥伦和载泽"陈说大意"。对凡例与章目，溥伦和载泽"均以为然"，于是决定进呈给监国摄政王，"恭候训示"。

既然已经正式开始制宪，当然应该奏报，并且需要申请经费。于是，会议决定，由恩华起草奏报开办情形及请款的折片。恩华当场草就，纂拟宪法大臣和协纂大臣们当场阅定，随即散会，时已下午 6 点 30 分。①

又过了一天，汪荣宝在 15 日的日记中写道：午饭后，在家"缮写凡例及章目，豫备进呈"②。由此可知，凡例和章目是汪荣宝缮写的。

（二）第一、第二次进呈

7 月 26 日，汪荣宝在日记中留下了如下一句："接续抄写宪草。"③其所抄写的宪草，显然是峋峋崖之行中所起草的宪草第一、第二章。从"接续"二字可以判断，抄写一事，不是从这一天开始的。

8 月 1 日，汪荣宝早上起来，洗过冷水浴之后，便"写宪草"。④ 此处所云"写"，不知是否起草之意。

那一天，"写宪草"之后，汪荣宝吃了早饭。饭罢，正准备去焕章殿⑤，金邦平来。汪荣宝与金邦平谈话间，民政部来电话，催他赶紧去一趟。汪荣宝赶到民政部，善耆说，他觉得民政部和农工商部会奏的疏导淮河办法有待修改完善，叫他先与溥伦说一声。从民政部出来，汪荣宝立即进入紫禁城，溥伦、载泽、陈邦瑞、李家驹均已在。溥伦、

---

① 北京大学图书馆馆藏稿本丛书编委会编辑：《汪荣宝日记》（"北京大学图书馆馆藏稿本丛书"第 1 册），929 页，天津，天津古籍出版社，1987。

② 北京大学图书馆馆藏稿本丛书编委会编辑：《汪荣宝日记》（"北京大学图书馆馆藏稿本丛书"第 1 册），931 页，天津，天津古籍出版社，1987。

③ 北京大学图书馆馆藏稿本丛书编委会编辑：《汪荣宝日记》（"北京大学图书馆馆藏稿本丛书"第 1 册），942 页，天津，天津古籍出版社，1987。

④ 北京大学图书馆馆藏稿本丛书编委会编辑：《汪荣宝日记》（"北京大学图书馆馆藏稿本丛书"第 1 册），948 页，天津，天津古籍出版社，1987。

⑤ 此处汪荣宝写作"武英殿"，大概因为焕章殿是武英殿的侧殿，因此，去焕章殿办理制宪事宜，汪荣宝有时写作去武英殿。

载泽各自将第一章的正文抄录了一份，又令书记官将第一、第二两条的参考条文和按语抄出，仔细审阅，7 点多钟才结束工作，并约定 4 日再集议。

4 日上午 10 点左右，汪荣宝来到焕章殿时，陈邦瑞、李家驹已到。三人分写按语。下午 2 点左右，溥伦和载泽也先后赶到。五人一起，将前五条的正文和按语逐一讨论，正文没有什么改动，只对按语有几处修改。他们约定 6 日午后再商议一次，议定之后，即在 7 日督率书记官缮写，定期进呈。待完工，已是晚上 7 点 30 分。①

6 日，众人确实又在焕章殿办公了，但据《汪荣宝日记》，他们并未讨论第一到第五条的正文和按语。②

7 日，汪荣宝 8 点左右就到了焕章殿，和陈邦瑞一道，督率书记官将前五条的参考条文和按语用楷书誊写（"誊真"）。下午 1 点左右，李家驹来接班，于是，汪荣宝和陈邦瑞"同散"。③

8 日，在焕章殿，制宪五人组经过讨论，决议将"皇室大典之制定"加入第一章，作为第二条第二项，遂命书记官"改写一页"，溥伦、载泽将正文分别填入，装订成册，预备 10 日进呈。这天完工比较早，"三时顷散"。④

据《汪荣宝日记》，10 日，溥伦和载泽确实将第一到第五条的正文和按语进呈了。⑤ 13 日，汪荣宝得到消息，溥伦、载泽第二天预备召

① 北京大学图书馆馆藏稿本丛书编委会编辑：《汪荣宝日记》（"北京大学图书馆馆藏稿本丛书"第 1 册），951 页，天津，天津古籍出版社，1987。
② 北京大学图书馆馆藏稿本丛书编委会编辑：《汪荣宝日记》（"北京大学图书馆馆藏稿本丛书"第 1 册），953 页，天津，天津古籍出版社，1987。
③ 北京大学图书馆馆藏稿本丛书编委会编辑：《汪荣宝日记》（"北京大学图书馆馆藏稿本丛书"第 1 册），954 页，天津，天津古籍出版社，1987。
④ 北京大学图书馆馆藏稿本丛书编委会编辑：《汪荣宝日记》（"北京大学图书馆馆藏稿本丛书"第 1 册），955 页，天津，天津古籍出版社，1987。
⑤ 北京大学图书馆馆藏稿本丛书编委会编辑：《汪荣宝日记》（"北京大学图书馆馆藏稿本丛书"第 1 册），955 页，天津，天津古籍出版社，1987。

见，"前五条清本当可发下"①。14 日，清本确实发下来了，15 日，在焕章殿碰面时，汪荣宝等人看到了清本，"正条无所更易，惟按语颇有删节"②。

第一批宪草进呈"钦定"的工作，至此告一段落。

不过，在摄政王"钦定"之后，也不是完全不可以再改。因为就在 15 日的焕章殿会议上，看完清本之后，制宪五人组就做出了一个决议，要将新增入的第二条第二项（"制定皇室大典"）改为专条（后文详述）。

15 日的焕章殿会议还决定，要将第六至第九条的正文和按语"接续进呈"，由陈邦瑞叫上书记官，明天到他家里"敬谨缮写"，后天再"会集校勘"。③

17 日，当汪荣宝 10 点左右到焕章殿的时候，李家驹和陈邦瑞已在。他和李家驹讨论第八条有疑问之处，但"辨难半日"，还是议定用原文。下午 2 点左右，溥伦、载泽先后到达，亲自填写正文，并校勘、装订，6 点多完工。他们决定第二天进呈。

这一天的另一个重要决定是，汪荣宝和李家驹将于次日到上方山"接续起草"。④

因此，溥伦和载泽第二次进呈宪草之日，也就是李家驹和汪荣宝第二次离开京城起草宪法之时。

---

① 北京大学图书馆馆藏稿本丛书编委会编辑：《汪荣宝日记》（"北京大学图书馆馆藏稿本丛书"第 1 册），960 页，天津，天津古籍出版社，1987。

② 北京大学图书馆馆藏稿本丛书编委会编辑：《汪荣宝日记》（"北京大学图书馆馆藏稿本丛书"第 1 册），962 页，天津，天津古籍出版社，1987。

③ 北京大学图书馆馆藏稿本丛书编委会编辑：《汪荣宝日记》（"北京大学图书馆馆藏稿本丛书"第 1 册），962 页，天津，天津古籍出版社，1987。

④ 北京大学图书馆馆藏稿本丛书编委会编辑：《汪荣宝日记》（"北京大学图书馆馆藏稿本丛书"第 1 册），964 页，天津，天津古籍出版社，1987。

第十六章　旅行与制宪(中)

一、上方山之行

(一)起草第三、第四章

果然，8 月 18 日，汪荣宝和李家驹又离开京城，外出起草宪法。

那天上午 9 点 15 分，汪荣宝前往西直门车站，李家驹已在。9 点 50 分，火车开动，午后 1 点到达周口店。下车后两人改乘肩舆，"沿路停顿"，7 点左右到达接待庵，决定在此过夜。

晚饭后，两人在庵门外纳了一会儿凉，早睡。①

19 日早上 8 点左右，两人离开接待庵，登山。道路曲折，走了里把路，遇到一个有两百多级的云梯，其中有数十级"势颇斗峭"，两旁有铁索，他们攀缘而上。爬上云梯，有一座庵，取名"云梯庵"。他们走进去，休息片刻，继续往上，来到位于山顶的兜率寺。

兜率寺很宏大，比玉虚观要大四五倍。在西院的东厢入住后，汪荣宝即检点行装，安置笔砚，补写日记。

午饭后，汪荣宝开始办公，"草第三章，成。又删改第十五条按语"。第十五条，属于第一章。

这时，汪荣宝感觉累了，上床睡了两小时。傍晚，他与李家驹讨

---

① 北京大学图书馆馆藏稿本丛书编委会编辑：《汪荣宝日记》("北京大学图书馆馆藏稿本丛书"第 1 册)，965 页，天津，天津古籍出版社，1987。

论第二、第三章,"大略粗定"。①

20 日一早起来,汪荣宝发现天气很凉,可以穿夹衣了。他走出寺门,大口呼吸新鲜空气,"山光树色,爽心悦目"。由于外面太凉,不敢久待,他很快又回到庙中,读碑文,得知该寺乃是明代万历年间所造,主其事者为司礼监李中轩。

这时,李家驹也起来了,他们一道登上钟楼,在壁上题字,记下来游日月。此后,汪荣宝开始办公,"草宪法第四章"。下午 5 点左右,两人一起游华严洞。②

(二)起草、修改第五章,商榷日本宪法第三十一条

21 日,一早起来,汪荣宝就开始工作:"草宪法第五章,易稿数回,伏案竟日",相当辛苦。除此之外,汪荣宝还与李家驹讨论第四章,"修改文字,增加一条"。

傍晚,在寺庙旁散步时,两人还在热烈讨论。日本宪法第三十一条③,汪荣宝没有采用,对此,李家驹"颇有疑义"。汪荣宝说,日本宪法中的这一条"殊不可解",与其在第四章中采用此条,"不如以大权事项非列举所能尽之恉",采用伊藤博文和穗积八束等人的学说,"明白规定,列入第一章之末,作为第二十条"。李家驹听了,"大以为然"。于是,他们"酌拟条文,彼此商定而罢"。④

22 日,下雨,无法游玩。

这一天,汪荣宝吸取前一天与李家驹讨论的结果,"写定宪草第四

---

① 北京大学图书馆馆藏稿本丛书编委会编辑:《汪荣宝日记》("北京大学图书馆馆藏稿本丛书"第 1 册),966 页,天津,天津古籍出版社,1987。

② 北京大学图书馆馆藏稿本丛书编委会编辑:《汪荣宝日记》("北京大学图书馆馆藏稿本丛书"第 1 册),967 页,天津,天津古籍出版社,1987。

③ 明治宪法第三十一条属于第二章"臣民权利义务",该条全文如下:"本章所载条规于战时或国家事变之际无碍天皇大权之施行。"(《日本宪法全文》,载《东方杂志》,第 3 年,第 11 期,光绪三十二年。)

④ 北京大学图书馆馆藏稿本丛书编委会编辑:《汪荣宝日记》("北京大学图书馆馆藏稿本丛书"第 1 册),968 页,天津,天津古籍出版社,1987。

章"，并与李家驹"讨论第五章"，还读了有贺长雄的《大臣责任论》。①

次日，天阴沉沉的。汪荣宝与李家驹"讨论第五章条文，略有修改"。午饭后，汪荣宝阅读清水澄的《宪法》。

两人于那天下午4点左右下山，宿于接待庵。②

24日一早，他们从接待庵出发，11点左右到达琉璃河，在此乘车，下午2点抵达前门，结束了这一次草宪旅行。③

二、兜率寺归来：百忧交集

（一）梦寐皆是

从上方山回来的次日（8月25日）上午，汪荣宝因宪草第十六条第二项"颇多挂漏"，在家修正。为此，他"遍检清水、织田、美浓部、上杉诸氏著书阅之"，然后"酌拟条文"，但"终苦不当"。

午饭后，汪荣宝到民政部上班，谒见新上司桂春。从民政部下班后，他去了溥伦家，"谈一时许"。④

26日，汪荣宝在家阅读副岛义一的《宪法论》一书中关于条约与立法的关系，觉得"颇与余意见相合"，乃"采其意，拟成条文"。⑤

27日上午，汪荣宝在家"阅宪法各书"。饭后他去找李家驹，"略述近日所见"；随后拜见徐世昌，未见着；又访问陆宗舆，也未能见着。于是他就回家了。先后有好几个人分别来找他谈话。见完客人，

---

① 北京大学图书馆馆藏稿本丛书编委会编辑：《汪荣宝日记》（"北京大学图书馆馆藏稿本丛书"第1册），969页，天津，天津古籍出版社，1987。
② 北京大学图书馆馆藏稿本丛书编委会编辑：《汪荣宝日记》（"北京大学图书馆馆藏稿本丛书"第1册），970页，天津，天津古籍出版社，1987。
③ 北京大学图书馆馆藏稿本丛书编委会编辑：《汪荣宝日记》（"北京大学图书馆馆藏稿本丛书"第1册），971页，天津，天津古籍出版社，1987。
④ 北京大学图书馆馆藏稿本丛书编委会编辑：《汪荣宝日记》（"北京大学图书馆馆藏稿本丛书"第1册），972页，天津，天津古籍出版社，1987。
⑤ 北京大学图书馆馆藏稿本丛书编委会编辑：《汪荣宝日记》（"北京大学图书馆馆藏稿本丛书"第1册），973页，天津，天津古籍出版社，1987。

他继续制宪工作，"拟改第三章第二十六条条文，参考各书"。①

28 日，制宪五人组在焕章殿开会。汪荣宝将 25 日修改的第十六条两项，以及 21 日在兜率寺商定的拟增第二十条，又与李家驹商讨了一番。确定之后，请溥伦、载泽审定，他们均"无异词"。但是，汪荣宝仔细一想，觉得第二十条还是有问题，因此又提出将此条作为未定稿，"下届再商"。

随后，他们为第三次进呈做准备。第三次将进呈第十至第十五条。清理好之后，交给陈邦瑞，由他次日在自己家督同书记官缮写。

溥伦和载泽又将摄政王"钦定"后的第二次进呈本向大家宣示。汪荣宝发现，载沣对按语删削不少，"语极简当"，但对条文则"一无更动"。汪荣宝觉得摄政王很英明（"睿鉴莹澈"），非常高兴（"无任欢忭"）。②

29 日，起床后，因患伤风，汪荣宝没有洗冷水浴。但他对宪法的钻研则没有停止，起床后即"阅美浓部、副岛、上杉诸氏宪法书"。下午 3 点左右从民政部下班回家后，又"续阅各书，略有所悟"，且将所悟与孙润宇"讨论良久"。

那天晚上，汪荣宝放松了一次，"手谈一局"。说得文绉绉的，不知究竟是下棋还是打麻将。对于何以要"手谈"，日记倒是有交代，无他，只因制宪太辛苦："连日钻研宪法，方寸萦回，跬步不忘，梦寐皆是，殊于身心无益，故欲借手谈以遣之也。"③

(二) 百忧交集

为了得到较好的休息，汪荣宝 30 日决心不钻研宪法。北京城从 29 日晚上 12 点开始下大雨，一直到 30 日下午 4 点左右才停下来。此前，孙雄（师郑）送了一些册页来，请汪荣宝将自己的诗歌写在上面。这天，"雨窗无事"，汪荣宝写了几首自己的近作。写完了，他还学了

---

① 北京大学图书馆藏稿本丛书编委会编辑：《汪荣宝日记》（"北京大学图书馆馆藏稿本丛书"第 1 册），974 页，天津，天津古籍出版社，1987。

② 北京大学图书馆藏稿本丛书编委会编辑：《汪荣宝日记》（"北京大学图书馆馆藏稿本丛书"第 1 册），975 页，天津，天津古籍出版社，1987。

③ 北京大学图书馆藏稿本丛书编委会编辑：《汪荣宝日记》（"北京大学图书馆馆藏稿本丛书"第 1 册），976 页，天津，天津古籍出版社，1987。

一支《长生殿》的曲子。

但是，这一天也未能完全与制宪脱离干系。晚上，汪荣宝收到溥伦来书，说他已与载泽商定，将于 9 月 1 日上午 10 点在焕章殿召开制宪会议，并叫汪荣宝通知陈邦瑞和李家驹。①

次日，汪荣宝又在家研究第二十条。他觉得这一条"疑义甚多""易滋误解"，想重拟条文。为此，他"遍检日本诸博士说"，但"苦不得当"。晚上，他又收到溥伦的书信，由于溥伦感冒了，原定明天的会议改到 9 月 3 日。②

9 月 1 日，汪荣宝访问李家驹，祝贺他新近被任命为资政院总裁，并"略谈纂拟事"，商定 10 日或 11 日动身去泰山旅行制宪。从李家驹家里出来，他又去溥伦府上谈了一会。回家后，"阅关于宪法各书"。③

3 日上午 10 点 30 分，汪荣宝又来到溥伦府邸，就他是否应该开去资政院议员一事，与溥伦面谈。面谈的结果，汪荣宝在日记中没有交代。

告别溥伦，汪荣宝赶往焕章殿参加制宪会议。制宪五人组"料理竟日"的主要成果，是将第三次进呈的准备工作做好了，溥伦和载泽决定在次日进呈。

本日会议的另一重要内容，是讨论拟议中的第二十条。经商量，制宪五人组决定还是不要这一条。④ 如此，第一章就确定是十九条（后文详述）。

5 日，李家驹拜访汪荣宝，商量如何招待资政院议员。汪荣宝列了一份招待名单给李家驹，并将宪草第三章的参考条文交给他，请他

① 北京大学图书馆馆藏稿本丛书编委会编辑：《汪荣宝日记》（"北京大学图书馆馆藏稿本丛书"第 1 册），977 页，天津，天津古籍出版社，1987。
② 北京大学图书馆馆藏稿本丛书编委会编辑：《汪荣宝日记》（"北京大学图书馆馆藏稿本丛书"第 1 册），978 页，天津，天津古籍出版社，1987。
③ 北京大学图书馆馆藏稿本丛书编委会编辑：《汪荣宝日记》（"北京大学图书馆馆藏稿本丛书"第 1 册），979 页，天津，天津古籍出版社，1987。
④ 北京大学图书馆馆藏稿本丛书编委会编辑：《汪荣宝日记》（"北京大学图书馆馆藏稿本丛书"第 1 册），981 页，天津，天津古籍出版社，1987。

加按语。

那天晚上，汪荣宝阅读了美浓部达吉翻译的耶利内克的《宪法变化论》，心情大坏。原来，《宪法变化论》中有一段论述国会制度的缺点，并大谈"代表主义"无用。汪荣宝在感叹耶利内克的议论"精警透彻"的同时，意识到仅仅模仿别国制度无法挽救危局。这是他表露出"宪法无用"的想法最为明确的一次：

> 以他人行之数十年而犹未惬意者，我乃方思学步，即一一摹拟惟肖，已不免为学人所嗤，况复袭其皮毛而遗其精意，欲以挽回颓运，岂可得哉！掩卷深思，百忧交集。①

作为奉朝旨起草宪法之人，意识到呆然模仿别国制度不对，无疑是一件好事。但是，清廷制宪的初心是，不但要解决统治危机，还想巩固君权，现在，起草者却觉得这是做不到的，这对于清廷而言，大概不是福音。并且，汪荣宝觉得，清廷现在要挽回的是"颓运"，也就是说，在他看来，清廷已处在末世。这真是难得的大实话。但对汪荣宝而言，这一认识令他颇为苦恼，因此，当他掩卷深思，忍不住百忧交集。

（三）包举一切的词语

大约是因为心情不好，6 日，汪荣宝没有研究宪法，而是拜客、会客。在陆宗舆家吃过晚饭之后，他还同陆宗舆、曹汝霖一起到长安街看电影，11 点多才散归。②

经过一天放松，心态调整过来了，汪荣宝在 7 日研究了各国司法制度，当天夜里，还与孙润宇"讨论疑义"到凌晨 1 点左右。③

---

① 北京大学图书馆馆藏稿本丛书编委会编辑：《汪荣宝日记》（"北京大学图书馆馆藏稿本丛书"第 1 册），983 页，天津，天津古籍出版社，1987。

② 北京大学图书馆馆藏稿本丛书编委会编辑：《汪荣宝日记》（"北京大学图书馆馆藏稿本丛书"第 1 册），984 页，天津，天津古籍出版社，1987。

③ 北京大学图书馆馆藏稿本丛书编委会编辑：《汪荣宝日记》（"北京大学图书馆馆藏稿本丛书"第 1 册），985 页，天津，天津古籍出版社，1987。

8日上午，汪荣宝拜访李家驹，李家驹不在。随后他到法律馆，研究如何用一个词语包举谕、旨、诏、诰、制、敕等帝王发布的命令。他此前注意到日本宪法第五十五条有"诏敕"的提法，而《普鲁士宪法》则称为"国王所发之公文书"，二者都包括了君主所发的所有命令，但是，"于中国均不合用"。他想到，《唐律》中有"制书"的提法，也是包举一切的。这天，他特意在法律馆查阅《唐律疏议》，但"不得确诂"。

下午5点多，汪荣宝访问受聘于中国政府的冈田朝太郎，就各国司法权解释之异同向其请教，也"颇不了了"。他感叹，冈田朝太郎是刑法学者，对其他公法"未尝十分研究"。①

汪荣宝这一天的行事，可以修正我的两点认识。

其一，我曾经判断，制宪的工作，要么是在焕章殿，要么是在家里，从来没有在别的衙门进行过。这么做是为了保守秘密。现在看来，这一判断不准确，因为汪荣宝确实在法律馆研究了《唐律》，以便找到一个能够包举一切君主命令的词语。

其二，我曾经判断，为了保守秘密，能够参与讨论制宪事务的，只有摄政王和制宪五人组的成员。现在看来，这一判断也不准确，因为很明显，汪荣宝向冈田朝太郎请教过。与汪荣宝讨论最多的，应该是他的连襟孙润宇。从前文所述已可知，他们两人不止一次就有关问题长谈。②

当然，即使如此，也并不会影响我的基本判断，即此次制宪，是一次秘密制宪。

（四）共相扼腕

8日晚，汪荣宝在家修改第六、第七章。③ 9日，除了写定第七章草案，汪荣宝还在晚上研究了大臣责任问题。他发现《土耳其宪法》对

① 北京大学图书馆馆藏稿本丛书编委会编辑：《汪荣宝日记》（"北京大学图书馆馆藏稿本丛书"第1册），986页，天津，天津古籍出版社，1987。
② 彭剑：《清季宪政编查馆研究》，82页，北京，北京大学出版社，2011。
③ 北京大学图书馆馆藏稿本丛书编委会编辑：《汪荣宝日记》（"北京大学图书馆馆藏稿本丛书"第1册），986页，天津，天津古籍出版社，1987。

此事"规定独详"，经"反覆审思"，他终于明白其宪法第三十五条的精义，于是，"窃思采用"，乃"撰拟条文"，"转辗不寐"。①

10 日上午，汪荣宝在家写定第六章草案之后，于 10 点左右赶到焕章殿开会。首先是"恭阅第三批发还稿本"。汪荣宝注意到，载沣除了删改按语，还将第十二条第二项给删去了。汪荣宝觉得这一项不能删，与李家驹商量之后，一起向溥伦、载泽委婉提出，请他们将来"面陈宸坐"，当面跟摄政王谈。

随后，他们为第四次进呈做准备。第四次将进呈第一章的最后四条，即第十六至第十九条。他们将这几条的按语清出来，交给陈邦瑞，由他明日监督誊真，预备进呈，并将第二、第三章的正文和按语呈送给溥伦和载泽。

焕章殿会议于 3 点 30 分结束。随后，汪荣宝前往石桥别业，新上任的资政院总裁李家驹和副总裁达寿在此招待议员。散席之后，汪荣宝与陆宗舆一起到曹汝霖家，"谈及近日川事"（保路运动），大家心情都很沉重，"共相扼腕"。

不久，金邦平也来了。于是，大家"手谈一局"，到 12 点多才散。四个人"手谈"，当是打麻将无疑。②

一面为大清前途担忧，另一面"手谈"消遣到半夜，这些朝廷精英还真有趣。

次日，汪荣宝没有研究宪法。

12 日，起床后，汪荣宝即修改第三章，"语太浑则近于循环，词过析则嫌于绞漏。易稿三四次，迄未惬心"③。

---

①　北京大学图书馆馆藏稿本丛书编委会编辑：《汪荣宝日记》（"北京大学图书馆馆藏稿本丛书"第 1 册），987 页，天津，天津古籍出版社，1987。

②　北京大学图书馆馆藏稿本丛书编委会编辑：《汪荣宝日记》（"北京大学图书馆馆藏稿本丛书"第 1 册），988 页，天津，天津古籍出版社，1987。

③　北京大学图书馆馆藏稿本丛书编委会编辑：《汪荣宝日记》（"北京大学图书馆馆藏稿本丛书"第 1 册），990 页，天津，天津古籍出版社，1987。

第十七章　旅行与制宪(下)

一、泰山之行

(一)青楼觅友

9月12日，汪荣宝在家修正了第三章之后，赶到西直门车站，和李家驹一道，搭乘下午2点30分的火车。这一次，他们要去泰山，继续他们的起草宪法之旅。

到天津后，他们入住汪荣宝的堂兄汪森宝家。汪森宝的母亲卧病在床，汪荣宝前往看望。为了不影响病人休息，汪荣宝只是在病榻前"敬询数语""不敢多言"。之后，他跟汪森宝的夫人"略谈家中近事"。

随后，汪荣宝和李家驹一起访问了朱启钤(桂辛)，他是津浦铁路北段总办。津浦铁路南北两段刚分别通车①，作为北段总办，朱启钤一定很有成就感。与朱启钤商量后，他们决定明天赴济南，还从朱启钤处得到火车时刻表和北段路线图各一件。朱启钤很客气，派人送了一桌酒席到汪家。他们正在享用的时候，朱启钤亲自送来从天津到泰安"来回免票"两张，他们便与朱启钤共进晚餐。

吃完饭，朱启钤提议去见梁士诒(燕孙)，后者正在某青楼和朋友喝酒。汪荣宝没什么兴趣，但还是被朱启钤拉去了。到了那里，他看到梁士诒正和张庆桐(凤辉)、任凤苞(振采)等人一起喝酒。汪荣宝和

---

① "国史馆"史料处主编：《中国铁路沿革史(光绪十五年至民国七年)》，221～225页，台北，"国史馆"，1984。

他们周旋了一会，"未终席而回"。①

（二）朝廷不得已而用兵

13 日早上 7 点左右，汪荣宝、李家驹在汪森宝陪同下前往火车站。到达时，他们发现朱启钤已经在此等候。朱启钤和汪、李二人一道上车，送他们到天津西站，才告别下车。

在火车上，汪荣宝读到了前一天的上谕。他注意到，清廷就川路风潮下的谕旨中，有"朝廷不得已而用兵"之语。虽然日记中没有谈及对这一上谕的观感，但从他特意将这句话写进日记，可以推测，这是一道令他颇为震动的上谕。

那天的旅途，风雨无定。因为黄河铁路大桥尚未竣工，因此火车无法过黄河。他们在晚上 8 点到达黄河边，津浦铁路代总办何承焘、提调朱曜（旭初）一起渡过黄河来迎接，山东巡抚孙宝琦也派人来问候。

寒暄过后，汪荣宝和李家驹与何承焘、朱曜一道登上小蒸汽船渡河，此时风雨交作。当他们抵达南岸时，更是大雨如注。他们冒雨上车，衣服湿透。

9 点左右，两人抵达济南，入住督办行辕，此处"精美爽垲，设备完全"。美中不足的是，蚊子较多，影响旅人休息。汪荣宝 11 点上床，"为蚊所扰"，到 12 点左右才睡着。②

（三）上玉皇顶

14 日，汪荣宝 5 点 30 分就起来了。过了一会，何承焘、朱曜来谈。朱曜的弟弟朱是（去非），系汪荣宝在译学馆的授业弟子，听说汪荣宝在此，也特来拜见。汪荣宝和李家驹 7 点左右上车，何承焘和朱家兄弟一同送行，"车发乃去"。

10 点左右，火车到达泰安，泰安县县令袁励贤已在此恭候。袁励贤曾经求学于译学馆及京师大学堂，因此，他既是汪荣宝的学生，也

---

①　北京大学图书馆馆藏稿本丛书编委会编辑：《汪荣宝日记》（"北京大学图书馆馆藏稿本丛书"第 1 册），990 页，天津，天津古籍出版社，1987。

②　北京大学图书馆馆藏稿本丛书编委会编辑：《汪荣宝日记》（"北京大学图书馆馆藏稿本丛书"第 1 册），991 页，天津，天津古籍出版社，1987。

是李家驹的学生。老师来公干，弟子当然要恭迎。不过，他来迎候，还有一个原因。那就是，他的哥哥——那位强调一定要秘密制宪的袁励准，早已给他写信，要他尽心照料。

袁励贤陪汪荣宝、李家驹来到岱庙，几人稍事休息并吃饭之后，开始登泰山。说是登泰山，其实基本上都没有步行，而是坐轿，唯独在入南天门之前，步行了一百多步。①

傍晚时分，他们登上了泰山的最高处——玉皇顶。落日被云遮住，天气很冷，即使穿上厚厚的呢子大衣，也感受不到温暖。

（四）起草第八章

15 日，汪荣宝和李家驹凌晨 4 点左右就起床了。这天"天风震荡，寒气彻骨"。但为了看日出，他们还是出发了。朝东望去，天际隐隐约约可以看到红光，俯视则云海翻腾，如怒涛一般，汪荣宝叹为"生平未见之奇"。不久，云渐渐散开，渐渐高涨，"充塞上下""莽无涯际"，日出是看不到了。于是，他们退回屋里避寒。

待天空渐亮，他们又出门，观看秦始皇的无字碑。6 点左右，他们上轿，翻过玉皇顶，前往后石邬。后石邬背风，"寒气略减"。汪荣宝和李家驹在东厢房安置好笔砚，准备办公。袁励贤见二位已经安顿好，乃下山回城。

饭后，汪荣宝和李家驹校对第五章条文，"意见未能一致"。汪荣宝又修正了第三章，并起草了第八章。

数千年前，孔子登泰山而小天下。汪荣宝登上泰山绝顶之后，也感到豪气冲天。他在这一天的日记里记录了自己的一首诗作：

> 上清虚籁夜萧骚，
> 俯见奔云卷怒涛。

----

① "饭罢登岱，大令同行。过红庙、斗姆宫及二天门等处，皆下舆小憩。旋经倒三盘、快活岭、步云桥、十八盘，舍舆行百余步，入南天门。"〔北京大学图书馆馆藏稿本丛书编委会编辑：《汪荣宝日记》（"北京大学图书馆藏稿本丛书"第 1 册），992 页，天津，天津古籍出版社，1987。〕

列岫森罗如岛屿，

万松浮动作鱼鳌。

人间风雨元无定，

天上星辰只自高。

曾向海中观日出，

置身云海意尤豪。①

从末句可以看出，汪荣宝才上泰山时，确实满腹豪兴。登上泰山，身在云海；亲自制宪，事业巅峰。当挥毫写下"置身云海"一句时，汪荣宝的意境中，当不仅有登岱所见实景，也有登岱所干事业。

（五）清水极端

16 日，山上下雨，"湿云蔽空，一物无睹"。这种天气不利于观景，但闭门读书则正合适。汪荣宝翻阅了副岛义一的《宪法论》，并重点研究了各家关于预算的学说。

他发现，日本宪法第六十七条对议会的预算协赞权限制得很严。②开始的时候，他怀疑依此规定，议会对于预算"无自由修正之余地"，但这又与事实不符。

仔细考订之后，他发现该条所谓"既定岁出"，乃是指上一年度所确定的预算额度。上一年度的预算额度，当然是议会确定的，而不是由君主大权确定的。

他注意到，从伊藤博文的《宪法义解》到有贺长雄、副岛义一、美浓部达吉、市村光惠、上野贞正、北鬼三郎诸人的著作，都是这样解释的。

但清水澄和都筑馨六两人则持不同意见，认为这种解释对君主大

---

① 北京大学图书馆馆藏稿本丛书编委会编辑：《汪荣宝日记》（"北京大学图书馆馆藏稿本丛书"第 1 册），993 页，天津，天津古籍出版社，1987。

② "本于宪法上大权之已定岁出及由法律之结果或法律上属于政府义务之岁出，非有政府之同意，帝国议会不得废除或削减之。"（《日本宪法全文》，载《东方杂志》，第 3 年，第 10 期，光绪三十二年。）此处所云"已定岁出"即汪荣宝所云"既定岁出"。

权"有非常之影响"。

他又找来穗积八束的《宪法提要》，发现穗积博士在这个问题上"不及一语"，他觉得这是因为"博士亦未必如清水之极端"。① 汪荣宝对穗积博士的揣测是否准确，我们且不去管它，但从他有这一揣测可以看出，在既定岁出方面，他是主张这是议会的权力，而非君主大权的。

(六)起草第九、第十章

17 日，天晴了。汪荣宝走出门去，俯瞰山下，又见云海。徂徕等山只露出一个峰顶，好像海中的岛屿一般。阳光照耀在云海之上，"一白无际"。汪荣宝猜测，山下必然是阴雨天。

欣赏了一番美景之后，他继续起草宪法的工作。汪荣宝在白天起草好了第九章（"会计"）。在既定岁出方面，他吸收了昨天研究的心得，"采用伊藤诸人说，明白规定，以免将来论争"。伊藤等人持既定岁出是"议会之权"之说，汪荣宝在起草宪法的时候，采用此说，而没有采用清水澄等人的"大权说"，且还明文规定下来，可知汪荣宝和李家驹起草宪法的时候，虽然以"巩固君权"为宗旨，但也并非完全不顾公理。

晚上，汪荣宝与李家驹讨论修改宪法的程序，并起草了第十章（"附则"）。②

(七)会看大陆起龙蛇

18 日，晴天。汪荣宝和李家驹商定了"政府"和"法院"两章，决定改国务审判院为弹劾惩戒院，且将"法律"一章修改了几处。

傍晚时分，两人踏出院门，循路向东，登上一个峰顶，四周美如画境。他们在石头上坐了一会，相约明天早上来这里看日出。

这一天，汪荣宝又成诗一首：

　　　　岳色河声万里赊，

---

① 北京大学图书馆馆藏稿本丛书编委会编辑：《汪荣宝日记》（"北京大学图书馆馆藏稿本丛书"第 1 册），994 页，天津，天津古籍出版社，1987。

② 北京大学图书馆馆藏稿本丛书编委会编辑：《汪荣宝日记》（"北京大学图书馆馆藏稿本丛书"第 1 册），995 页，天津，天津古籍出版社，1987。

　　　　瞻岩今始遂栖霞。

　　　　愿书圣德三千牍，

　　　　来访灵文七二家。

　　　　便向九关驱虎豹，

　　　　会看大陆起龙蛇。

　　　　天风习习吹襟袂，

　　　　仰睇青霄斗柄斜。①

　　中间两联，若细加玩味，可以看出汪荣宝依然豪情满怀。

　　圣德，既指孔子之德，也可指圣君之德；灵文，本指儒家经典，但在这里，"来访灵文七二家"，显然是指参考各国宪法。

　　因此，"愿书圣德三千牍，来访灵文七二家"一联要表达的是，今上圣明，让我们来参考各国宪法，制定大清宪法，实在值得大力颂扬。

　　至于"便向九关驱虎豹，会看大陆起龙蛇"一联，则显示了汪荣宝借助宪法平息各种民变和革命风暴的理想。

　　（八）谁向岩居问壁经

　　19 日，汪荣宝起了个大早（"夜半即起"），在庭院中徘徊良久。5 点左右，他和李家驹一起登上昨天傍晚约定的峰顶（他们已知道，那是东峰顶），等了很久，终于看到了日出。6 点左右，二人回到后石邬，上床睡觉，8 点起床。

　　那天依然忙碌。汪荣宝"修改法律章，参考各书"。而李家驹则对"会计"一章"颇有增损"。傍晚，李家驹拿来改正本，汪荣宝又在其基础上略加修饰，"彼此商定而罢"。晚饭后，他们又修改"附则"，将三条改为两条。

　　9 点多上床之后，汪荣宝"枕上成诗一首"，如下：

　　　　涧响松声策梦醒，

————————————

① 北京大学图书馆藏稿本丛书编委会编辑：《汪荣宝日记》（"北京大学图书馆藏稿本丛书"第 1 册），996 页，天津，天津古籍出版社，1987。

四更残月在疏棂。
栖迟渐欲忘人境，
呼吸初疑接帝庭。
坐对岳云笼紫塞，
共扶海日上青冥。
却思陵谷升沉后，
谁向岩居问壁经。①

最后一联最引起我的兴味。陵谷升沉，犹言沧海桑田。壁经，本指汉代在孔子宅壁中发现的藏书，此处当指汪荣宝执笔的大清宪法草案。汪荣宝一改前数日的豪迈，思绪突然转向颓唐，担心风云突变，世事变迁，丘陵成深谷，沧海变桑田，自己起草的宪法没法发挥作用，藏之深山，无人问津。

（九）磐石基安待勒铭

20日起床后，又抓紧工作。汪荣宝"于附则复加修正"，特不知经此次修订之后，"附则"一章究竟由几条组成。

最重要的是，李家驹、汪荣宝二人将全部宪草条文"商榷定稿"了。他们所起草的这部宪法草案，"凡八十六条，一百十六项"。

午饭后，汪荣宝休息了一会。起床后，他为孙润宇写扇，并将昨晚的诗题写在院墙上，还补写了日记。傍晚时分，他和李家驹一道，出门西行散步。

李家驹看了汪荣宝昨天所作的诗，用原韵和了一首：

袖海襟河未了青，
岱尊终古禀神灵。
纪功文字沉榛莽，
孕圣山川炳日星。

---

① 北京大学图书馆馆藏稿本丛书编委会编辑：《汪荣宝日记》（"北京大学图书馆馆藏稿本丛书"第1册），997页，天津，天津古籍出版社，1987。

大地风云今变幻，

中原文物几凋零。

此行不为林泉癖，

磐石基安待勒铭。①

　　跟汪荣宝时常陷入悲观相比，李家驹倒一直是个乐天派。看最后两句，可知他此行怀抱不小：远来泰山，不是因为对林泉的癖爱，而是为了起草好《大清帝国宪法》，使大清的大业如磐石一样巩固。

　　次日，汪荣宝和李家驹下山，依原路回京，于 23 日上午 11 点 30 分到达前门车站，结束了这次泰山草宪旅行。

二、后石邬归来：以日本宪法为据

（一）不欲有所出入

　　从泰山回来之后，制宪的步伐有所减缓。

　　9 月 23 日回到北京后，24 日、25 日两天，汪荣宝处于休息状态。

　　26 日，因为得到了隆裕太后的恩赏，汪荣宝"入内谢恩"。其间遇到陈邦瑞，从他口中得知，进呈的第四批宪草已经发还，摄政王"颇有删改，大抵以日本宪法为依据，不欲有所出入也"。②

　　前已述及，第四批宪草进呈的是第十六至第十九条，这是第一章的最后四条。第一章以"皇帝"为名称，是关于君主大权的。载沣"钦定"的时候，以日本宪法为依据，使其与日本宪法没有出入。由此不难看出，钦定的《大清帝国宪法》，至少在君主大权方面，绝对模仿日本宪法。

　　"颇有删改"四字也值得驻足玩味一下。汪荣宝和李家驹起草的宪

---

　　①　北京大学图书馆馆藏稿本丛书编委会编辑：《汪荣宝日记》（"北京大学图书馆馆藏稿本丛书"第 1 册），998 页，天津，天津古籍出版社，1987。

　　②　北京大学图书馆馆藏稿本丛书编委会编辑：《汪荣宝日记》（"北京大学图书馆馆藏稿本丛书"第 1 册），1004 页，天津，天津古籍出版社，1987。

法中，关于君主大权的最后数条，是经过摄政王大加删改之后才与日本宪法无所出入的。这岂不意味着，他们所拟的初稿，与日本宪法有较大出入？由此似可推断，汪荣宝和李家驹起草宪法的时候，虽然基调是仿日的——1910 年任命溥伦、载泽负责起草宪法的时候，清廷就要求他们以《宪法大纲》为依据，这是为制宪定下的基调，是不容背离的——但并未亦步亦趋，有些条款并未完全照搬日本宪法。

不过，经载沣"钦定"之后，就无所出入了。

(二)"臣民"章不仿日

27 日、28 日两天，汪荣宝的日记中又没有只言片语涉及制宪。

29 日，汪荣宝在家里"将宪法草案清写一通，伏案竟日"①。这应该是他从泰山归来之后第一次做制宪工作。

次日，汪荣宝研究日本宪法的第二章②。这一章最为学者所聚讼，但在汪荣宝看来，它不过"沿袭欧洲各国之历史，冀以防止专制政府滥用权力之弊，于法理上无何等之关系"。

他觉得，我国制宪，可以用"概括主义"，不要像日本宪法那样，一一列举臣民的权利、义务。一一列举，反而容易造成误解。因此，他"参考各书，根据法理，另拟概括的条文"，准备找时间与李家驹"熟商之"。

他查到，日本宪法第二章的十五条中，只有两条是关于臣民义务的(当兵、纳税)。所谓"列举主义"，主要是在列举臣民的权利。难怪汪荣宝觉得，这一章有防止专制政府滥用权力之效。

大概汪荣宝在上方山起草"臣民"一章的时候，用的是日本式的"列举主义"，如今他改变主意，决定改为"概括主义"，因此重拟了条文。他觉得这么做，以后就不会有误解了。但问题是，不将臣民的权利明白规定，又如何防止专制？并且，关于君主大权用"列举主义"，唯恐

---

① 北京大学图书馆馆藏稿本丛书编委会编辑：《汪荣宝日记》("北京大学图书馆馆藏稿本丛书"第 1 册)，1007 页，天津，天津古籍出版社，1987。

② 明治宪法第二章是关于臣民的，在汪荣宝和李家驹起草的宪法中，关于臣民的是第四章。

有所遗漏，而对于臣民权利，则用"概括主义"，一部宪法，两套"主义"，标准亦未能统一。

因此，汪荣宝 29 日的修改，虽然也背离了日本宪法，但显然不是尊重民权之举，而是从反面加强君权。

（三）第五、第六次进呈

10 月 1 日，汪荣宝在日记中写道：

> 叙斋贝子前蒙召见，奉谕：进呈宪草，不必俟泽公销假（时以病痢请假），可接续办理。因约今日会议。

原来，进呈宪草一事，因为载泽患痢疾，一度中止。汪荣宝和李家驹从泰山回来后，制宪五人组迟迟没有在焕章殿开会，原因在此。载沣有点着急了，在召见溥伦时提出，不必等载泽销假，可以接续办理。于是，进呈工作重新启动，10 月 1 日，焕章殿又召开制宪会议。汪荣宝于 10 点左右到场。

当天会议的主题是，为进呈第三章做准备："将第三章缮齐，于明日进呈。"

这一章的条文，在 9 月 10 日为第四次进呈做准备的时候，就已经和第二章一起交给溥伦和载泽了。载泽看后，嫌它有语病。为此，在泰山制宪时，汪荣宝和李家驹特意对这一章仔细斟酌，做了修改。10 月 1 日召开会议时，这一章除了呈给溥伦审阅，还"专差封送"给载泽。载泽批："极妥，即照缮。"与会诸人见了，又将按语斟酌修改、誊真，并由溥伦填写正文，陈邦瑞、李家驹、汪荣宝装订圈点，到下午 4 点左右结束。①

此处交代的是为进呈第三章做准备，没有交代这是第几次进呈。可以推测，这应当是第六次进呈。推理如下：

9 月 10 日是为第四次进呈做准备，第四次进呈的是第一章的最后

---

① 北京大学图书馆馆藏稿本丛书编委会编辑：《汪荣宝日记》（"北京大学图书馆馆藏稿本丛书"第 1 册），1009 页，天津，天津古籍出版社，1987。

几条。那一天，李家驹和汪荣宝还将第二、第三章的条文交给溥伦和载泽了。大概他们觉得这两章条文不多，可以考虑一并进呈。但是，由于载泽觉得第三章条文有语病，因此，又改为分开进呈：第五次进呈第二章，第六次则进呈第三章。第五次进呈的时候，李家驹和汪荣宝正在泰山旅行制宪，是由溥伦、载泽和陈邦瑞进呈的，因此汪荣宝日记中没有留下任何痕迹。

（四）第七、第八、第九次进呈

关于进呈工作，汪荣宝日记中还有如下一些记载：

10月4日，"第四章前六条，定明日进呈。饭后，入内预备一切，叙斋贝子填写正文（第三十条照余所拟修正），余与柳公装订圈迄，已近五时"①。

12日，"早起，冷水浴。饭后，以豫备进呈宪草入内，仍由叙斋贝子填写正文（自三十二条至三十七条），予与柳溪装订圈点"②。

21日，"饭后到焕章殿，会议第九次进呈稿本。两邸均无异议，遂分填正文，由隐邸装订，余施圈点。事迄已近五时，各散。（此件定于初二日进呈）"③。

既然10月21日预备的是第九次进呈，加上已知10月2日进呈了第六次，则10月4日所言将于次日进呈必是第七次，10月12日预备进呈必是第八次。

从汪荣宝的日记可知，载泽在第九次进呈时才销假，出席焕章殿

---

① 北京大学图书馆馆藏稿本丛书编委会编辑：《汪荣宝日记》（"北京大学图书馆馆藏稿本丛书"第1册），1012页，天津，天津古籍出版社，1987。此处所云修正第三十条一事，发生在此前一日："午刻入内，瑶老已先到。二时许，柳溪亦至，监督书记官钞写按语。余以第三十条文字尚欠清晰，拟加修正，与二公商酌，均无异议。四时许，按语清本写迄，校对无误，交瑶老收藏，约明日午后再集。旋散归。"［北京大学图书馆馆藏稿本丛书编委会编辑：《汪荣宝日记》（"北京大学图书馆馆藏稿本丛书"第1册），1011页，天津，天津古籍出版社，1987。］

② 北京大学图书馆馆藏稿本丛书编委会编辑：《汪荣宝日记》（"北京大学图书馆馆藏稿本丛书"第1册），1020页，天津，天津古籍出版社，1987。

③ 北京大学图书馆馆藏稿本丛书编委会编辑：《汪荣宝日记》（"北京大学图书馆馆藏稿本丛书"第1册），1029页，天津，天津古籍出版社，1987。

会议。讨论第六、第七、第八次进呈的焕章殿会议，他都未参加。

10 月 21 日之后，《汪荣宝日记》中再无关于进呈工作的记载。他在 21 日交代，第九次将于 23 日（九月初二日）进呈，但 23 日及其后的日记中，并未交代是否确实进呈了。此后日记中再无进呈的记载，可以断定此后再无进呈工作。进呈最多进行了九次。

为什么能断定此后再无进呈工作？一则，汪荣宝对自己所做的制宪工作都会在日记中记上一笔。此后再无制宪的记载，基本可断定制宪工作已被革命洪流打断。二则，两次进呈之间，都有十天左右的时间间隔①，而在 10 月 27 日，发生了以要求改变制宪原则为主要内容的滦州军人兵谏（详见后文），此事距拟议中的第九次进呈时间只有四天。主要是受军队压迫，清廷被迫在 11 月 2 日宣布将制宪权交给资政院（详见后文），此事离 10 月 23 日也只有一周左右。资政院拥有了制宪权，说明制宪五人组的制宪工作被废弃。也就是说，在第九次进呈（如果进呈了的话）之后，制宪工作很快被中断，再无进呈之事。

第八次进呈的最后一条是第三十七条，即使第九次进呈了，并假设第九次进呈了六条（前八次进呈中，最多的一次也只进呈了六条），也只有前四十二条进呈了，尚不到宪法草案的一半。

<hr>

①　彭剑：《"乙全本"不是"李汪宪草"》，载《史学集刊》，2015(6)。

第十八章 汪与李

一、密不透风

汪荣宝和李家驹三次离开京城，躲进寺观名山之中起草宪法，无疑就是为了秘密起见。

那么，保密的效果如何？

清末新政期间，报刊舆论一直热衷于报道与制宪相关的消息。但是，对于汪荣宝和李家驹的制宪旅行以及旅行归来之后的制宪工作，报道十分有限。试以《申报》为例，略加说明。

汪荣宝和李家驹从玉虚观草宪归来不久，《申报》刊登了一则题为《宪法大臣回京会议》的消息。

该消息称，汪荣宝和李家驹此前数日"避往西山深处筹商一切"，他们之所以会在 7 月 12 日回京，乃是因为溥伦和载泽已商定，13 日要在武英殿开会，他们是为了不误会期才赶回来的。

该消息还介绍了 13 日会议的主题："会商纂拟大旨，并遴派录事，随同入内抄缮各项成例，以备编纂之用。"

该消息还讲了一个有趣的小故事：

汪荣宝回到京城后，有人问他，以前伊藤博文为日本起草宪法的时候曾经避居于大森，你们的行为，是师法伊藤博文吧？

汪荣宝冷冷地答道："何敢窃比！"[1]

应该说，这则消息所报道的内容，有相当的准确性。汪荣宝和李

---

[1] 《宪法大臣回京会议》，载《申报》，宣统三年六月二十二日。

家驹所去的岣岣崖，确在西山深处（但未能把握具体地址）。他们回京的日期，确实在 12 日。13 日，在武英殿的侧殿焕章殿确实召开了制宪会议。①

27 日，《申报》又刊出一则消息，说溥伦和载泽已经将 13 日会议的情形以及相关事宜上奏，汪荣宝和李家驹为此事也"甚费研究"，他们已将 17 个国家的宪法条文"逐条比较，分别异同，采辑成书，以资参证"。并且，听说他们将于日内"再到西山僻静之处"。②

这是该报对汪、李二人行踪的最后一次报道。关于他们再游西山的情形，再无任何报道。汪、李二人的草宪旅行，以泰山之行历时最久。但是，各报刊对这次旅行，连只言片语也无。媒体很难得到汪荣宝和李家驹草宪旅行的准确信息（旅行归来之后的制宪工作亦复如是），说明保密工作做得不错。

因此，虽然汪荣宝、李家驹三度出游，徜徉于山水之间，途次且与相关人员有所接洽，但是，这并未影响此次制宪的"秘密主义"性质。若不是汪荣宝有日记留下，后世学者恐怕很难得到这次制宪的真切信息。

而正是汪荣宝的日记，为我们提供了关于这次制宪的颇有价值的细节，使我们能够逐日勾勒出制宪期间的一些活动，在一定程度上回到制宪的现场。从前述三章的铺陈可以知道，这次制宪虽然参与面非常小，但还算有章法。汪荣宝和李家驹起草的时候，是做了认真推敲的。条文起草好之后，作为纂拟宪法大臣的溥伦和载泽也确实认真斟酌把关，并非走走过场。制宪五人组将条文进呈之后，摄政王载沣也确实表达了自己的意见，对条文尤其是按语颇有修改。但是，载沣的钦定，走的还是"乾纲独断"的老路，仅凭自己的判断加以删削，并未虚衷与制宪五人组探讨。这种做法，跟日本明治宪法出台时的情形相

---

① 北京大学图书馆馆藏稿本丛书编委会编辑：《汪荣宝日记》（"北京大学图书馆馆藏稿本丛书"第 1 册），929 页，天津，天津古籍出版社，1987。

② 《纂拟宪法之初步，两协纂将再游西山》，载《申报》，宣统三年闰六月初二日。

比，显得更加专断。并且，载沣在钦定的时候，凡是与日本宪法不相符合之处均加以删改，可以想见，经他钦定之后，宪法草案对君权的维护应该堪称"完全严密"了。

这次起草大清宪法，系汪荣宝和李家驹负责撰拟条文。从汪荣宝的日记来看，两人配合得堪称无间。但是，细绎《汪荣宝日记》，也可发现在制宪过程中，汪、李二人还是有一些差别。

二、分工不同

首先，虽然同是起草者，但两人执笔的比重并不相同。如前所述，他们在 7 月 6 日到 12 日前往岣嵝崖，历时 7 天，商定了撰拟义例，拟定了宪法各章的名称，并起草好了第一、第二章的条文；8 月 18 日到 24 日前往上方山，历时 7 天，起草了第三至第五章；9 月 12 日到 23 日前往泰山，历时 12 天，起草了第八至第十章，并将宪法全案定稿。

令人疑惑的是，汪荣宝的日记中没有起草第六章和第七章的记载。

汪荣宝的日记中第一次提到这两章是在 9 月 8 日，即从上方山下来的半个月后。那天的日记中，有如下一句话："晚，修改第六章（政府）及第七章（法院）正文。"[1]再往后，9 日，汪荣宝在日记中有"写定第七章草案"[2]一语，10 日，有"写定第六章草案"[3]一语。

问题是，这两章是何时起草的？

如前所述，汪荣宝在日记中很明确地记载了在岣嵝崖起草第一、第二两章，在上方山起草第三、第四、第五章，在泰山起草第八、第九、第十章的情况，但无只言片语提及起草第六、第七章的情况。既然在登泰山之前已经修改了这两章，可知这两章必起草于登岱之前。

---

① 北京大学图书馆馆藏稿本丛书编委会编辑：《汪荣宝日记》（"北京大学图书馆馆藏稿本丛书"第 1 册），986 页，天津，天津古籍出版社，1987。

② 北京大学图书馆馆藏稿本丛书编委会编辑：《汪荣宝日记》（"北京大学图书馆馆藏稿本丛书"第 1 册），987 页，天津，天津古籍出版社，1987。

③ 北京大学图书馆馆藏稿本丛书编委会编辑：《汪荣宝日记》（"北京大学图书馆馆藏稿本丛书"第 1 册），988 页，天津，天津古籍出版社，1987。

从上方山回来之后，到修改这两章之前，汪荣宝的日记里有两处提到草拟宪法条文。一次是在 8 月 25 日，有"酌拟条文"的记载。另一次是 8 月 26 日，有"拟成条文"的记载。但这两次所拟条文都与第六章和第七章的内容不相涉。25 日所拟是关于第一章第十六条的。① 26 日所拟是关于"条约与立法关系"的②，也与第六章（"政府"）和第七章（"法院"）无关。

因此，我推测这两章不是汪荣宝执笔起草的，而是李家驹执笔的。至于是在何处起草的，因为文献无征，不好悬揣，但在上方山兜率寺起草的可能性比较大。③

由此牵扯出来的另外一个问题是，汪荣宝和李家驹二人在起草宪法的过程中，是如何分工合作的？有学者将他们起草的这部宪法草案称为"李汪宪草"。④ 这种称呼容易给人留下起草宪法的时候，李家驹居主位、汪荣宝居次位的印象。李家驹比汪荣宝年长⑤，官阶比汪荣宝高⑥，起草宪法的时候居主位本在情理之中。但居于主位，未必等

---

① "以宪草十六条二项颇多挂漏，思加修正。遍检清水、织田、美浓部、上杉诸氏著书阅之，酌拟条文，终苦不当。"［北京大学图书馆馆藏稿本丛书编委会编辑：《汪荣宝日记》（"北京大学图书馆馆藏稿本丛书"第 1 册），972 页，天津，天津古籍出版社，1987。］

② "阅副岛氏《宪法论》关于条约与立法关系，颇与余意见相合，即采其意，拟成条文。"［北京大学图书馆馆藏稿本丛书编委会编辑：《汪荣宝日记》（"北京大学图书馆馆藏稿本丛书"第 1 册），973 页，天津，天津古籍出版社，1987。］

③ 赵林凤认为这两章是汪荣宝和李家驹二人在京城起草的："在京期间，汪荣宝、李家驹对所拟宪法条文反复修订，逐条添加按语，又拟定第六、第七章条文。"（赵林凤：《汪荣宝评传》，209 页，南京，南京大学出版社，2012。）

④ 最先用这一称呼的是俞江，参见俞江：《两种清末宪法草案稿本的发现及初步研究》，载《历史研究》，1999(6)。其后，学界多有沿用此称呼者，如尚小明：《"两种清末宪法草案稿本"质疑》，载《历史研究》，2007(2)；彭剑：《"乙全本"不是"李汪宪草"》，载《史学集刊》，2015(6)。

⑤ 李家驹生于 1871 年，汪荣宝生于 1878 年。

⑥ 奉派协同纂拟宪法的时候，李家驹是学部右侍郎，而汪荣宝则是民政部左参议。参见《宣统政纪》，"宣统三年二月己丑"，见《清实录》第 60 册，885 页，北京，中华书局，1987。

于起草了较多的条文。对《汪荣宝日记》中起草宪法的文字细加推敲可以发现，其实这部宪法草案的大部分条文，很可能出自汪荣宝一个人的手笔。

从《汪荣宝日记》的语气可以判断，宪法草案的有些内容肯定是汪荣宝执笔的。例如，关于在岣岣崖起草凡例和宪法各章名称一事，汪荣宝记道："与柳公商榷纂拟义例。饭后睡两小时，起草凡例六条，又拟定章目如左……"①这里的与柳公商榷、饭后睡觉、起草凡例、拟定章目的主语，显然都是汪荣宝。也就是说，凡例是先与李家驹商量后由汪荣宝执笔，而各章名称，则是由汪荣宝直接拟定。

又如，关于在上方山起草第三章一事，汪荣宝记道："饭后，草第三章，成。又删改第十五条按语。睡两小时。天雨。傍晚与柳公讨论第二章及第三章，大略粗定。"②

关于起草第四章一事，汪荣宝记道："与柳溪登殿后钟楼，题壁记来游日月。草宪法第四章。五时顷，与柳溪游华严洞。"③

关于起草第五章一事，汪荣宝记道："早起，草宪法第五章，易稿数回，伏案竟日。又与柳溪讨论第四章，修改文字，增加一条。"④

关于在泰山起草第八章一事，汪荣宝记道："饭后，与柳公覆校第五章条文，意见未能一致。将第三章（领土）修正，又草第八章（法律），成。"⑤

关于在泰山起草最后两章一事，汪荣宝记道："草会计一章，于既

---

① 北京大学图书馆馆藏稿本丛书编委会编辑：《汪荣宝日记》（"北京大学图书馆馆藏稿本丛书"第1册），924页，天津，天津古籍出版社，1987。
② 北京大学图书馆馆藏稿本丛书编委会编辑：《汪荣宝日记》（"北京大学图书馆馆藏稿本丛书"第1册），966页，天津，天津古籍出版社，1987。
③ 北京大学图书馆馆藏稿本丛书编委会编辑：《汪荣宝日记》（"北京大学图书馆馆藏稿本丛书"第1册），967页，天津，天津古籍出版社，1987。
④ 北京大学图书馆馆藏稿本丛书编委会编辑：《汪荣宝日记》（"北京大学图书馆馆藏稿本丛书"第1册），968页，天津，天津古籍出版社，1987。
⑤ 北京大学图书馆馆藏稿本丛书编委会编辑：《汪荣宝日记》（"北京大学图书馆馆藏稿本丛书"第1册），993页，天津，天津古籍出版社，1987。

定岁出一条，采用伊藤诸人说，明白规定，以免将来论争。夜，与柳公讨论改正宪法程叙。草附则三条。"①

以上诸章，与起草宪法各章名称事同一律，显然都是由汪荣宝执笔的。

也有个别章节，看起来像是两人一边讨论一边起草的。

例如，关于在岣岣崖起草第一章一事，汪荣宝记道："早起，与柳公讨论弼德院应列为宪法上之机关与否，参考所携群籍，不得要领。旋草拟第一章，至第八条规定命令权，余欲采普鲁士等国宪法主义，不取独立命令，而略采俄罗斯宪法之意，加入委任命令一层。议久不决，遂搁笔。"②给人的感觉是，他们在起草第一章的时候，是逐条讨论，逐条落笔，且到了第八条的时候，两人久经讨论，不能决议，无法成文，只好作罢。但似乎也可做另一种理解：在与李家驹讨论了弼德院的相关问题之后，便由汪荣宝执笔起草第一章的条文，但到了第八条，汪荣宝有疑问，乃与李家驹讨论。

关于在岣岣崖起草第二章一事，汪荣宝记道："旋与柳公讨论独立命令问题，卒定议采日本宪法主义，而条件加严。接续起草，尽第二章。"③此处所云汪荣宝和李家驹讨论的独立命令问题，即上述第一章第八条。那么，"接续起草"的主语是谁？如果起草第一章所有条文的方式都是两人一边讨论一边落笔，则"接续"二字除了可解读出内容上的相续，也可解读成起草方式的相续，即第二章也是采用一边商议一边落笔的方式。但是，如果第一章各条其实都是汪荣宝执笔，则"接续起草"第二章的也必然是汪荣宝。

当然，即使这两章采用的都是两人一边讨论一边写作的方式，但考虑到两人年龄、地位的差别，执笔写下条文的人，也很有可能是

　　① 北京大学图书馆馆藏稿本丛书编委会编辑：《汪荣宝日记》（"北京大学图书馆馆藏稿本丛书"第 1 册），995 页，天津，天津古籍出版社，1987。

　　② 北京大学图书馆馆藏稿本丛书编委会编辑：《汪荣宝日记》（"北京大学图书馆馆藏稿本丛书"第 1 册），925 页，天津，天津古籍出版社，1987。

　　③ 北京大学图书馆馆藏稿本丛书编委会编辑：《汪荣宝日记》（"北京大学图书馆馆藏稿本丛书"第 1 册），926 页，天津，天津古籍出版社，1987。

汪荣宝。

综上，从《汪荣宝日记》大致可以推断，这一部宪法草案，大部分是汪荣宝执笔的。

章太炎是汪荣宝的故交。汪荣宝去世之后，章太炎为他写了一篇墓志铭，其中提到，在与李家驹一道起草宪法的过程中，汪荣宝"属草为多"①。这大概可以作为汪荣宝执笔起草了宪法大部分条文的一点旁证吧。②

三、主张略有分歧

另外，虽然汪荣宝的官阶比李家驹低，年纪比李家驹小，因而执笔较多，但这并不意味着在起草宪法的过程中，汪荣宝只能秉承李家驹的意旨。从前几章的叙述可知，在起草宪法的过程中，商量、讨论是常态，并且，我们能够感受到，他们的讨论是平等的。并且，更进

---

① 章炳麟：《故驻日本公使汪君墓志铭》，见卞孝萱、唐文权编：《辛亥人物碑传集》，386页，北京，团结出版社，1991。

② 赵林凤的《汪荣宝评传》一书，第六章以"主持编纂清末宪法"为题。该章第三节讨论汪荣宝宣统三年(1911)的制宪，以"主纂《大清宪法草案》"为题。赵林凤所说的《大清宪法草案》，即汪荣宝和李家驹合作起草的宪法草案。看标题，似乎赵林凤认为汪荣宝是宪法草案的"主纂"即主要执笔者，但观其具体论证，赵林凤的真实观点其实是汪荣宝和李家驹同为主纂，她并未就两人执笔孰多孰少一事做出判断。并且，清廷是派遣溥伦和载泽为纂拟宪法大臣，李家驹、汪荣宝、陈邦瑞三人是协纂宪法人员。要说主持编纂宪法的人，显然是溥伦和载泽，而不会是汪荣宝和李家驹。另外，迟云飞论及起草宪法的程序时有言，"一般先由汪荣宝起草草稿，或汪荣宝与李家驹一道起草"(迟云飞：《清末预备立宪研究》，302页，北京，中国社会科学出版社，2013)，可惜未揭示二人究竟谁执笔较多。最早注意到汪荣宝执笔较多的当系尚小明。在《"两种清末宪法草案稿本"质疑》一文中，尚小明论道："从草宪过程还可以看出，'李汪宪草'的凡例、章目、具体条文和按语，均主要由汪荣宝费尽心思执笔草拟而成，然后再与李家驹就一些问题进行商讨。二人取得一致意见后，再交与溥伦、载泽定夺。若无异议，方由陈邦瑞监督书记官缮写，然后择期分条分批进呈。"[尚小明：《"两种清末宪法草案稿本"质疑》，载《历史研究》，2007(2)。]

一步讲，不论是在李家驹面前，还是在整个制宪班子里，官阶最低的汪荣宝的意见都是受到重视的。其中给我印象最为深刻的，是围绕是否要加写一条作为第一章第二十条的讨论。

此事的缘起是，汪荣宝在兜率寺起草第四章"臣民"的时候，没有采用日本宪法第三十一条（属于第二章"臣民权利义务"），该条规定："本章所载条规于战时或国家事变之际无碍天皇大权之施行。"李家驹注意及此，于 8 月 21 日向汪荣宝提出质疑。汪荣宝解释，他之所以未采用这一条，是因为他觉得这一条的内容不该放在"臣民"章，日本的做法"殊不可解"。他进一步提出，与其在"臣民"章采用这一条，还不如将其放在"皇帝"章，作为该章第二十条。李家驹觉得汪荣宝说得很有道理，于是，他们一边散步，一边草拟条文，"彼此商定而罢"。

一个星期之后，制宪五人组在焕章殿开会时，就第一章第二十条，汪荣宝和李家驹又讨论了一番。商定之后，请两位纂拟宪法大臣审定，溥伦和载泽也觉得不错。到了这一步，应该已可定案。但是，汪荣宝仔细斟酌了一下，认为还是有问题，因此又提议暂时将这一条作为未定稿，下次再讨论。

那次会议之后，汪荣宝又认真研究了这一条。但是，他越研究越感觉这一条问题很大，却又找不到恰当的解决办法。结果，到 9 月 3 日在焕章殿开会的时候，制宪五人组经过再次讨论，做出的决定居然是放弃这一条。自始至终，李家驹等人对增写这一条是赞同的，对于条文的内容，虽提出了意见，但也是表示认可的。对此有异议的，只有汪荣宝。显然，放弃这一条，完全是遵循了汪荣宝的意见。

围绕是否应该在宪法草案第一章内增写一条的一波三折，起源于汪荣宝和李家驹对日本宪法中以捍卫君权为宗旨的第三十一条有分歧：李家驹主张采用这一条，而汪荣宝则主张不采用。在这一点上，他们的分歧是非常明显的，但倘若仅以此为据，便得出与李家驹相比，汪荣宝更想偏离日本宪法，不愿意大清的宪法像日本宪法那样死硬捍卫君权的结论，则是不妥的。因为，如前所述，汪荣宝拟定既定岁出的条款时，采用的是伊藤博文等人所主张的既定岁出是议会的权力一说，而不是清水澄等人的既定岁出是君主大权一说，对此，李家驹就没有提出不同意见。另外，在兜率寺起草的"臣民"章是模仿日本宪法的，该章对臣民的权利、义务——列举；但是，从泰山归来之后，汪荣宝却突发奇想，要将这一章推倒重来，放弃"列举主义"，采用"概括主义"。这一改动，固然使大清的宪法不同于日本的宪法，却并非有利于民权，而是相反，有利于捍卫君权。

其实，总体来看，汪荣宝和李家驹在起草宪法条文的过程中虽然确实有过意见的分歧且由此引发了讨论甚至辩难，这些讨论和辩难也确实显示出他们起草宪法并非草率之举，而是经过了仔细的斟酌，但是，作为钦派的制宪官员，他们其实都在执行巩固君权的皇家旨意。

四、心境小有差异

与在制宪方面的意见分歧相比，汪荣宝和李家驹在制宪期间的心境差异似乎是更为明显的。由于迄今未发现李家驹在制宪期间留下的日记、信札等个性化文献，对他的心境，我们只能通过汪荣宝的日记窥见一斑。《汪荣宝日记》中反映李家驹心境的材料非常有限，但从7月10日在玉虚观留下的联句"但使君臣同一体，更无来者吊兴亡"和9月20日在泰山留下的诗句"此行不为林泉癖，磐石基安待勒铭"来看，李家驹对制宪一事，堪称豪情满怀，认为宪法的制定，可以使大清的统治安如磐石，从此打破治乱相寻的千年魔咒，开启"万世一系"的崭新局面，不再有改朝换代的兴亡之事。

汪荣宝的心境则要复杂一些。他本来是非常热衷于制定一部钦定宪法的，这从他在1910年6月底与肃亲王善耆等人谋划"真正钦定"一事不难看出。当被派为协纂宪法大臣的时候，他的心情也相当不错。但是，在玉虚观写下宪法草案第一条的次日（7月10日）早上，至少有一刹那，他的脑海中冒出了"出尘之想"。那天晚上，跟李家驹玩联句游戏的时候，他的嘴里又冒出来一句"谁念衣冠寂寂藏"，心绪显然有点糟糕。从兜率寺归来之后，9月5日晚上，当读到外国学者论述国会制度的内容时，他竟然产生了"宪法无用"的想法，深感无法借助宪法挽回王朝颓势。在泰山制宪期间，汪荣宝的情绪也时好时坏，初时豪情满怀，后来却转入颓唐。尤可注意的是 9 月 19 日。那一天，起草条文的工作已接近尾声。将已经起草好的宪法条文细加推敲，连"附则"也加以修改，结束了忙碌的一天之后，汪荣宝躺在床上，辗转反侧，成诗一首，其中赫然有"谁向岩居问壁经"之句。经过两个多月的努力，宪法草案即将定稿，汪荣宝躺在床上总结一番实属正常，未曾想，思量复思量，总感觉前景不妙，自己努力起草的宪法，有成为无人问津的废案的可能。

汪荣宝时常陷入悲观，这种情绪显然被李家驹察觉到了，并且，李家驹还试图用自己的乐观感染汪荣宝。7 月 10 日在玉虚观联句的时候，当汪荣宝口里蹦出"谁念衣冠寂寂藏"一句之后，李家驹马上来一句"但使君臣同一体，更无来者吊兴亡"，似有纠偏之意。尤可注意的是，李家驹 9 月 20 日的诗作，完全是针对汪荣宝 19 日晚上那首诗的。汪荣宝 19 日晚"枕上成诗"之后，20 日午后将其写到院墙上。李家驹见之，乃用汪荣宝原韵和了一首。其充满正能量的"此行不为林泉癖，磐石基安待勒铭"一联，显然是针对汪荣宝的"却思陵谷升沉后，谁向岩居问壁经"一联而发。他告诉汪荣宝，不要如此悲观，要相信，我们制定的这部宪法，能使大清有磐石之安，无倾覆之忧。

意识到汪荣宝和李家驹在制宪期间的心境差异，以及李家驹需要特意安抚汪荣宝，是很有意义的一件事。它使我们意识到，虽然当时的民间人士以及后世的学者通常都认为清廷一意孤行坚持宪法钦定，但事实上，在一意孤行的表象之下，清廷也有犹豫、摇摆的一面。作为宪法条文的主要执笔人，汪荣宝却时常对宪法能否拯救王朝深表怀疑。李家驹看起来是乐观的，没有犹疑的。但是，考虑到他的那些乐观的诗句都是在安抚汪荣宝的时候说出来的，则对他所表现出来的乐观，也就不可太过轻信。因为向来不乏这种人，或因个性使然，或因地位使然，即使自己内心也在动摇、犹豫，也绝不在人前有所表露，并且，还可以劝诚、安抚他人。李家驹的真实心境如何，因材料缺乏，尚难定论。

第十九章　钦定突变为民定

一、宪法交资政院协赞

(一)资政院的弭乱策

制宪五人组在焕章殿最后一次聚会后的次日，即 10 月 22 日(九月初一日)，资政院举行开院礼。开院礼原定在上午举行，但因为发生了令人产生不好联想的日食，只好改到下午。①

其时距武昌起义已有十多日，国家境内，烽烟四起，中原鼎沸，大清统治，岌岌可危。因此，弭乱成为议员们最关心的问题。

汪荣宝天天都在关心时局。26 日，他听闻已有谕旨革盛宣怀职，另有一道明发上谕针对川事，惩治地方官、释放无辜被拘绅士，他觉得朝廷这两项举措很得宜，"足以挽回人心一半"。晚间，他在家读到了"盛宣怀革职永不叙用"的上谕，评论道："斯足以伸国论而平公愤矣。"②

27 日，汪荣宝在日记中简单记录了资政院本日会议的主题："于泽远提出弭乱策数事，经三数人讨论之后，议决三件如下：一、罢亲贵内阁，二、将宪法交院协赞，三、解除党禁，作为三件具奏案，同日呈递。"③

---

① 北京大学图书馆馆藏稿本丛书编委会编辑：《汪荣宝日记》("北京大学图书馆馆藏稿本丛书"第 1 册)，1030 页，天津，天津古籍出版社，1987。
② 北京大学图书馆馆藏稿本丛书编委会编辑：《汪荣宝日记》("北京大学图书馆馆藏稿本丛书"第 1 册)，1034 页，天津，天津古籍出版社，1987。
③ 北京大学图书馆馆藏稿本丛书编委会编辑：《汪荣宝日记》("北京大学图书馆馆藏稿本丛书"第 1 册)，1035 页，天津，天津古籍出版社，1987。

关于此事，《申报》有稍微详细的报道。

那天下午，由于到会者不足法定人数，本该 1 点开会的资政院，延迟到 3 点才开议。

首先讨论的是议事日表的第六件：急简贤能组成完全内阁。易宗夔登台，说明起草主旨：皇族不组阁是立宪国的通例，亲王不假事权是"我朝定制"。因此，必须罢斥奕劻内阁，另简贤能，"组成完全责任内阁"。如此，方能"维持今日之危局，团结将散之人心"，最终实现"皇室固而国祚昌"的目的。易宗夔演说的时候，秘书官向议员们分送这一具奏案的印刷件。恩华读了，提议加入"实行完全内阁制度"一语，得到大家认可。此案表决的时候，"得多数赞成"。

当日议事日表的第七件本是协赞宪法案，但因文件尚未印成，乃先讨论速开党禁案。由陈懋鼎报告大旨，陈敬第对字句略有修正，表决时，也得多数赞成，遂"通过"。

紧接着讨论的是协赞宪法案。由孟昭常说明主旨：宪法要由人民协赞，"此系原则"，不必多言。此次起草，多拿时事说话，即今日人心之所以不稳，是由于国家未能实行宪政。如果使人民协赞宪法，则是"明示人民以真正立宪"，人民自然会心悦诚服。孟昭常说完，此案即付表决，"得多数"。

三件弭乱策表决毕，牟琳又站起来发言，提出这三件中，党禁开与不开，"无甚关系"，但罢亲贵内阁和资政院协赞宪法二案，乃是"收拾人心之要著"，因此，议长要与政府直接交涉，"陈明此义"，争取获准。①

（二）资政院要求协赞宪法的奏折

29 日，资政院的弭乱三策上奏了。其中要求将宪法交资政院协赞一折，确如孟昭常所言，开宗明义，拿时事说话。奏折提出，"鄂军之变"后，能得到那么多的响应，绝非一朝一夕之故。十多年来，革命之风大盛，其初起时，是担心朝廷不立宪，到了后来，是痛恨政府假立宪，再往后，"乃不欲出于和平立宪，而思以铁血立宪"。

①　《资政院四次会议纪》，载《申报》，宣统三年九月十六日。

挽救之策，在于实行真立宪。而"真正立宪，惟在颁布宪法"。如果颁布宪法却不允许人民协赞，则"信守之意不坚，爱护之诚不至，服从之效不笃"。而革命者则会以此为借口，宣称朝廷仍然是假立宪，"勾结鼓煽如故，残杀战争如故"。即使能将湖北的变乱敉平，但"等于鄂乱者且接踵而起"。因此，表现真立宪的最好证据，就是将宪法交资政院协赞。当皇上颁布诏书，命资政院协赞宪法，天下臣民，都会高呼"吾皇圣慈"，人们自然不会附从革命了。

从时事立言之后，奏折又拿法理说话，提出宪法是"万法之母"，是"君民共守之信条"。既如此，那为何不让人民参与，以使权利也好，义务也好，都能"厘然悉当于人心"？皇上既然想规定臣民的权利义务，著为信条，那为何不能在起始阶段"诏进臣民，一为商榷"？

奏折还写道，其实协赞一事，发生在纂拟之后、钦定之前，这与先帝所定下的钦定原则"毫无所妨"。世界各国中，只有日本与俄罗斯在制宪的时候没有经过协赞阶段，直接钦定，因此"常为世界学者所短"，我们中国为什么要模仿他们？

奏折最后明确提出，希望皇上能迅速采纳这一建议。将宪法交资政院协赞，不但可以"弭一时祸变之源"，还可以"奠万世无疆之业"。①

（三）授予资政院协赞宪法之权的上谕

30 日，针对资政院的上述奏折，清廷专门发布了一道上谕，作为回应。上谕称：

> 上年十月，该院奏请速开国会，当经明降谕旨，定于宣统五年召集议院，并特派溥伦等迅速纂拟宪法，候朕钦定。兹据该院奏称，宪法为君民共守之信条，宜于规定之始，诏进臣民商榷。又称协赞在纂拟之后，钦定之前，于先朝圣训钦定之义，毫无所妨各等语。著溥伦等敬遵《钦定宪法大纲》，迅将宪法条文拟齐，交资政院详慎审议，候朕钦定颁布，用示朝廷开诚布公，与民更

---

① 《奏为时事艰危人心解体请颁诏将宪法交臣院协赞以维人心而靖祸乱事》（宣统三年九月初八日），中国第一历史档案馆藏录副奏折，档案号：03-9303-020。

始之至意。①

如此，资政院获得了协赞宪法之权。长年以来，人民孜孜汲汲争取的参与制宪，终于有了结果。此前，清廷奉行"真正钦定"，即由君主大权独断独行制定宪法，完全不允许在一定程度上代表民权的资政院置喙。经过努力，这种钦定终于被打破，清廷允诺，宪法在纂拟之后、钦定之前，先交资政院审议。资政院奏折中所言在纂拟之后、钦定之前加入一个协赞阶段，并不妨碍钦定，显然是一种策略，是在维护钦定的名义下打破钦定的策略。而今，清廷居然承认了这一说法，答应将宪法交该院协赞，使人民梦寐以求的制宪权得以实现，似乎是一个了不起的成就。

二、资政院的"后援"

（一）军人请愿

10 月 27 日，也就是资政院议决三件"弭乱策"的那一天，清廷收到了一份特殊的奏折。

这是一道由驻扎在近畿的第二镇统制张绍曾领衔，并有该镇两个协统伍祥桢、潘矩楹以及护理第三镇统制卢永祥、第二混成协统领蓝天蔚联署的奏折。

奏折宣称，他们是在代所统率的将士向朝廷表达意见，具有请愿性质。② 请愿是大家非常熟悉的一个政治词语，堪称当时政治生活中的一个"关键词"。1910 年的国会请愿运动尤其轰轰烈烈，人们记

---

① 《宣统政纪》，"宣统三年九月癸酉"，见《清实录》第 60 册，1152 页，北京，中华书局，1987。

② "所有各该军等具陈请愿意见政纲十二条，附折恭缮，为此冒死据情代奏，伏乞宸衷独断，立决可否，迅即颁谕旨，明白宣示。"[《陆军统制官张绍曾等奏陈请愿意见政纲十二条折》(宣统三年九月十三日)，见故宫博物院明清档案部编：《清末筹备立宪档案史料》上册，100 页，北京，中华书局，1979。]此折的上奏时间不是九月十三日(11 月 3 日)，而是九月初六日(10 月 27 日)。

忆犹新。

那么，将士们请愿何事？奏折说，其大旨如下：

> 皇位之统系宜定，人民之权利宜尊，军队之作用宜明，国会之权限宜大，内阁之责任宜专，残暴之苛政宜除，种族之界限宜泯，而归本于改定宪法，以英国之君主宪章为准的。①

关于宪法，这里说得很清楚，是要"改定"，而不是要"制定"。此前制定的宪法，都是以日本宪法为取法对象。而张绍曾等人要求改定的宪法，则要以英国宪法为取法对象。

除了在正文中点明军人请愿的大旨，奏折还以附件的形式，列出了军人的具体请愿意见，即"政纲十二条"：

> 一、大清皇帝万世一系。
>
> 二、立开国会，于本年之内召集。
>
> 三、改定宪法由国会起草议决，以君主名义宣布，但君主不得否决之。
>
> 四、宪法改正提案权专属于国会。
>
> 五、海陆军直接大皇帝统率，但对内使用，应由国会议决特别条件遵守，此外不得调遣军队。
>
> 六、格杀勿论、就地正法等律，不得以命令行使。又对于一般人民，不得违法随意逮捕、监禁。
>
> 七、关于国事犯之党人，一体特赦擢用。
>
> 八、组织责任内阁，内阁总理大臣，由国会公举，由皇帝敕任。国务大臣，由内阁总理大臣推任。但皇族永远不得充任内阁总理及国务大臣。

---

① 《陆军统制官张绍曾等奏陈请愿意见政纲十二条折》(宣统三年九月十三日)，见故宫博物院明清档案部编：《清末筹备立宪档案史料》上册，99 页，北京，中华书局，1979。

九、关于增加人民负担及媾和等国际条约，由国会议决，以君主名义缔结。

十、凡本年度预算，未经国会议决者，不得照前年度预算开支。

十一、选任上议院议员时，概由国民对于有法定特别资格者公选之。

十二、关于现时规定宪法、国会选举法及解决国家一切重要问题，军人有参议之权。①

关于"改定宪法"（重新制定宪法）一事，第三条提出，宪法要由国会起草议决，君主只有颁布之权，没有否决之权。这其实是对清廷"钦定"制宪的否定。若依此办理，宪法就不是钦定，也不是协定，而是民定了。

因此，在资政院议决要奏请清廷赋予自己协赞宪法之权的同一天，滦州军人其实提出了一个更为激进的制宪主张。

（二）滦州军人与资政院有联络？

这一自称为请愿实则是兵谏的事件，留下了很多谜一样的传说。

其中有一个传说是张绍曾的弟弟张绍程留下的。张绍程在《张绍曾事迹回忆》一文中说，前述奏折在递给清廷之前，先秘密送给资政院议员陶葆廉等人看过。②

此事如果属实，则颇令人遐思：资政院之请将宪法交院协赞一案，可能是受了滦州军人的影响。一个相对激进，一个相对稳健，颇有一唱一和的样子。

不过，张绍程时隔数十年后所讲的很多故事都不太可靠。他的回

---

① 《陆军统制官张绍曾等奏陈请愿意见政纲十二条折》（宣统三年九月十三日），见故宫博物院明清档案部编：《清末筹备立宪档案史料》上册，100～101 页，北京，中华书局，1979。

② 张绍程：《张绍曾事迹回忆》，见中国人民政治协商会议全国委员会文史资料研究委员会编：《文史资料选辑》第 30 辑，207 页，北京，文史资料出版社，1962。

忆文章刊出之后，至少有两人撰文订正其不实之处。① 虽然这两篇文章都没有提到张绍程所述将兵谏奏折与资政院通气一事不实，但此事的真实性仍然值得怀疑。《盛京时报》在事发当时就提供了另外一种版本的故事。

据云，没有在奏折上签名的吴禄贞与张绍曾、蓝天蔚是好友，他才是这次兵谏的幕后推手。武昌起义之后，"素抱革命主义"的吴禄贞主张响应，"提军扫满清政府"。为此，他与张绍曾、蓝天蔚取得联系，相约"三面会攻北京"。在动武之前，他叫蓝天蔚起草"政纲十二条"，以张绍曾的名义"要求清政府"。他预料，清政府肯定不会应允这一政纲。到时候，便有了动武的借口，可以"乘机举事"。

《盛京时报》说，吴禄贞在安排以张绍曾牵头具折的同时，还"使队官某率骑兵百人入京，强迫军咨府涛邸及资政院议员"。②

据张绍程所讲，兵谏军人与资政院的关系很友好，是军人与资政院议员"取得联系"。③ 而《盛京时报》所讲二者的关系则颇为紧张，是吴禄贞派武力"强迫"资政院。如果真是强迫，那资政院的请将宪法交该院协赞议案的出台，也是受了军人的影响。不过，在这一版本下，我们就无法构思出军人与议员默契配合改变制宪方式的场景了，而只能想象出，资政院在军人的胁迫之下，无可奈何地，甚至是胆战心惊地提出议案的场景了。

问题是，如果真的受到了军人的武力胁迫，那资政院开会的时候，怎么还敢违背军人的意志，提出的不是军人的民定主张，而是一个不

① 白廷黄：《对〈张绍曾事迹回忆〉的补正》，见中国人民政治协商会议全国委员会文史和学习委员会编：《文史资料选辑（合订本）》第 13 卷，169 页，北京，中国文史出版社，2011。唐仲殷：《关于〈张绍曾事迹回忆〉的订正》，见中国人民政治协商会议全国委员会文史和学习委员会编：《文史资料选辑（合订本）》第 17 卷，168 页，北京，中国文史出版社，2011。

② 《吴禄贞被刺纪实》，载《盛京时报》，宣统三年十一月初五日。

③ 张绍程：《张绍曾事迹回忆》，见中国人民政治协商会议全国委员会文史资料研究委员会编：《文史资料选辑》第 30 辑，207 页，北京，文史资料出版社，1962。

够彻底的协定主张？

因此，《盛京时报》所讲的这个故事，虽然传播于兵谏之后不久，但也只能是"莫须有"的。

(三)荷戈执戟作后援

不过，兵谏之后两天，也就是 10 月 29 日发生的一件事情可以说明，即使没有发生过直接派军人胁迫这样的事情，兵谏军人与资政院议员之间的关系，也绝对不是一唱一和、配合默契。

这一天，资政院将罢斥皇族内阁、宪法交院协赞、开党禁三道奏折呈递给摄政王。也是在这一天，兵谏军人向资政院发了一通电报，对于清廷尚未回应其奏折一事大为光火：

> 国亡无日，非将现在政体痛加改革，万不足以固邦本而系人心。绍曾等前提出政纲十二条奏请宣布，实为现在扶危定倾之不二法门，自谓一字不可增减。乃折奏于六日递呈，至今尚未明白宣布，不知究系谁人把持？……敬乞迅予提案质问政府，从速解决。绍曾等不敏，谨荷戈持戟以为后援。①

27 日呈递奏折的时候，张绍曾等人还装模作样地说，自己是迫于部下将士的压力，将大家提出的请愿条件代为呈递。这一回，他们则在一腔怒火中说出了实情：原来，"政纲十二条"是张绍曾等人自己提出来的！27 日呈递的奏折还假惺惺地说，将士们提出的政纲，"立言虽或过激，而究非狂悖之谈"②，言下之意是，还可商量。这一回，竟然说政纲是挽救时局的"不二法门"，一个字都改不得，语气强硬。

咆哮了一通之后，兵谏军人又对资政院说："敬乞迅予提案质问政

---

① 《张绍曾致资政院电》，转引自杜春和编选：《辛亥滦州兵谏函电选》，见中国社会科学院近代史研究所近代史资料编辑部编：《近代史资料》总 91 号，55 页，北京，中国社会科学出版社，1997。

② 《陆军统制官张绍曾等奏陈请愿意见政纲十二条折》（宣统三年九月十三日），见故宫博物院明清档案部编：《清末筹备立宪档案史料》上册，99 页，北京，中华书局，1979。

府，从速解决。绍曾等不敏，谨荷戈持戴以为后援。"

对资政院用"敬乞"，看起来真是再客气不过了，但这不过是先礼后兵罢了。军人愿意荷戈持戴支援议员，有人可能觉得议员这下可以直起腰杆来了吧？非也。军人的武器，可以指向政府，也可以指向议员。如果议员们的主张与军人相合，军人当然可以援助议员，但是，如果议员的主张与军人相左呢？不要忘记，资政院在 27 日所议决的，是协赞宪法，而不是军人所主张的民定宪法。因此，荷戈持戴的军人应该没有使议员们觉得受到了保护，而是受到了巨大的威胁。

果然，收到上述电报的资政院，在 31 日给兵谏军人回了一封电报，恭维军人所发电报为"尊论"，恭维其兵谏行为是"义声伟举"，"政纲十二条""尤多扼要之论"，并表示，该院对于军人的行动"深表同情"。

电报又说，资政院前日具奏的组织责任内阁、协赞宪法、特赦党人三案，已在昨日奉旨俞允。这三案的主张，"正与开示政纲符合"，"皆为宪法中之条件"。

讲到宪法，电报说，"兹事体大"，该院已经议决，将来制宪要"采用英国君主立宪主义，用成文法规定"。

英国是君主立宪制国家的典范，其大权掌握在议院手中，首相由议会中的多数党的党魁担任，自然对议院负责，君主没有实权。但是，英国却是少有的采用不成文宪法的国家。资政院说，该院议决中国宪法要吸收英国的宪政精神，但采用成文宪法的形式。这就意味着，虽然该院在 30 日获得了宪法协赞权，但是，由于受到兵谏军人的压迫，议员们还没有来得及为此事欢呼，就仓促间重新开会，做出决定：迎合军人的要求，采用英式立宪。

虽然电报宣称该院此前议决的宪法交该院协赞一事与军人提出的政纲一致，实则该院非常清楚，二者并不吻合。这一次的议决，才与军人提出的政纲吻合。

电报说，该院不但做出了仿英立宪的决定，还采取了实在的措施从事制宪，那就是："参照尊处政纲所列，拟具重要信条。"电报还说，拟具信条的方式，是该院起草后，征集各省谘议局的意见，意见会集之后，信条由该院议决，奏请"即日宣布"。此事"正在商榷中"。

电报末尾说，资政院是"以改革政治为宗旨"，但很担心大局糜烂。因为一旦兵连祸结，就会"牵动外交"，招来亡国之祸。电报说，这是该院所忧虑的，并相信这也是"贵统制诸公"所忧虑的。因此，务请诸公"痛切劝诫我爱国军人，共维秩序，以安大局"。①

三、清廷放弃钦定

但是，资政院所做出的以成文宪法体现英国不成文宪法精神的决议，只是单方面的，尚未得到清廷的允诺。要想安抚暴怒的军人，首先要争取朝廷允诺资政院的决议。为此，在给兵谏军人发电报的次日（11月1日），资政院召开了一次秘密会议，且邀请总理大臣奕劻和协理大臣徐世昌等人参加。

那天会议的一大主题，是讨论"与政府协商条件及质问事件"。协商与质问者共有十一项，头两项都是关于制宪的。

第一项是："宪法应采用英国君主立宪主义，仍用成文法规定之。"这一项由议员陈敬第"说明主旨"之后，奕劻答应"代为上达"。

第二项是："凡与宪法主义抵触之法律及制度一律废止。"这一项也由陈敬第说明主旨，奕劻和徐世昌听了，都说："宪法定后，自应废止。"②

另外，虽然资政院宣称该院所议决的，并于 30 日得到朝廷俞允的将宪法交该院协赞一事与兵谏军人的政纲一致，但兵谏军人却并不买账。他们在 11 月 1 日致电军咨府，要求代奏。在电文中，他们对于 30 日颁布的制宪上谕，明确表示反对：

---

① 《资政院全体议员致滦州第二十镇司令处电文》，载《盛京时报》，宣统三年九月十七日。

② 《九月十一日资政院秘密会经过情形》，载《协和报》，第 2 年，第 7 期，宣统三年。

上谕又云:"著溥伦等敬遵《钦定宪法大纲》,迅将宪法条件拟齐。"窃绎宪法首标君上大权,以立法、司法、行政三者概归君上,大权作用与臣等所奏政纲适成反对。恳请收回成命,取消《宪法大纲》,由议院制定,以符臣等原奏。①

如众所知,《宪法大纲》以巩固君权为宗旨,以模仿日本为依归。如果宪法还是以《宪法大纲》为蓝本制定,则基本精神必然仍旧是巩固君权。资政院"协赞"的时候,小修小补当然可以,但无法改变大局。有鉴于此,兵谏军人明白无误地提出,要取消《宪法大纲》,制宪时不得再以它为蓝本;并且,也要取消以溥伦、载泽为首的制宪班子,宪法要由议院制定。

为了给自己的主张增加力量,电报末尾写道:"荷戈西望,不胜惶恐待命之至。"

军人荷戈西望,惶恐的就不是执戈的将士,而是掌权的朝廷了。

于是,惊恐万状的清廷,在次日(11月2日)发布了一道上谕。虽然心中惶恐,明知军人在搞武力威胁,但清廷还是故作镇定,宣称张绍曾等人昨天的电报,乃是"维皇室、靖乱源"的,皇帝从中读到了"爱国之诚",对这种行为,甚为嘉许。朝廷决定,按照军人的要求,加大改革的力度。皇族内阁已经全体辞职,袁世凯被任命为内阁总理大臣,"组织完全内阁"。制宪方面也有重要决定:

> 所有大清帝国宪法,均著交资政院起草,奏请裁夺施行,用示朝廷好恶同民、大公无私之至意。②

---

① 《张绍曾致军咨府代奏电》,转引自杜春和编选:《辛亥滦州兵谏函电选》,见中国社会科学院近代史研究所近代史资料编辑部编:《近代史资料》总91号,59页,北京,中国社会科学出版社,1997。

② 《宣统政纪》,"宣统三年九月丙子",见《清实录》第60册,1163页,北京,中华书局,1987。

　　这道上谕中，最点题的，是"裁夺"二字。清廷制宪，向以钦定为法门，目的在于巩固君权。即使在 10 月 30 日赋予资政院协赞宪法权的时候，上谕中还在用"钦定"一词。那天的上谕，之所以绝口不提兵谏军人的政纲，而只提资政院的奏请，乃是因为军人的要求是民定，资政院的要求是协赞。并且，资政院在奏折中还说，协赞并不影响钦定。因此，上谕还幻想可以继续以《宪法大纲》为蓝本起草宪法，通过做有限的让步，实现巩固君权的梦想；而且还想实施拖延战术，明明制宪五人组已经起草好了条文，却还故作姿态，命他们迅速起草。

　　没有想到，这个马虎眼打得不成功，被兵谏军人识破。清廷遭到他们的进一步威胁，没有办法，只好彻底放弃巩固君权之梦，宪法交由议院起草，君主只是"裁夺"，不再"钦定"。

　　就这样，大清的制宪，戏剧性地由钦定变成了民定。① 这是多少草泽精英长年梦寐以求的。但是，这个转变却来得有点奇怪。它不是普通国民争取得来的，而是军人"荷戈执戟"搞兵谏的结果。

　　因此，虽然大清的制宪变成了民定，却并不是普通国民的胜利，而是军事强人的胜利。并且，军人通过兵谏而强迫清廷改变政策，乃是军人干政的表现。此后，在革命的洪流中，以至在民国的历史上，经常可以看到军人干政的现象。晚清民国的宪政历经坎坷，军人干政是一个不可忽视的要因。

---

　　①　当时就有人注意到了制宪方式的变化。《十九信条》出台之后不久，有人发表如下见解："恭读十月初六日宣誓太庙宪法信条十九条，资政院明揭采取英国宪法，是直谓共和立宪可矣。"(《宣统三年十一月□□日全国联合进行会代表张琴等致内阁袁世凯呈》，见中国史学会主编：《辛亥革命》第 8 册，162 页，上海，上海人民出版社，1957.)在清季国人的认识中，共和立宪的宪法都是民定宪法。说《十九信条》是共和立宪，无异于说《十九信条》是用民定办法制定的。

第二十章　信条渊源

一、《十九信条》问世

在获得制宪权的次日（11 月 3 日），资政院就呈递了一道奏折，讨论制宪事宜。

奏折说，日来形势越发严峻，四川、湖北、湖南、江西、陕西、山西、广东等省乱耗频传，"大局已几于瓦解"。挽救之方，千言万语总为一句，还是要以"宪法良否以为关键"。最近朝廷采取了一系列措施，如颁布罪己诏与民更始，落实张绍曾等人陈奏各条，还"沛布纶音，宪法交由臣院起草"，实在"钦感莫名"。

资政院表示，有幸获得朝廷信任，担当起草宪法的重任，一定要"殚竭愚诚"，以便"仰副圣意"。

如何起草？奏折提出，要"采用英国君主立宪主义，而以成文法规定之"。但是，起草宪法，兹事体大，"非旦夕所可完成"。然而，现在人心惶惶，大局危迫，在正式宪法制定之前，最好能有所表示，"将重大信条先行颁示天下"。奏折勾勒了一幅颁布重大信条后将会出现的诱人景象：

> 天下军民皆欣欣喜色相告曰，吾君果顺臣民之请，廓然大公，掬诚相见。风声腾布，固已胜于百万之师。

颁布宪法信条，能胜百万之师，这真是一句大胆的广告词。紧接着，奏折说，因此，该院"先拟具宪法内重大信条十九条，凡属立宪国宪法共同之规定，则暂从缺略，俟全部起草时，再行拟具"。资政院恳请朝廷能够将《十九信条》"毅然俯允"，并"宣誓太庙，布告臣民"，以便"固邦本""维皇室"。

奏折的最后说，考虑到宪法是"万世不磨之大典"，"君民共守，关系至巨"，资政院起草的时候，一定要广泛听取意见。目前，该院已经致电各省谘议局，请其"参与意见"，并拟允许军人"暂行参与意见"，希望得到皇上允准。①

大概是资政院奏折中所说的颁布信条胜过百万之师的说辞太有诱惑力，也许更重要的是，此时已经找不到什么好的救亡办法，清廷在当天就颁发谕旨，批准了资政院的请求：

> 资政院奏采用君主立宪主义，并先拟具重大信条十九条，缮单呈览，恳请宣誓太庙，布告臣民，以固邦本而维皇室一折。朕详加披览，均属扼要，著即照准，一面择期宣誓太庙，将重要信条，立即颁布，刊刻謄黄，宣示天下。将来该院草拟宪法，即以此为标准。钦此。②

上谕不但批准了《十九信条》，还规定资政院将来起草宪法的时候，要以此为标准。

"即以此为标准"，这句话，多少有点耳熟。原来，1908年颁布《宪法大纲》的时候，清廷也说过类似的话。那时说的是，将来编纂宪法、议院法、选举法，"即以此作为准则"。③

《宪法大纲》二十三条，《十九信条》十九条，体量相似。《宪法大纲》曾经被定为制宪的准则，《十九信条》也被定为制宪的标准。这么说

---

① 《资政院总裁李家驹等请将草拟宪法内重大信条先行颁示并请准军人参与宪法起草意见折》(宣统三年九月十三日)，见故宫博物院明清档案部编：《清末筹备立宪档案史料》上册，101～102页，北京，中华书局，1979。

② 《择期颁布君主立宪重要信条谕》(宣统三年九月十三日)，见故宫博物院明清档案部编：《清末筹备立宪档案史料》上册，102页，北京，中华书局，1979。

③ 《宪政编查馆会奏遵拟宪法大纲暨议院选举各法并逐年应行筹备事宜折(附清单二件)》，载《政治官报》，光绪三十四年八月初二日。

来，《宪法大纲》其实是清廷在 1908 年颁布的宪法重大信条，或者说，《十九信条》乃是 1911 年新的《宪法大纲》。① 只是两度确立的标准，发生了 180 度的逆转。1908 年确立的标准以巩固君权为目的，而 1911 年确立的标准则以维护民权、保住皇统为依归。

我们且将《十九信条》列举于此，以便读者判断，它是否具有"胜于百万之师"的效力：

第一条　大清帝国皇统万世不易。

第二条　皇帝神圣不可侵犯。

第三条　皇帝之权，以宪法所规定者为限。

第四条　皇位继承顺序，于宪法规定之。

第五条　宪法由资政院起草议决，由皇帝颁布之。

第六条　宪法改正提案权属于国会。

第七条　上院议员，由国民于有法定特别资格者公选之。

第八条　总理大臣由国会公举，皇帝任命。其他国务大臣，由总理大臣推举，皇帝任命。皇族不得为总理大臣及其他国务大臣并各省行政长官。

第九条　总理大臣受国会弹劾时，非国会解散，即内阁辞职。但一次内阁不得为两次国会之解散。

第十条　陆海军直接皇帝统率，但对内使用时，应依国会议决之特别条件，此外不得调遣。

第十一条　不得以命令代法律，除紧急命令，应特定条件外，

---

① 《十九信条》颁布之后，确实有人称之为《宪法大纲》。例如，《协和报》刊载信条的时候，一则称之为"十九条宪法大纲"，再则称之为"今日之宪法大纲"。参见《中国宪法之基础成立》，载《协和报》，第 2 年，第 7 期，宣统三年。《顺天时报》也称之为"十九条宪法大纲"，参见年树滋：《君主立宪政体与民主立宪政体之利害》，载《顺天时报》，宣统三年十月二十二日、二十三日。后世学者，也间有称《十九信条》为"宪法大纲"的，如储玉坤说："就其内容而论，仍不过是一种宪法大纲，而不是一部完全的宪法。"（储玉坤编著：《中国宪法大纲》，44 页，上海，中华书局，1937。）

以执行法律及法律所委任者为限。

第十二条 国际条约，非经国会议决，不得缔结。但媾和宣战，不在国会开会期中者，由国会追认。

第十三条 官制官规，以法律定之。

第十四条 本年度豫算，未经国会议决者，不得照前年度豫算开支。又豫算案内，不得有既定之岁出，豫算案外，不得为非常财政之处分。

第十五条 皇室经费之制定及增减，由国会议决。

第十六条 皇室大典不得与宪法相抵触。

第十七条 国务裁判机关，由两院组织之。

第十八条 国会议决事项，由皇帝颁布之。

第十九条 以上第八、第九、第十、第十二、第十三、第十四、第十五、第十八各条，国会未开以前，资政院适用之。①

二、出台过程点滴

(一)汪荣宝：起草信条在先，奉旨起草宪法在后

《十九信条》是在资政院奉到起草宪法的上谕之后起草出来的，这是读该院呈递《十九信条》的奏折后很容易得出的认识。学者们涉及《十九信条》出炉经过的时候，也多如此言说。

其实，真实情形并非如此。揭示真相的关键，是汪荣宝11月2日的日记。

据其所记，那天上午，拜访了陆宗舆之后，他就去了资政院，"与同人商榷宪法信条"。很难得，他还记下了商榷过程中的一点争执。原来，在议会制度方面，籍忠寅主张一院制，汪荣宝觉得其理由"颇不贯彻"，因此忍不住与他辩难。他们互不相让，激烈争论，"几至决裂"。

① 《择期颁布君主立宪重要信条谕》(宣统三年九月十三日)，见故宫博物院明清档案部编：《清末筹备立宪档案史料》上册，102～104页，北京，中华书局，1979。

中午("午刻"),溥伦、载泽来到了资政院,汪荣宝赶紧从起草室出来迎迓。但这日相见,寒暄全是国事。两位亲贵七嘴八舌地说,他们看到了滦州军队的电奏,军队对 30 日谕旨"尚多不满",在电奏中居然有"荷戈西望"等威胁性很强的语言。他们还听说,禁卫军也与滦州军人联合行动了。他们感到大局"岌岌可危"。他们又说,听说武昌方面发了电报到内阁,提出停战,但不知道所提出的停战条件是什么。所有这些或确切或不确切的消息,使他们认识到:"非将滦军要请各条立予决答,不足以救危急。"

和溥伦、载泽聊了一会,汪荣宝又回到起草室。他发现,"同人已议定信条十九事"。于是,他将信条交给秘书厅誊写,预备在资政院大会上讨论。

随后,溥伦和载泽也来到了起草室,"演说撰拟始末及今后办法"。他们所谈,关于何事?他们两人最近共同负责的一件事情,是主持起草宪法。他们所来到的地方,又是信条的起草室。因此,可以判断,他们所演说的"撰拟始末",应该是他们负责起草宪法一事的始末。至于"今后办法",则很有可能是如何将他们所起草的宪法草案交资政院"协赞",然后请皇上"钦定",这正是 30 日上谕所要求的。

不过,他们演讲完之后,议员们却没有顺着他们的思路走,而是反过来要他们改变思路。关于这一点,汪荣宝在日记中留下了如下记载:"同人力陈利害,请将宣布信条之事于明日奏陈,务望即日裁可,以安人心。"溥伦和载泽还在设想如何将宪法草案交资政院"协赞",而资政院议员们则要求他们次日向摄政王奏陈信条,以便能即日裁可,安定人心。

在议员们的恳切陈词之下,溥伦和载泽答应了他们的请求。

随即,资政院召开大会。

正在开会的时候,议长手持上谕,匆匆登台,打断议事,"宣布将宪法交资政院起草"。议场随即爆发出一阵欢呼声。①

----

① 北京大学图书馆馆藏稿本丛书编委会编辑:《汪荣宝日记》("北京大学图书馆馆藏稿本丛书"第 1 册),1041 页,天津,天津古籍出版社,1987。

汪荣宝说得很清楚，11 月 2 日那天，在接到将宪法交资政院起草的上谕之前，资政院已经把《十九信条》起草好了。

资政院总裁李家驹领衔的奏折说，资政院是先奉到了起草宪法的上谕，后起草的信条；而资政院议员汪荣宝的日记，却说资政院是先起草了信条，后奉到起草宪法的上谕。

究竟孰说为是？

前文介绍过，10 月 31 日，资政院给兵谏军人发了一通电报，电文中提到，该院已经议决，将来制宪，要"采用英国君主立宪主义，用成文法规定"，该院当时正在做的一件事，乃是"参照尊处政纲所列，拟具重要信条"。此处所说的草拟重要信条，与 11 月 2 日汪荣宝的日记中所说的重要信条、3 日李家驹所奏报的重要信条，显然是同一事物。

由此，我们可以断定，《汪荣宝日记》所记是准确的。资政院起草信条一事，确实早已着手，并且在得知资政院获得了起草宪法权力的消息之前，该院已经起草好了信条。起草信条一事，乃是该院面对兵谏军人的压力，主动采取的挽救王朝危局的措施。

从起草信条在先、奉旨起草宪法在后这一点，我们也可以判断，即使清廷在 11 月 2 日不发布授予资政院制宪权的上谕，该院也会将信条上奏，并请清廷改变制宪方式，由仿日改为仿英，放弃钦定。

（二）陈敬第是个要角

汪荣宝的日记揭示出，信条是在资政院的起草室起草的，起草期间，汪荣宝和籍忠寅之间发生过辩论。而《协和报》所刊载的《资政院第六次会议纪事》则提示了资政院议决信条时的一些细节。

进入这一议题之后，先由"起草员陈敬第报告起草大意"，然后由秘书长宣读奏稿。其后，由议长宣读信条条文，逐条表决。表决比较顺利，"众无异议，皆起立赞成"。但在表决第十四条的时候，发生了一点波折。

王璟芳对这一条所规定的预算未经国会议决不得照前年度预算开支一事表示反对，"以为于行政上实有不便"。他提出一个修正案，建议删除"不得"二字。若如此，则关于这一问题的立法精神完全反转过来了。

他的主张遭到了易宗夔的反对，两人"讨论良久"。

他们的讨论告一段落之后，议长用起立表决的方式决定王璟芳的提议能否成为议题。结果，"起立者不满三十人，不成为议题"。

这时，王季烈又提出另一修正案，建议将这一条删去。结果，这一修正案也没有得到认可，"亦不成为议题"。

于是，这一条还是表决原案，"立者多数"。

逐条表决之后，"仍将全案付表决"——这应该是指，表决《十九信条》作为一份文件能否成立。结果，"全场皆起立赞成"。

议长宣布，此件明日上奏。①

在议决《十九信条》的会场上，王璟芳发言最多，易宗夔辩论最烈，但我更关注的是陈敬第。

《协和报》对陈敬第的介绍只有寥寥一句，但透露出陈敬第在起草《十九信条》及上奏稿中扮演了重要角色。

《协和报》称陈敬第是"起草员"，给人留下《十九信条》及其折稿出自陈敬第一人手笔的感觉。实则如此重要的议题，不可能由一人操作。对于重要议题，资政院的一般做法是任命几个人集体起草。议决之时，由为首的一人报告起草时的法理和主要关注点。议决《十九信条》的时候，陈敬第代表起草者报告"起草大意"，说明他在起草诸人中居于为首的位置。

前文曾经提到，在头一天的秘密会议上，代表资政院向内阁总理、协理提出"宪法应采用英国君主立宪主义，仍用成文法规定之"等与宪法相关的问题，为之"说明主旨"的也是陈敬第。这或可作为陈敬第在起草《十九信条》及其折稿的过程中扮演了重要角色的一条旁证。

关于上奏《十九信条》，我们获得的信息相当有限。汪荣宝在日记中说，11月2日，当溥伦和载泽来到《十九信条》起草室的时候，议员们向他们提出要求，要他们在第二天在上奏信条一事上帮忙说话，劝说摄政王，当机立断，予以裁可。

但是，3日上奏《十九信条》的时候，溥伦、载泽有没有在载沣面前为资政院帮腔，我们不得而知。

倒是《大公报》的一则消息称，信条能那么快颁布，可能有李家驹的一份功劳。听说，信条入奏的时候，清廷就发布了一道临时谕旨，命李家驹"伺候召见"。有人注意到，召见时，摄政王"密询良久"之后，李家驹才出来，而资政院的奏折也"照准"了。《大公报》写道："说者谓该折之照准亦甚赖李大臣暗助之力。"①

是否果真如此，我们同样不得而知。

三、信条渊源

(一)军人的"政纲十二条"与《十九信条》

历来学者，均谓信条系以兵谏军人的政纲为蓝本。

例如，民国时期出版的王世杰、钱端升所著的《比较宪法》中有这样的论述："是时滦州统制张绍曾，协统蓝天蔚，暗联军人吴禄贞等，草拟十二条的宪法草案，要求清廷立予容纳。资政院基于这个提案，议决《十九信条》。"②王、钱笔下的"十二条的宪法草案"，显然是对兵谏军人的"政纲十二条"的不准确提法。

1937 年出版的储玉坤编著的《中国宪法大纲》论道："资政院基于张氏的提案，拟定了宪法信条十九条入奏，清廷即以命令宣布，是为我们所谓的十九信条。"③

今人赵润生、马亮宽的《辛亥滦州兵谏与滦州起义》一书，则干脆称信条是"根据十二条政纲拟具的宪法重大信条十九条"④。

说信条以政纲为蓝本，大致不差。但政纲是十二条，信条则是十九条，二者显有出入。并且，军人的政纲中，也不是每一条都被吸收

---

① 《李柳溪召见纪闻》，载《大公报》，宣统三年九月十七日。
② 王世杰、钱端升：《比较宪法》，401 页，北京，商务印书馆，1999。
③ 储玉坤编著：《中国宪法大纲》，44 页，上海，中华书局，1937。
④ 赵润生、马亮宽：《辛亥滦州兵谏与滦州起义》，109 页，天津，天津人民出版社，2003。

进了信条。那么，政纲中的哪些条款转成了信条的条款？信条中的其他条款，是出自资政院的创制，还是另有所本？对这些问题，似有必要理清。

信条中有八条与政纲相似度极高，大致可以判断，这些条款源自政纲。

表 2 "政纲十二条"与《十九信条》的相似条款对比

政　　纲	信　　条
一、大清皇帝万世一系。	第一条　大清帝国皇统万世不易。
三、改定宪法由国会起草议决，以君主名义宣布，但君主不得否决之。	第五条　宪法由资政院起草议决，由皇帝颁布之。
四、宪法改正提案权专属于国会。	第六条　宪法改正提案权属于国会。
五、海陆军直接大皇帝统率，但对内使用，应由国会议决特别条件遵守，此外不得调遣军队。	第十条　陆海军直接皇帝统率，但对内使用时，应依国会议决之特别条件，此外不得调遣。
八、组织责任内阁，内阁总理大臣，由国会公举，由皇帝敕任。国务大臣，由内阁总理大臣推任。但皇族永远不得充任内阁总理及国务大臣。	第八条　总理大臣由国会公举，皇帝任命。其他国务大臣，由总理大臣推举，皇帝任命。皇族不得为总理大臣及其他国务大臣并各省行政长官。
九、关于增加人民负担及媾和等国际条约，由国会议决，以君主名义缔结。	第十二条　国际条约，非经国会议决，不得缔结。但媾和宣战，不在国会开会期中者，由国会追认。
十、凡本年度预算，未经国会议决者，不得照前年度预算开支。	第十四条　本年度豫算，未经国会议决者，不得照前年度豫算开支。又豫算案内，不得有既定之岁出，豫算案外，不得为非常财政之处分。
十一、选任上议院议员时，概由国民对于有法定特别资格者公选之。	第七条　上院议员，由国民于有法定特别资格者公选之。

政纲中的另外四条未被吸纳进信条中，为什么？

其中有三条与宪法无关，没有理由被纳进宪法信条之中。这三条分别是：

第二条："立开国会，于本年之内召集。"

第七条："关于国事犯之党人，一体特赦擢用。"

第十二条："关于现时规定宪法、国会选举法及解决国家一切重要问题，军人有参议之权。"

剩下的第六条，即"格杀勿论、就地正法等律，不得以命令行使。又对于一般人民，不得违法随意逮捕、监禁"，应该说与宪法有关系，涉及人民的人身安全问题。但资政院制定信条的时候，坚持的一条原则是："凡属立宪国宪法共同之规定，则暂从阙略，俟全部起草时，再行拟具。"①而政纲第六条的后半段显然属于"立宪国宪法共同之规定"的范畴。

（二）值得注意的在京政团陈请书

信条中的八条来自政纲，那么，其他条款呢？是否出于资政院的创作，或如有的学者所推测的，信条其实出自梁启超的手笔？

信条出自梁启超手笔的猜测早就有了，但无人展示过有说服力的证据。倒是清宫档案中的一份陈请书的相关内容，与信条中的很多条款如出一辙。这份陈请书，应该是信条的另一重要渊源。

陈请书保存在资政院全宗中，应该是由于它被陈请者提交给了资政院。据陈请书所言，将它递交给资政院的牵线者，是资政院议员易宗夔。

陈请书的提出者不是个人，而是在京各政团的有关人员，包括宪政实进会的文斌、宪友会的黄为基、辛亥俱乐部的隆福、八旗宪政研究会的恒钧、宪政公会的陆鸿逵等人。

陈请书没有写日期，但可以根据其内容做出大致不差的推断。

陈请书有言："现在宪法交院审议或尚须时日。"由此可以判断，陈请书提交于谕令溥伦等人将宪法条文纂拟并交资政院审议之后。

---

① 《资政院总裁李家驹等请将草拟宪法内重大信条先行颁示并请准军人参与宪法起草意见折》（宣统三年九月十三日），见故宫博物院明清档案部编：《清末筹备立宪档案史料》上册，102 页，北京，中华书局，1979。

陈请书又有言："以上所列各端，拟即日由资政院奏请先行明降谕旨，著纂拟宪法大臣编入宪法及附属法律草案。"由此可以判断，陈请书提交于谕令由资政院直接起草宪法之前。

如我们已知，谕令溥伦等人将宪法纂拟、交院审议的时间是 10 月30 日，谕令资政院起草宪法的时间是 11 月 2 日。

我们还记得，10 月 31 日，资政院给兵谏军人发了一通电报，称该院"参照尊处政纲所列，拟具重要信条"。"参照"二字特别值得注意。资政院的用语是"参照"，不是"遵照"，说明资政院起草信条时，对军人的政纲，不是依葫芦画瓢。其参照的对象，很有可能除了政纲，还有其他。也许，在京各政团的陈请书也是参照之一。

如果这一推论成立，则可以推断，陈请书提交给资政院的时间，当在 10 月 30 日或 31 日。我们甚至可以猜测，资政院是在受了兵谏军人的压迫，并受到在京各政团的促动①后，开启了制定信条一事。

陈请书提出了挽救时局的"法律上条件十六端""政治上条件三端"。法律上的十六条条件中，主体是"关于宪法之条件"，共十四条。列举如下：

一、帝位继承宜于宪法内规定纲要，不可过于简略。

二、皇帝大权宜一一列举，不宜有概括之语。

三、政治条约应经议会承认后方有效力，此外经济条约及一切国际合同，一律宜经议会议决后方能缔结。

四、命令范围以执行法律及法律所委任者为准，紧急命令宜严定条件，独立命令不宜袭用。

五、文武官制及各项官规宜作为法律经议会议决。

六、皇室经费之制定及增减宜经议院议决。

---

① 陈请书极力策动资政院采取行动。除上引"以上所列各端，拟即日由资政院奏请先行明降谕旨，著纂拟宪法大臣编入宪法及附属法律草案"之外，尚有"今者时局阽危，京师震动，亟宜实行立宪以消革命之源"，"请由贵院即日分别建议具奏，以挽危局而安人心"等语句。参见中国第一历史档案馆藏资政院档案，全宗号：50，案卷号：2。

七、议会开会期间每年至短以六个月为度。

八、每一次内阁不得为两次议会之解散。

九、政府以国务大臣为之，弼德院不在其内。

十、大臣责任及身份宜详细规定，不可过于简略。

十一、皇族不得为国务大臣及其他行政官。

十二、日本宪法上非常财政处分之规定、施行前年度预算之规定及既定岁出之规定等不宜袭用。

十三、议会宜有修正宪法之提案权。

十四、此外宪法大纲所载，凡与上列各条不相冲突者，仍一体遵用。

浏览各条可知，在京各政团不像兵谏军人那般激烈。例如，他们并未要求全盘否定《宪法大纲》，与此处所列各条不冲突诸条，仍可遵用（第十四条）。又如，关于宪法修正的提案权，他们并未要求只属于议会，而只是要求议会也可拥有此权（第十三条）。

不过，从整体上看，陈请书体现了绅士集团要求限制君权、保障民权的一贯追求。例如，第二条关于君主大权，从表面上看，陈请书跟《宪法大纲》一样，主张用列举的办法，但是，"不宜有概括之语"一句，体现了对君权的限制。又如，第三条指出条约与国际合同，须得到议会的承认或经议会议决，第四条对君主命令范围进行严格限制，第五条要求官制官规须经议会议决，第六条要求皇室经费须经议会议决，第九条提出弼德院不得干预国务等，在在均以限制君权为依归。至于第十一条，则是绅士集团在1911年一心想完成的一篇大文章，不仅仅在于限制君权，还有防止皇室干政的用意。

在政府与议会的关系方面，第八条虽然是立宪国的通例，但也有防止政府凌压议院、保障民权的用心；第十二条关于预决算方面的设计，与兵谏军人相同，此条若落实，政府乱花人民血汗钱的情形当可大大减少。

如果宪法按照陈请书所列制定，在实质上肯定会突破《宪法大纲》的牢笼，清廷"巩固君权"的梦想必然要落空。因此，虽然从最后一条看，陈请书似乎还尊重《宪法大纲》，但此前诸条，实已将《宪法大纲》冲击得七零八落。

因此，陈请书虽然不像兵谏军人的政纲那样要求将制宪方式改为民定，而是遵循清廷 10 月 30 日的谕旨办事，由资政院"协赞"溥伦、载泽负责起草的宪法草案，但是，如果在"协赞"的时候将所列各条都落实，则大清的宪法已与民定无异。

在维护朝廷谕旨的名义下突破朝廷的谕旨，努力实现自己的政治追求，如前所述，是绅士集团的一个重要策略。

这一回，绅士集团的策略取得了很大成功。他们所提的"关于宪法之条件"，有十条与信条中的相关条款高度相似，表列如下：

表 3　在京政团的陈请与《十九信条》的相似条款对比

陈　请	信　条
一、帝位继承宜于宪法内规定纲要，不可过于简略。	第四条　皇位继承顺序，于宪法规定之。
二、皇帝大权宜一一列举，不宜有概括之语。	第三条　皇帝之权，以宪法所规定者为限。
三、政治条约应经议会承认后方有效力，此外经济条约及一切国际合同，一律宜经议会议决后方能缔结。	第十二条　国际条约，非经国会议决，不得缔结。但媾和宣战，不在国会开会期中者，由国会追认。
四、命令范围以执行法律及法律所委任者为准，紧急命令宜严定条件，独立命令不宜袭用。	第十一条　不得以命令代法律，除紧急命令，应特定条件外，以执行法律及法律所委任者为限。
五、文武官制及各项官规宜作为法律经议会议决。	第十三条　官制官规，以法律定之。
六、皇室经费之制定及增减宜经议院议决。	第十五条　皇室经费之制定及增减，由国会议决。
八、每一次内阁不得为两次议会之解散。	第九条　总理大臣受国会弹劾时，非国会解散，即内阁辞职。但一次内阁不得为两次国会之解散。

续表

陈　请	信　条
十一、皇族不得为国务大臣及其他行政官。	第八条　总理大臣由国会公举，皇帝任命。其他国务大臣，由总理大臣推举，皇帝任命。皇族不得为总理大臣及其他国务大臣并各省行政长官。
十二、日本宪法上非常财政处分之规定、施行前年度预算之规定及既定岁出之规定等不宜袭用。	第十四条　本年度豫算，未经国会议决者，不得照前年度豫算开支。又豫算案内，不得有既定之岁出，豫算案外，不得为非常财政之处分。
十三、议会宜有修正宪法之提案权。	第六条　宪法改正提案权属于国会。

兵谏军人的"政纲十二条"中，与《十九信条》高度相似的有八条；绅士集团的"关于宪法之条件"十四条中，与《十九信条》高度相似的有十条。因此，讨论信条的蓝本，只谈兵谏军人的"政纲"，却忽略绅士集团的"条件"，显然是有问题的。和"政纲"一样，"条件"也是《十九信条》的一大渊源。

（三）关于《十九信条》第二、第十六、第十八条渊源的猜测

《十九信条》的第十九条是对如何实施该信条的规定，无须追索其渊源，而"政纲"有八条为《十九信条》所吸纳，"条件"有十条为《十九信条》所吸纳，刚好是十八条。但由于"政纲"与"条件"中的若干条款内容相似，《十九信条》中的有关条款是综合二者而来，因此，《十九信条》实有第二、第十六、第十七、第十八四条在这两份文件中找不到出处。

第二条"皇帝神圣不可侵犯"，应该是来自《宪法大纲》。《宪法大纲》第二条规定："君上神圣尊严不可侵犯。"[①]二者相较，若合符契。

第十六条"皇室大典不得与宪法相抵触"，似出自日本宪法第七十四条之后半句。日本宪法第七十四条规定："皇室典范之改正无须经帝

---

① 朱寿朋编，张静庐等校点：《光绪朝东华录》，5979 页，北京，中华书局，1958。

国议会之议，不得以皇室典范变更本宪法之条规。"①

第十八条"国会议决事项，由皇帝颁布之"，似乎借鉴了《宪法大纲》第三条："钦定颁行法律及发交议案之权（凡法律，虽经议院议决，而未奉诏命批准颁布者，不能见诸施行）。"②但须注意，《十九信条》所规定的皇帝颁布之项为"国会议决事项"，范围比较广，而《宪法大纲》所规定的则只有法律一项，范围比较狭。同时，《宪法大纲》第三条规定皇帝有发交议案之权，而《十九信条》则无此规定。并且《宪法大纲》第三条加了一个长长的注释，以确保君主大权，而《十九信条》无此。

至于第十七条"国务裁判机关，由两院组织之"，则不知源自何处。因为当时以议会为国务裁判机关的英、美等国，都以上院为之，没有以两院为之者。③ 看来，这一条是在借鉴英、美等国制度的基础上制定的，扩充民权的用意一望可知。

总体来看，《十九信条》的条文，主要是源自滦州军人的"政纲十二条"和在京各政团的"关于宪法之条件"，但也有一些条文源自《宪法大纲》和日本明治宪法等。

---

① 《日本宪法全文》，载《东方杂志》，第3年，第11期，光绪三十二年。
② 朱寿朋，张静庐等校点：《光绪朝东华录》，5979页，北京，中华书局，1958。
③ "凡弹劾制度，审判机关的制度有三。以上院充之者其一，原本起源于英国，现在美、法、意、葡诸国沿袭之。"（[日]北鬼三郎：《大清宪法案》，318页，东京，经世书院，明治四十二年。）

第二十一章　救命草

公布《十九信条》的次日，清廷颁发了一道长达八百字的上谕，宣称颁布信条的目的，在于"期人民之进步，示好恶以大公"。实则促进人民进步还在其次，最重要的，是希望借此保住大清的皇统。上谕要求，凡是有乱事的省份，所有统兵大员，都要将朝廷颁布信条、促进宪政的事实"剀切布告"，如此，便能"咸登新治"，"同我太平"。① 显然，清廷将《十九信条》视为一根救命稻草，对其寄予了厚望。不过，如众所知，清廷的良愿落空了。本章仅以选举袁世凯为总理大臣及袁世凯组阁时的若干细节，展示清廷以《十九信条》为救命草的困境。

一、根据信条选举、任命内阁总理

（一）资政院选举内阁总理

颁布信条之后的第五天，即 11 月 8 日，资政院有一项重要议程：选举内阁总理大臣。关于这一选举，《协和报》留下了一点细节。②

那天下午 4 点，资政院会议开始。

议长说："现在开议。按照议事日表第一，遵照宪法信条，公举内

---

① 《宣统政纪》，"宣统三年九月戊寅"，见《清实录》第 60 册，1168 页，北京，中华书局，1987。

② 该报所刊《资政院第八次议案纪事录》和《资政院第九次议案纪事录》都谈到选举总理大臣一事，此处系综合两处而来。参见《资政院第八次议案纪事录》《资政院第九次议案纪事录》，载《协和报》，第 2 年，第 9 期，宣统三年。

阁总理大臣。"

说完，议长命人将议场关闭，清点议员人数，总共 87 人。

议长命秘书官散票，并说，此次选举，用无记名投票法。

在散票过程中，有议员提出，副议长应该投票。

议长回应道："副议长不必投票。"

又有人说，去年副议长投过票。

黎尚雯回应道："去年副议长为议员，故投票。今岁并非议员，故不能投票。"

此说得到许鼎霖的附和。

很快，投票结束。议长命秘书官收票，并报告散票总数。结果如下：

有效票 87 张，岑春煊得 2 票，黄兴得 2 票，梁启超得 1 票，锡良得 1 票，王人文得 2 票，那彦图得 1 票，袁世凯得 78 票。袁世凯当选。

秘书官报告毕，林炳章发言："请议长按照信条，明日即行具奏，一面电催袁大臣速行来京。"

议长应允。要具奏，就须起草奏稿。于是，议长咨询议员："此次奏稿应否指定起草员？"

王季烈发言："不必指定起草员，即由秘书厅起草。"此议得到与会者赞成。

于是议长说："即由秘书厅起草，拟定后再在议场朗读。"

这个时候，是 4 点过 5 分。

有学者提出，袁内阁与奕内阁的一点显著不同，是袁内阁系出于议会公举，而奕内阁系出于清廷直接任命。

通过《协和报》所提供的以上细节可以知道，袁世凯确实是资政院选举出来的。并且，资政院投票的时候，不仅袁世凯获得了选票，朝廷命官岑春煊、锡良、王人文，戊戌党人梁启超，革命领袖黄兴也都获得了选票。

尤其令人印象深刻的是，这场选举总共只花了五分钟。事先既没有政党提名，也没有竞选演说，因此，袁世凯出任内阁总理虽经过了选举环节，但可以说草率之至。

（二）根据信条任命袁世凯为总理大臣

11 月 8 日，选举完总理，中场休息一刻钟，再次入场开会的时候，虽然已只剩 40 多人，但议长还是命秘书官朗读了奏稿。①

次日，资政院递交了这一份只花了十五分钟草就的奏折：

> 资政院总裁、内阁法制院院使臣李家驹等跪奏为遵照宪法信条公举内阁总理大臣恭折仰祈圣鉴事。窃查宪法信条第八条"总理大臣由国会公举、皇帝任命"、又第十九条"第八等条，国会未开以前，资政院适用之"等语，兹经臣院于九月十八日，遵照宪法信条，用无记名投票法公举内阁总理大臣，以袁世凯得票为最多数，理合恭折奏陈，请旨任命。伏乞皇上圣鉴。谨奏。②

在这道只有一百多字的奏折中，三次提到"宪法信条"，并引用《十九信条》的第八、第十九条，反复强调资政院是根据信条选举总理大臣，令人印象深刻。

上奏当天，清廷就颁布上谕，任命袁世凯为总理大臣。上谕不足五十字，却两次提到"宪法信条"，同样令人印象深刻：

> 资政院奏遵照宪法信条公举内阁总理大臣一折，朕依宪法信条第八条命袁世凯为内阁总理大臣。③

投票选举、上奏选举结果、任命，环环相扣，一气呵成。每一环都强调，这是在根据《十九信条》办事。大清的"行宪"，似乎有了新气象。但是，如果我们注意到资政院选举时的一个细节，好印象可能就

---

① 《资政院第九次议案纪事录》，载《协和报》，第 2 年，第 9 期，宣统三年。

② 《奏为遵照宪法信条公举内阁总理大臣事》（宣统三年九月十九日），中国第一历史档案馆藏录副奏折，档案号：03-9303-026。下划线为引者所加。

③ 《宣统政纪》，"宣统三年九月癸未"，见《清实录》第 60 册，1180 页，北京，中华书局，1987。

会打些折扣。

这一细节就是，那天到会的议员只有 87 人，而讨论奏稿的时候，已只有 40 多人。那一届资政院，共有议员 200 人，按照《资政院章程》，到会人数须达到 133 人（三分之二）才能开议。① 因此，严格地讲，这是一场无效选举。遵照《资政院章程》，袁世凯是不能出任总理的。但资政院却奏报清廷，清廷则据以任命袁世凯为内阁总理。

因此，表面的环环相扣之下，似乎另有隐衷。

（三）袁世凯：我须由资政院选出

原来，还在将宪法起草权完全交给资政院的头一天，也就是 11 月 1 日，清廷就已经颁发谕旨，解散皇族内阁，任命袁世凯为内阁总理大臣。其时袁世凯尚在湖北督师，上谕要求他"将应办各事略为布置，即行来京组织完全内阁，迅即筹划改良政治一切事宜"②。

但是，这一任命，却遭到了一点微词。兵谏军人看了这道上谕，向清廷发了一道电报，称：

> 顷读十二日上谕，简袁世凯为内阁总理大臣，组织完全内阁，仰见朝廷用人得当，臣等钦佩莫名。惟原意内阁总理应由国会公推，君主勅任，今国会未立，势难县缺，以待公推，恳即明定宪法，将来继袁世凯之后，仍由国会公推，以示朝廷至公无私之意。③

电报虽然肯定任命袁世凯为总理大臣是得当的，但也直率批评这与他们所提政纲不符——政纲第八条提出，总理大臣要先经国会公举，再由皇帝敕任。

11 月 3 日，清廷颁布了资政院起草的《十九信条》，信条第八条也

---

① 《资政院章程》第三十四条规定："资政院会议非有议员三分之二以上到会，不得开议。"（上海商务印书馆译编所编纂，蒋传光点校：《大清新法令（1901—1911）》第 6 卷，95 页，北京，商务印书馆，2011。）

② 《内阁官报》，宣统三年九月十二日。

③ 《第二十镇军队之举动》，载《申报》，宣统三年九月二十日。

规定，"总理大臣由国会公举，皇帝任命"。

据报刊记载，袁世凯看到《十九信条》之后，"知朝命无效，非由民选不可"——如果他知道了兵谏军人的上述电报，恐怕会越发加深这种认识吧。

恰好在这个时候，资政院来了一份电报，请他快点出山组阁。于是，他告诉资政院："若认组织内阁之命，公等所拟之信条（信条中总理须由院公举）即首先失其信用。"

资政院收到袁世凯的电报之后，乃"开票公选"，演出了前述历时五分钟的一幕选举活剧。①

如此说来，资政院选举总理大臣之举，与其说是依据《十九信条》，不如说是依据袁世凯的意志。与其说是依据《十九信条》选出了总理大臣，不如说是用选举的形式为袁世凯出任总理大臣披上了一件合法的外衣。

二、袁世凯对信条的态度管窥

（一）若对信条不满，可以发表意见

不过，颇具吊诡意味的是，依信条选举出来的那一位，却似乎有导天下人不信《十九信条》的嫌疑。

原来，在 11 月 8 日，讨论完秘书厅起草的奏折之后，有人提议，应该给袁世凯发一封电报。

议长认可了这一提议，但考虑到袁世凯目前在萧家港，电报不通，因此提出，发电报的同时，另具一函，交邮传部的专车带去。②

不过，据报载，袁世凯后来还是收到了资政院的电报。并且，收阅之后，他马上给各省谘议局、商会、教育会各团体发了一道通电，称：

①　《袁世凯之忠清谈》，载《申报》，宣统三年九月二十七日。
②　《资政院第八次议案纪事录》，载《协和报》，第 2 年，第 9 期，宣统三年。此事在《资政院第九次议案纪事录》里的记载如下："张议员福（张当系长之误——引者注）谓：'本院既公举袁世凯为内阁总理大臣，应电告袁世凯。'议长答云：'袁现在萧家港，现在萧家港电音不通，可由邮部专函带去。'"（《资政院第九次议案纪事录》，载《协和报》，第 2 年，第 9 期，宣统三年。）

朝廷决意实行立宪，采用资政院之议颁布宪法信条十九条，今各省对于朝廷所颁布之信条如有不满意之处，尽可陈明意见，袁某一人必能担此责任。若持种族革命主义，则非袁某之所能办到云。①

电报表面上维护清廷的统治，但是，对于《十九信条》，却允许人们提意见。信条云者，首要的当在一个"信"字。袁世凯如此说话，岂不是诱导人们不要相信宪法信条吗？

虽然资政院一再声明是根据信条进行选举，上谕强调是根据信条任命，但被选举、被任命的这一位，却不把信条放在眼里。

袁世凯对信条的态度，也可从他回京后与资政院的沟通中看出来。关于此事，汪荣宝的日记提供了一些细节。

（二）信条上总理大臣的地位颇不了了

袁世凯在 11 月 13 日下午回到北京②，次日下午 3 点左右，资政院开谈话会，"计议对待袁相之法"。

会议一开始，议长李家驹报告，他已与袁世凯会晤，袁世凯宣称他要辞职，并且说"对于宪法信条上总理大臣之地位颇不了了"，又不知道资政院的政见"是否与己相合"，因此，必须"讨论明白"，才能就任。

李家驹报告毕，议员们"讨论数四"，最后决议，推选四名议员去拜见袁世凯，"解决各项问题"。这四名议员是汪荣宝、陈懋鼎、陈树楷、邵羲。

散会后，汪荣宝给袁世凯府上打了一个电话，约定晚上 8 点左右前往拜见，并与陈懋鼎等三人约定，7 点 30 分在东兴楼碰头。

随后，汪荣宝去了东单二条胡同，拜访章宗祥，在章家吃晚饭。饭后，到东兴楼，与陈懋鼎等人一起前往锡拉胡同，拜谒袁世凯。

袁世凯首先高调表示，自己是主张君主立宪的，并谈了一通理由。

① 《袁世凯之忠清谈》，载《申报》，宣统三年九月二十七日。
② 北京大学图书馆藏稿本丛书编委会编辑：《汪荣宝日记》（"北京大学图书馆馆藏稿本丛书"第 1 册），1052 页，天津，天津古籍出版社，1987。

接着，他讲了自己"对于信条上种种之疑问"，然后谈了一通"对内对外各种困难情形"，最后表示，总理大臣没法干，只有辞职。

待他讲完了，汪荣宝等赶忙"一一为之解释"，并劝他"当以天下为己任，不可固辞"。

袁世凯听了，半推半就地说，此事以后再商量。①

《十九信条》只是规定，总理大臣要由国会选举。按常理，议会在选举的时候，肯定会将票投给与自己政见相合的人。但是，资政院的这次选举，事先并没有跟袁世凯通气，资政院的政见是否与自己一致，确实是一个问题。并且，《十九信条》并没有点明总理和议会的关系。因此，虽然汪荣宝在日记中没有说明袁世凯的困惑究竟是什么，但是，他有困惑，确实是很正常的。

有了困惑，就要商讨解决，这也很正常。但袁世凯有一点特别，那就是把辞职挂在嘴边。这是很有杀伤力的一招。如果资政院不就范，他就不出山。虽然汪荣宝的日记语焉不详，但从袁世凯听了汪荣宝等人的解释之后，不再坚持辞职，而说可以"再商"，可以推断资政院肯定做了让步。

因此，《十九信条》公布之后，不要说南方的革命党人不将它放在眼里，就是在北方，不但滦州军人不认可它②，袁世凯也不把它当回

---

① 北京大学图书馆馆藏稿本丛书编委会编辑：《汪荣宝日记》（"北京大学图书馆馆藏稿本丛书"第 1 册），1053～1054 页，天津，天津古籍出版社，1987。

② 公布《十九信条》的当天，张绍曾即致电军咨府，否定资政院的制宪权："窃臣所奏政纲，原系博采舆情，折衷学理，非此不足以收既去之人心，杜革命之口实。原奏总理大臣必由国会公举，今亲贵内阁虽已解散，大臣仍系敕任，并非民选。原奏宪法必由国会起草，今交资政院，资政院是旧政府机关，不能代表全国，宪法仍系钦定，国民不得与闻。臣等原奏概归无效，拜命之余，不禁椎心饮泣。遥望东南，今日失一城，明日失一城，大好河山，所余有几，朝廷不欲救亡则已，如欲救亡，恳即明降谕旨，一面组织临时政府，一面电饬停战。不能召集国会，不能制定宪法，不能选举总理大臣，根本问题不能解决，诸事皆空谈。臣受国恩，故敢冒死言之。一俟事机稍定，即当负钺以待罪国门也。"（《宣统三年九月十三日张绍曾致军咨府电》，转引自杜春和编选：《辛亥滦州兵谏函电选》，见中国社会科学院近代史研究所近代史资料编辑部编：《近代史资料》总 91 号，62 页，北京，中国社会科学出版社，1997。）

事。对袁世凯而言，《十九信条》只是实现自己政治目标的一颗棋子而已。

三、张謇拒绝就任农工商大臣

(一)最好的时机错过了

袁世凯在逼资政院就范的同时，开始了搭建内阁班子的工作。

11 月 16 日，他向摄政王提出各部大臣的人选，清廷马上颁发谕旨，加以任命。① 这一套路，也是符合宪法信条的——《十九信条》第五条规定，总理大臣之外的国务大臣，"由总理大臣推举，皇帝任命"。这一条还规定，皇族不能担任总理大臣及其他国务大臣和各省行政长官。11 月 16 日任命的各部大臣中，没有一个皇族，这也是符合信条精神的。

但是，被任命的国务大臣中，有多人请"收回成命"，拒绝上任。其中尤以张謇之拒绝出任农工商大臣最有意味，深度折射出清廷以信条为救命草的困境。

张謇是在 18 日得知任命消息的，那一天，袁世凯以总理大臣的身份给他发了一封电报，称"昨据信条组织内阁，奉旨简阁下为农工商大臣"②，强调自己是根据《十九信条》组织内阁的。

张謇收到电报之后，酝酿了一天，于 19 日回电，拒绝接受任命。

此前，16 日张謇从报纸上得知，清廷已于 13 日任命自己为江苏宣慰使。因此，19 日的复电，同时拒绝了两项任命。

在这封超过一千字的电报中，张謇首先表示，得知上述两项任命之后，他"无任惶悚"。

---

① 《内阁官报》，宣统三年九月二十七日。谕旨任命的各部大臣是：外务大臣梁敦彦，民政大臣赵秉钧，度支大臣严修，学务大臣唐景崇，陆军大臣王士珍，海军大臣萨镇冰，司法大臣沈家本，农工商大臣张謇，邮传大臣杨士琦（署），理藩大臣达寿。

② 《附录一：袁世凯来电》（宣统三年九月二十八日），见李明勋、尤世玮主编：《张謇全集》第 2 册，287 页，上海，上海辞书出版社，2012。

接着，他回顾了 20 世纪以来自己在政治改革方面的主张，说自己曾经呼吁"改革政体"，在"未获采陈"之后，专心于实业和教育。在这两方面，他也"迭有陈说"，但"十不行者五六"。

张謇认为，自从先帝颁布立宪之诏，三年以来，不论是军机大臣，还是封疆大吏，其所作所为，"无一不与立宪之主旨相反"。各项请愿，他都作为江苏代表参加，但都未能成功。他虽然遭到"社会诟责"，但还是坚持"国运非收拾人心无可挽回，人心非实行宪法无可收拾"的主张，向疆吏游说，向枢密陈言，但都"无济"。

张謇感叹，自己如此建言，虽然无人听，却还"大声疾呼之不已"，真的是"愚且妄"啊。

张謇说，今年内阁成立，以亲贵为总理，实行铁道国有政策，他又提出了"最后之忠告"，建议要扶持实业，重视国防，舆情不可压迫，士论不可摧残，并告诫说："假立宪者真革命。"

还是没有人听。

很快，四川出事了。张謇马上向端方、瑞澂献策，提出"治本须疏通、治标须抚慰"。

不久，湖北也出事了。张謇到南京后，还向将军铁良和总督张人骏献策，认为湖北之变，"须从政治根本解释"，但也无效（"铁犹唯唯而张不省"）。结果，不到一个月，响应起义的已有十二三个省份。张謇由此知道，"人心决去，大事可知"。

张謇进一步写道，数年前，当他努力"为圣主告"的时候，他的立宪主张，"但求如日本耳，不敢望德，尤不敢望英"。但是，现在局势急转直下，"环观世界，默察人心，舍共和无可为和平之结果"。

原来，张謇看了革命形势的发展之后，已经由主张君主立宪转向主张共和了。

天下趋向共和的局面真的没有机会避免吗？张謇不这么认为，他觉得，如果在去年国会请愿的时候，或者在今年成立责任内阁的时候，能将兵谏军人的主张由朝廷主动发布出来，就不会发生今日的惨祸了。

但是，现在一切都已经晚了。

况且，朝廷才发布罪己诏，荫昌的军队就在汉口"奸淫焚掠，屠戮居民数万"，张勋的军队也在南京"闭城淫掠，屠戮五六百人"。在这样的情况下，人民如何信任朝廷的改革诚意？自己又如何去宣慰？

没有办法，还是向清廷提出一个"终后之忠告"吧："与其殄生灵以锋镝交争之惨，毋宁纳民族于共和主义之下！"

张謇说，如果清廷能颁发谕旨，"许认共和"，他就可以"竭诚宣慰"，要人民优待皇室了。

但是，在此之前，宣慰使一职，"不敢承命"。同时，农工商大臣之任命，"并不敢拜"。①

这封长长的电报，道出了张謇由忠于清廷、追求君主立宪到抛弃清廷、促进共和的心路历程。字句之间，满是忧愤。但他态度坚决，虽然袁世凯说自己是根据宪法信条组阁，但张謇却说为时已晚，君主立宪已经不可能在中国行得通，他不愿意为清廷效命了。

（二）共和政体可以讨论

袁世凯接到张謇的电报，例行公事，将其代奏了。于是，在 25 日，清廷向张謇颁布了如下一道有趣的上谕：

> 电奏悉。前经宣布宪法信条十九条，并定于本月初六日宣誓太庙。此后庶政实行，公诸舆论，决不致再有障碍。至共和政体，列邦有行之者。惟中国幅员寥廓，满、蒙、回、藏及腹地各行省，民情风俗，各有不齐，是否能收统一之效，不至启纷争割裂之祸，仍著该大臣迅速来京，与廷臣详细讨论。并将朝廷实行改革政治意指剀切宣示，以释群疑。②

---

① 张謇：《致袁世凯电》（宣统三年九月二十九日），见李明勋、尤世玮主编：《张謇全集》第 2 册，286～287 页，上海，上海辞书出版社，2012。

② 《宣统政纪》，"宣统三年十月己亥"，见《清实录》第 60 册，1205 页，北京，中华书局，1987。

上谕前半段依然拿信条说事，并透露将信条宣誓太庙的时间，宣称此后将落实"庶政公诸舆论"，张謇电报中所提此前遇到的种种障碍，此后绝对不会再出现。清廷既然以信条为救命草，这种说辞再合逻辑不过了。但是，上谕后面却说，中国是否可以实行共和政体，可以讨论，并敦促张謇迅速来京，与廷臣详细讨论此事。

这就太有意思了。可以讨论共和政体是否适宜于中国，岂不意味着，清廷已经在考虑放弃皇统，连信条所确立的英国式君主立宪也放弃了？

（三）张謇曾劝说袁世凯赞成共和

在任命张謇为农工商大臣一事上，还有一件事情值得琢磨。

原来，张謇在转向共和之后，采取了许多促进共和的措施。例如，他在 11 月 8 日致函铁良，劝他不要"掷一身为沟渎小忠之事"，劝他顺应潮流，"纳全族于共和主义之中"①；11 日，与伍廷芳等人致电摄政王，大谈"君主立宪政体断难相容于此后之中国"，劝他"共赞共和"②；15 日，致函张绍曾，提醒他，不要接受清廷的任命去东南地区搞宣慰，而要顺从人民"渴望共和之意"③。

尤其值得注意的是，在 11 月 6 日，张謇给袁世凯发了一通电报，说他"采听东西南十余省之舆论"，发现"大数趋于共和"。他劝袁世凯顺应舆情，采取行动，"毋为立宪共和留二次革命之种子"。④

张謇既已对君主立宪死心，其采取种种措施促成共和自在情理之中。问题是，为何在张謇向自己亮明了怀抱，并力劝自己也转向共和

---

①　张謇：《致铁良函》（宣统三年九月十八日），见李明勋、尤世玮主编：《张謇全集》第 2 册，282 页，上海，上海辞书出版社，2012。

②　张謇：《与伍廷芳等致载沣电》（宣统三年九月二十一日），见李明勋、尤世玮主编：《张謇全集》第 2 册，283 页，上海，上海辞书出版社，2012。

③　张謇：《致张绍曾函》（宣统三年九月二十五日），见李明勋、尤世玮主编：《张謇全集》第 2 册，285 页，上海，上海辞书出版社，2012。

④　张謇：《致袁世凯电》（宣统三年九月十六日），见李明勋、尤世玮主编：《张謇全集》第 2 册，280～281 页，上海，上海辞书出版社，2012。

之后，袁世凯还拉张謇入阁？仅仅是因为张謇"热心政治，提倡实业，久为物望所归"，还是想以此举暗示张謇，他对张謇的举动持欣赏至少是放任态度？或者更进一步，以此作为他摇撼清廷的一步棋？——他既已知张謇的政治动向，预测张謇肯定不会受命，还会有所反应，而他则可以利用这种反应来要挟清廷。

袁世凯老谋深算，他的如意算盘究竟是什么，我们不好悬揣。另一个难于悬揣的问题是，在组阁之前，载沣也收到了有张謇署名的劝说共和的电报，他怎么会完全顺着袁世凯的提名来任命？或许，他提出过质疑，但遭到了袁世凯的反对？又或许，他想以此显示朝廷的宽宏大量、不拘一格？

如果说在任命问题上想展示朝廷的大量，那么，当张謇拒绝受命且力主共和之后，清廷居然颁发电谕，要张謇迅速赴京，与廷臣讨论共和制度是否适合于中国，则未免令人称奇。我们只能说，清廷在此时，基本上已经没有什么招架之力了。对《十九信条》这根救命草，其实清廷也已经不抱什么幻想了。

四、幻想最终破灭

（一）宣誓太庙

清廷在 11 月 25 日的电谕中告诉张謇，朝廷定于十月初六日将信条宣誓太庙。十月初六日是 11 月 26 日，即给张謇发电报的次日。

11 月 3 日颁布信条的时候，清廷明言要宣誓太庙。宣誓太庙是一个非常郑重的举措，是向天下表明朝廷改革诚意的最高仪式。但宣誓的时间却定在 20 多天之后，与当时的危迫形势相比，难免显得拖沓。

有档案材料显示，清廷对宣誓太庙一事颇不上心，宣誓的时间，还是在一批广东籍在京官员的要求下确定的。在信条颁布半个月之后，也就是 11 月 18 日，有一帮广东同乡京官，在李家驹、梁士诒等人的牵头下，向清廷递了一封奏折，请求朝廷尽快举行宣誓仪式。①

　　他们之所以会有此奏请，是因为据其观察，在颁布《十九信条》之后，"各省仍纷纷告警，险象环生"，没有达到预期的救亡效果。

　　但是，他们又觉得，"宪法重大信条十九条于政治改革已臻圆满"，并且，他们认为，"各省人士，其宗旨与之不合者虽属有人，然愿遵守者实居大多数"。因此，如果能够早日宣誓太庙，可使"宗旨背驰之人无从煽惑，人心自可安靖，宪政庶易进行"，尚可达到救亡的目的。

　　广东同乡京官上奏三天后（11 月 21 日），清廷颁发谕旨，定于 26 日宣告太庙，由摄政王代皇帝行礼，并要求所有各衙门人员都陪祀。②显然，清廷对广东京官奏折的反应也有点迟缓。

---

　　① 在奏折上签字的广东同乡京官，各个级别的都有。尤其值得注意的是，有好多级别非常低的小京官也都签名了。看来，广东不但出了以推翻清廷、创建共和为己任的孙中山，也有一群对清廷充满感情的官员。签名的官员名单如下：资政院总裁李家驹；署理邮传部副大臣梁士诒；宗人府府丞许秉琦；大清银行副监督陈锦涛；度支部左参议曹习经；海军正参硕曹汝英、蔡廷干；陆军副参领冯耿光；京畿道监察御史麦秩严；翰林编修朱汝珍、李翘燊、陈启辉、刁作谦、林葆恒；外务部参议上行走廖恩焘；陆军部司长何守仁；海军部司长关景贤；邮传部签事叶恭焯、关赓麟；陆军协参领吴为雨；法部参事潘元枚、郎中饶宝书、张丕基、元章、范家驹；大理院总检察官胡蓉第，推事吴尚廉、王尧忠，员外郎梁志文、游敬森、陈芝昌、吴昌华、梁广照、颜鲳泽、陈庆佑；资政院议员刘曜垣、黄毓棠、刘述尧；京师地方审判庭推事兰日炎、彭先莹；高等审判厅推事朱□前，帮办推事潘誉恩；高等检察官朱崇年；地方检察官区孝达；主事任文□、谈道隆、黄庆尧、姚梓芳、何若水、何晋梯、□斯炽、林汝魁、邬宝慈、魏琦、郑懋修、吴之杰、郑增熙、邬经、杨郁涛、许秉璜、梁鸣治、谢荣熙、戴曾诚、罗正阶、郑文杰、任士铿；初级检察官邓旸；海军部科长招瑞声、何嘉兰、梁宓，科员刘国杨、莫□福、罗际恒；陆军协军校梁广谦；军咨府科员温应星；裁缺内阁中书罗昌、罗湖云；小京官陈伯驹、陆鋆、伍文祥、龙学龙、周明泉、冯懿同、陈培琛、何蔚、王国樑；大理院正七品推事区枢；所官区孝适；学部书记官胡树勋。参见《奏为乱事纷乘祸变日亟拟请将宪法重大信条早日宣誓太庙事》（宣统三年九月二十八日），中国第一历史档案馆藏录副奏折，档案号：03-9303-027。

　　② 《宣统政纪》，"宣统三年十月乙未"，见《清实录》第 60 册，1200 页，北京，中华书局，1987。

11月26日，宣誓仪式如期举行。但观其誓词，却有一点蹊跷。① 誓词是以罗列宣誓对象开始的。大清自努尔哈赤开国以来，已阅二百六十余载，经由十一位皇帝统治，宣统皇帝已是第十二位君主。因此，誓词从太祖及其皇后开始，列举历朝皇帝和皇后的庙号、谥号，共达七百多字。但是，列举到穆宗（同治皇帝）及其皇后，就打住了，其后直接接宣誓内容。穆宗之后，做了三十多年皇帝的德宗（光绪皇帝），于三年前驾崩。他的灵位，同样安放在太庙。因为他和穆宗是堂兄弟，1909年，清廷还专门颁发了一道诏书，对两位的牌位安置做出规定。② 将信条宣誓太庙的时候，死去的君主，都列出来了，唯独不列德宗，实在不知是基于何种考虑。

（二）幻想破灭

当然，更值得注意的也许是，在将信条宣誓太庙之后，局势并未发生有利于清廷的变化，南方在谈判席上依然强硬，坚持清帝退位，将中国建成一个共和国。没有办法，清廷只好寄望于临时国会，希望临时国会在公决国体的时候选择君主制。临时国会成了继《十九信条》之后清廷的另一根（事后证明是最后一根）救命草。这一点，可以从12月28日清廷颁发的同意召集临时国会公决国体的上谕中看出来。上谕有云：

> 此次武昌变起，朝廷俯从资政院之请，颁布宪法信条十九条，

---

① 《宣统政纪》，"宣统三年十月庚子"，见《清实录》第60册，1205～1209页，北京，中华书局，1987。

② "九月初九日内阁奉上谕：我朝太庙制度备极尊崇，前殿自太祖高皇帝以下七世皆南向，自宣宗成皇帝以下三世皆分东西向，与前古所谓北向之穆南向之昭本不相同。穆宗毅皇帝、德宗景皇帝同为百世不祧之庙，允宜守宋儒朱子之说，以昭穆分左右，不以昭穆为尊卑。盖礼缘义起，戴记具有明文，不必因经说异同，过事拘执也。兹据内阁会奏德宗景皇帝升祔大礼一折，谨拟德宗景皇帝升祔太庙中殿，供奉西又次楹又五室穆位，前殿于西旁文宗显皇帝之次恭设坐西东向穆位，洵足仰体先朝兼祧之旨，上慰列圣在天之灵。即照所拟，著为定制。奉先殿之位序理应一体，亦敬尊此制崇奉，以隆祀飨而笃孝思。"（《政治官报》，宣统元年九月初十日。）

告庙宣誓。原冀早息干戈，与国民同享和平之福。徒以大信未孚，政争叠起。予惟我国今日于君主立宪、共和立宪二者以何为宜，此为对内对外实际利害问题，固非一部分人民所得而私，亦非朝廷一方面所能专决。自应召集临时国会，付之公决。①

上谕交代得很清楚，清廷是在信条颁布之后未能达到政治目标才转而倾向于临时国会的。不过，临时国会这根救命稻草更为虚幻，还没有来得及组织，几十个北洋将领就在 1912 年 2 月 3 日联衔致电内阁、军咨府等衙门，要求代奏。电报呼吁，不要召集国会公决国体了，因为即使召集了国会，从"人心趋向"来看，公决的结果，恐怕还是共和。因此，还不如取消公决，由清廷"明降谕旨，宣示中外，立定共和政体"，这样反而可以使人民"歌舞圣明，零涕感激"。②

电报的口气很谦卑，但态度很强硬。并且，几十个将领署名其上，对清廷施加了很大的压力。

八天之后(1912 年 2 月 12 日)，清廷颁发退位诏书，大清的统治至此终结，清廷从此再无制宪资格。

---

① 《宣统政纪》，"宣统三年十一月壬申"，见《清实录》第 60 册，1240～1241页，北京，中华书局，1987。

② 《清军将领要求宣布共和之原奏》，载《申报》，宣统三年十二月十六日。

结　语

　　将宪法从制宪权的角度分为钦定、协定、民定三种，很有可能是日本明治时代宪法学家的创造，并在一定程度上成为明治制宪的理论指导。20世纪初年，这一学说被中国人袭用，却引来一段血雨腥风，朝野围绕中国宪法究竟该钦定还是协定、民定，相争相杀，直至帝制终结，共和降临。

　　这场制宪权之争虽以君权的失败和民权的胜利告终，但是，开始的时候，君权却并未意识到自己可能失败，恰恰相反，君权深信自己能够获得成功。因为清廷派出的两波考察大臣，一则认定宪法可以巩固君权，二则找到了借宪法巩固君权的途径：用钦定的办法制宪。并且，似乎不能说考察大臣们所言为无根之谈。他们的考察对象都是日本，日本用钦定的方法制定了一部宪法，立宪之后，天皇的权力增强了。日本能通过立宪巩固君权，大清当然也可以！于是，从预备立宪一开始，清廷就打定主意，要通过立宪巩固君权，并且认定，巩固君权的一个重要法门，就是用钦定的方法制宪。而确保钦定的关键，在于不给人民参与的机会。在立宪政体下，人民参政的主要途径是国会。因此，为了确保钦定，就必须制定宪法在先，召开国会在后。

　　1908年，立宪派呼吁宣布召开国会年限之际，清廷颁布《宪法大纲》，明确规定，大清的宪法，将以钦定的办法制定。同时颁布的九年筹备清单，规定先颁布宪法后召集国会议员，无疑也是为了确保宪法钦定。

　　1910年，人民发起了更大规模的国会请愿运动，清廷被迫宣布缩改于宣统五年（1913）召开国会的同时，宣称在开国会之前，有很多必须事先做好的事情，其中至为关键的一项，就是依据《宪法大纲》，制定大清宪法。因此，国会请愿运动虽然缩短了开国会的年限，但并未改变清廷钦定制宪的方针。而在宣布开国会年限的次日，清廷即派遣溥伦、载泽两位皇亲主持制宪，可谓紧锣密鼓。

但是，虽然机关算尽，却非但未能巩固君权，甚至未能保住君位，那又是为何？从根本上讲，乃是因为巩固君权的追求，违背了立宪的基本原则。

原来，清廷的师法对象日本，虽然确实通过立宪巩固了君权，但这只是立宪的特例，而非立宪的通则。各国之所以会有立宪运动，都是人民不满于独裁君主的专制统治，起而反抗，其结果都是民权得到伸张，君权遭到削弱。唯独日本，在立宪之前，国家大权不在天皇，而在幕府。天皇名号虽尊，但徒拥虚位。倒幕立宪之后，将原属幕府的一部分权力划归天皇，故日本在立宪之后出现了君主的权力比立宪之前增强的独特现象。也就是说，同样是立宪国，一般国家因立宪前君主拥有专制大权，都是通过削夺君权而成，而日本，则因立宪前君主徒拥虚位，乃是通过加强君权而成。

显然，限制君权才是立宪的基本原则，巩固君权则违背这一原则。当然，如果立宪前的状况与日本相似，则也不妨以巩固君权为追求。但是，中国在立宪前的君主，不是日本那种没有实权的君主，而是别国那种拥有专制大权的君主，因此，日本其实无法作为大清师法的对象。清廷之所以坚持师法日本，而不师法别国，仅仅是因为日本通过立宪巩固了君权这一现象，与自己一心要死守君权的私念相合而已，并未深究日本的情形是否符合立宪的通例，也未深究中国在立宪前的情形是否与日本相同。结果，它越是一意孤行要巩固君权，越是让人觉得它缺乏改革政治的诚意，最终使自己失去统治的合法性，君权、君位一并失去。

当然，清廷在最后时刻还是放弃了钦定。这一过程中，给人印象最深的，乃是它迫于压力宣布修正制宪方式的第一道上谕。该上谕命令以溥伦和载泽为首的制宪班子迅速遵照钦定的《宪法大纲》，将宪法条文拟齐，以便交给资政院"协赞"。这在清季制宪史上是一个转折，表明清廷已放弃钦定，承认协定的制宪方式。之所以能出现这一转折，是因为此时的清廷已切实感受到，这一回遭遇的可能是一场毁灭性的灾难。但即使在这个时候，它也还在垂死挣扎，试图将一份以巩固君权为依归的宪法草案提交给资政院，以便尽可能地保住君主大权。在这一上谕遭到强有力的反对之后，清廷才宣布，宪法的起草权交给资政院，放弃溥伦和载泽主持拟定的宪法草案。

在这一幕活剧中，我们可以清晰地看到清廷对于君权的执念，堪称执迷不悟，至死方休。

附录 《大清帝国宪法》草案若干识别点

　　按：本书的写作，源自对《大清帝国宪法》草案的追寻，虽然沿途风景颇佳，不过，历经十余度星霜，却未能见到真容，难免有所遗憾。但是，至今未见到，不等于永远见不到。我不够幸运，但难保不会有幸运儿。我在寻找《大清帝国宪法》草案的过程中，尤其是在反复研读《汪荣宝日记》的时候，发现了这部宪草的一些要素，虽只有吉光片羽，但也可为将来辨认提供若干识别点，故附录于此。有些述说恐与正文有重叠之处，还望读者海涵。

一、基调：巩固君权

　　汪荣宝和李家驹捉刀的大清宪法草案，基调是巩固君权，这一点是可以得到确认的。

　　1910年11月启动制宪事宜的时候，上谕说得很清楚，编订宪法条文，必须"遵照钦定宪法大纲"。这是清廷给制宪定下的规矩，是一条不可逾越的底线。

　　赵林凤研究汪荣宝的时候发现，在执笔起草宪法条文的过程中，汪荣宝和李家驹对《宪法大纲》的态度有所不同，李家驹死守《宪法大纲》，而汪荣宝则想有所突破。她论道："汪荣宝不同于李家驹，并不赞同完全按宪法大纲的规定，将君主权力扩大到像日本天皇，甚至超过日本天皇，他试图对君权加以限制，使所拟条文能够超越日本宪法。"①她举出了一条很有说服力的证据：在草拟皇帝命令权的时候，汪荣宝想放弃日本的做法，而采用普鲁士等国的做法，缩小君权。不过，她也注意到，汪荣宝的这一想法未能落实，因为李家驹不同意，最后只能按照日本宪法拟定条文。这一事例很鲜明地显示，这一宪草没有突破《宪法大纲》的框框，依然以模仿日本、实行大权政治为依归。

不过，赵林凤认为大清的宪法草案突破了日本宪法（也就意味着突破了《宪法大纲》）。她论道："持这样的制宪观点，无疑使得最后纂拟出的宪法草案在一定程度上超出了日本宪法之条框，更能体现宪政精神。"②

为了证明这一论点，除了上例，她还举出了其他一些例子。

例如，日本宪法第二章对于臣民权利义务采用列举主义，汪荣宝觉得没有必要这样做，因此拟定了"概定之条文"。

又如，汪荣宝对摄政王随意删改所呈宪法非常不满，常常依据法理，向溥伦、载泽陈述不可轻改之意。

但这些例子，似乎都不能证明她的论点。

汪荣宝起草宪法时对第二章的处理，跟日本宪法确实有差别，但很难说这一做法更符合宪政精神。因为按照汪荣宝的做法，在君主大权方面，采取的是列举法，而在臣民权利义务方面，则用的概括法。这种做法和《宪法大纲》如出一辙。要知道，《宪法大纲》的这种做法，在当时就遭人诟病，成为其无视民权的证据。因此，很难说汪荣宝在起草时对第二章的处理方式"更能体现宪政精神"。

至于汪荣宝不满意于摄政王的删改，日记中确有反映。但是，其反对意见，似乎到溥伦、载泽这里就打住了，溥伦、载泽有没有向摄政王转达以及是否促使摄政王做了修改，日记中并无记载。

讲到汪荣宝对载沣修改宪草的态度，其日记中的另一个细节也值得注意。对制宪五人组第四次进呈的宪法草案，摄政王"颇有删改"。

---

① 赵林凤：《汪荣宝评传》，216～217 页，南京，南京大学出版社，2012。
② 赵林凤：《汪荣宝评传》，217 页，南京，南京大学出版社，2012。

删改的时候，"大抵以日本宪法为依据，不欲有所出入"。① 汪荣宝在日记中记载了这一情况，却没有任何对此不满意的表示。事实上，作为钦命的起草宪法人员，汪荣宝也好，李家驹也好，制宪五人组的其他成员也好，在制宪过程中，都未突破钦定宪法的樊篱。因此，赵林凤虽然认为汪荣宝和李家驹起草的宪法在一定程度上超出了日本宪法的条框，但也承认这一宪法草案在整体上是仿效日本宪法的。② 而日本宪法的特点，就在于特别强调君上大权，建构的是大权政治。

因此，如果有人看到了一份清朝末年的宪法草案，在整体精神上不是以巩固君权为依归，则可断言，它绝对不是《大清帝国宪法》草案。

二、各章名称确定无疑

依《汪荣宝日记》可知，1911 年 7 月 8 日，汪荣宝在玉虚观拟定了宪法各章的名称。迟云飞认为，在其后起草宪法的过程中，各章的名称有变动。③ 细察《汪荣宝日记》，可知宪法各章名称在拟定之后并无修改。

拟定好章目之后，汪荣宝和李家驹即开始了对各章的起草。7 月 9 日，起草了第一章前八条④，10 日则将第二章的条文也起草好了⑤。在日记中，汪荣宝未提这两章的标题。13 日，纂拟宪法的班子在焕章殿开会。李家驹报告凡例及章目，汪荣宝则做进一步解说。溥伦和载泽听了，"均以为然"，可见汪荣宝和李家驹所拟定的章目得到了纂拟宪法大臣的首肯。这就意味着，在此后的起草过程中，修改章目的可

---

① 北京大学图书馆藏稿本丛书编委会编辑：《汪荣宝日记》（"北京大学图书馆馆藏稿本丛书"第 1 册），1004 页，天津，天津古籍出版社，1987。

② 赵林凤：《汪荣宝评传》，216 页，南京，南京大学出版社，2012。

③ 迟云飞：《清末预备立宪研究》，303 页，北京，中国社会科学出版社，2013。

④ 北京大学图书馆藏稿本丛书编委会编辑：《汪荣宝日记》（"北京大学图书馆馆藏稿本丛书"第 1 册），925 页，天津，天津古籍出版社，1987。

⑤ 北京大学图书馆藏稿本丛书编委会编辑：《汪荣宝日记》（"北京大学图书馆馆藏稿本丛书"第 1 册），926 页，天津，天津古籍出版社，1987。

能性比较小。

篡拟大臣在"均以为然"之后，又决定"呈递监国，恭候训示"。①
第二天，汪荣宝的日记中有"缮写凡例及章目，豫备进呈"②之语。"缮
写"即抄写，显无修订。监国摄政王载沣在"训示"的时候，当然可能会
提出修改意见。但是，在《汪荣宝日记》中，没有关于载沣"训示"宪法
章目的记载。汪荣宝在日记中，关于载沣对宪草的意见，哪怕是小到
对按语的修改都详加记录。③ 修改章目，这是大事，若有"训示"，其
日记中应该会有所反映。

从此后的起草过程可以进一步断定，载沣认可了汪荣宝、李家驹
拟定的章目，没有发出要修改章目的"训示"。

8 月 19 日，起草第三章。④ 20 日，起草第四章。⑤ 21 日，起草第
五章。⑥ 对这三章，《汪荣宝日记》在首次提及时均未写明章目名称。
但在 9 月 12 日的日记中，汪荣宝写道："以原拟宪草第三章（领土）未
能明确，思加修正。"⑦在 9 月 15 日的日记中，又有"将第三章（领土）

---

① 北京大学图书馆馆藏稿本丛书编委会编辑：《汪荣宝日记》（"北京大学图
书馆馆藏稿本丛书"第 1 册），929 页，天津，天津古籍出版社，1987。

② 北京大学图书馆馆藏稿本丛书编委会编辑：《汪荣宝日记》（"北京大学图
书馆馆藏稿本丛书"第 1 册），931 页，天津，天津古籍出版社，1987。

③ 例如，8 月 15 日记道，载沣对宪草第一至第五条的正文"无所更易"，"惟
按语颇有删节"。8 月 28 日记道，载沣对宪草第六至第九条的按语"删削不少"，
"语极简当"，"而条文一无更动"。9 月 10 日记道，载沣对第三次进呈的宪草，"除
删改按语外，又将第十二条第二项删去"。[北京大学图书馆馆藏稿本丛书编委会
编辑：《汪荣宝日记》（"北京大学图书馆馆藏稿本丛书"第 1 册），962、975、988
页，天津，天津古籍出版社，1987。]

④ 北京大学图书馆馆藏稿本丛书编委会编辑：《汪荣宝日记》（"北京大学图
书馆馆藏稿本丛书"第 1 册），966 页，天津，天津古籍出版社，1987。

⑤ 北京大学图书馆馆藏稿本丛书编委会编辑：《汪荣宝日记》（"北京大学图
书馆馆藏稿本丛书"第 1 册），967 页，天津，天津古籍出版社，1987。

⑥ 北京大学图书馆馆藏稿本丛书编委会编辑：《汪荣宝日记》（"北京大学图
书馆馆藏稿本丛书"第 1 册），968 页，天津，天津古籍出版社，1987。

⑦ 北京大学图书馆馆藏稿本丛书编委会编辑：《汪荣宝日记》（"北京大学图
书馆馆藏稿本丛书"第 1 册），990 页，天津，天津古籍出版社，1987。

修正"①之语，可知第三章的标题是"领土"。

对第六章和第七章，《汪荣宝日记》未交代起草日期，但在 9 月 8 日，有"修改第六章（政府）及第七章（法院）"②的记载。

9 月 15 日，起草第八章，并用括号交代这一章的名称是"法律"。③ 17 日，"草会计一章"④。此处未交代这是第几章，但按照起草的顺序推断，应为第九章。

19 日"晚饭后，又商酌附则，修改字句，为两条"⑤。20 日，"早起，于附则复加修正。与柳公商榷定稿，全部凡八十六条一百十六项"⑥。这两处所说的"附则"，显然就是他们所起草的宪法末章的标题。并且，按照起草的先后推断，可知必为第十章。

如此，汪荣宝在 8 月 19 日以后的日记中共交代了宪草中六章的标题：第三章"领土"、第六章"政府"、第七章"法院"、第八章"法律"、第九章"会计"、第十章"附则"。这跟汪荣宝 7 月 8 日所拟的相关章目名称完全一致。完全一致的章目标题都在日记中有反映，若有修改，

① 北京大学图书馆馆藏稿本丛书编委会编辑：《汪荣宝日记》（"北京大学图书馆馆藏稿本丛书"第 1 册），993 页，天津，天津古籍出版社，1987。

② 北京大学图书馆馆藏稿本丛书编委会编辑：《汪荣宝日记》（"北京大学图书馆馆藏稿本丛书"第 1 册），986 页，天津，天津古籍出版社，1987。

③ 北京大学图书馆馆藏稿本丛书编委会编辑：《汪荣宝日记》（"北京大学图书馆馆藏稿本丛书"第 1 册），993 页，天津，天津古籍出版社，1987。9 月 18 日记："将法律一章修改数处。"19 日记："修改法律章，参考各书。"［北京大学图书馆馆藏稿本丛书编委会编辑：《汪荣宝日记》（"北京大学图书馆馆藏稿本丛书"第 1 册），996、997 页，天津，天津古籍出版社，1987。］

④ 北京大学图书馆馆藏稿本丛书编委会编辑：《汪荣宝日记》（"北京大学图书馆馆藏稿本丛书"第 1 册），995 页，天津，天津古籍出版社，1987。9 月 19 日记："柳公对于会计一章颇有增损。"［北京大学图书馆馆藏稿本丛书编委会编辑：《汪荣宝日记》（"北京大学图书馆馆藏稿本丛书"第 1 册），997 页，天津，天津古籍出版社，1987。］

⑤ 北京大学图书馆馆藏稿本丛书编委会编辑：《汪荣宝日记》（"北京大学图书馆馆藏稿本丛书"第 1 册），997 页，天津，天津古籍出版社，1987。

⑥ 北京大学图书馆馆藏稿本丛书编委会编辑：《汪荣宝日记》（"北京大学图书馆馆藏稿本丛书"第 1 册），998 页，天津，天津古籍出版社，1987。

更当有记载。没有关于修改章目名称的记载，说明汪荣宝和李家驹是按照 7 月 8 日所拟定的章目起草宪法的。

基于以上考察，我们可以断言，汪荣宝和李家驹执笔的这份宪草，各章的名称就是《汪荣宝日记》中 1911 年 7 月 8 日所载，如下：第一章"皇帝"、第二章"摄政"、第三章"领土"、第四章"臣民"、第五章"帝国议会"、第六章"政府"、第七章"法院"、第八章"法律"、第九章"会计"、第十章"附则"。

如果将来发现一份清季宪法草案，各章名称与此相异，即可断定，它不会是汪荣宝和李家驹所起草的宪法草案。①

---

① 迟云飞认为，汪荣宝的日记没有反映起草宪法的全过程，因为汪荣宝在武昌起义爆发后，几经犹豫，决定追随袁世凯，"不再参加宪法草案的工作"，而在他离开制宪班子之后，宪法起草工作还在进行，且对草案有修改，汪荣宝则"对后来修改的情况不甚了解"。参见迟云飞：《清末预备立宪研究》，303 页，北京，中国社会科学出版社，2013。果若如此，则汪荣宝和李家驹执笔的宪法草案各章的名称，不能以汪荣宝 7 月 8 日所记为准。问题是，汪荣宝是何时决心投靠袁世凯的？据王晓秋研究，是在清廷将宪法起草权完全交给资政院之后。1911 年 11 月 2 日，汪荣宝在资政院开会时，得知了要由资政院起草宪法的上谕，"他觉得自己几个月来草宪所花的功夫都白费了，不由得感到灰心丧气"。汪荣宝的这一心事，王晓秋是通过《汪荣宝日记》读出来的。日记中说，听到要将起草宪法权交给资政院的时候，议员们都很高兴，而他却很黯然，"未及散会，先行退出"。王晓秋认为这是汪荣宝因自己数月草宪的功夫被否定而"灰心丧气"的表现，我觉得这个观点是站得住脚的。汪荣宝心事如此，正好说明直到此时，他对于自己所参与起草的宪法草案还是很在意的。不过，王晓秋也告诉我们，在那之后，汪荣宝"对清政府与资政院越来越悲观和不信任"，"与此同时，汪荣宝进一步向袁世凯靠拢"。至于他完全投靠袁世凯的时间，王晓秋判断是在 1912 年 1 月下旬。参见王晓秋：《清末政坛变化的写照——宣统年间〈汪荣宝日记〉剖析》，载《历史研究》，1989 (1)。从王晓秋的具有说服力的论证来看，汪荣宝正式下定决心投靠袁世凯，是在清廷将制宪权交给资政院近两个月之后。将制宪权交给资政院，就意味着对原起草班子工作的正式终结。汪荣宝是在清廷终结了其制宪工作之后才决定投靠袁世凯，而非如迟云飞所说，是因为决定投靠袁世凯而不再参加制宪工作。也就是说，汪荣宝的日记反映了制宪五人组制定宪法草案的全过程。该日记显示对宪法各章名称无修改，说明该宪法草案的各章名称就是汪荣宝 7 月 8 日所记。

三、可能有些条文没有按语

《汪荣宝日记》中,确实有多处为宪法条文写按语的记载。这些记载,确实能说明一个问题,即按照他们的规划,很有可能要给所有宪法条文加按语。但是,从汪荣宝的日记中,我们尚不能断定所有宪法条文都已经起草好了按语。《汪荣宝日记》中记载其起草按语的内容如下(不包括修改按语之处):

(8月2日)草宪法第十二条按语。①

(8月5日)早起,冷水浴,草第十六条按语⋯⋯六时许回寓,续草十六条按语,至十二时许始毕。②

(8月6日)早起,冷水浴,草第十七条按语。饭后至焕章殿⋯⋯又草第十八条按语。③

(8月8日)草第十八条按语。④

(8月15日)以建议增加第十九条,草具按语。⑤

---

① 北京大学图书馆馆藏稿本丛书编委会编辑:《汪荣宝日记》("北京大学图书馆馆藏稿本丛书"第1册),949页,天津,天津古籍出版社,1987。
② 北京大学图书馆馆藏稿本丛书编委会编辑:《汪荣宝日记》("北京大学图书馆馆藏稿本丛书"第1册),952页,天津,天津古籍出版社,1987。
③ 北京大学图书馆馆藏稿本丛书编委会编辑:《汪荣宝日记》("北京大学图书馆馆藏稿本丛书"第1册),953页,天津,天津古籍出版社,1987。
④ 北京大学图书馆馆藏稿本丛书编委会编辑:《汪荣宝日记》("北京大学图书馆馆藏稿本丛书"第1册),955页,天津,天津古籍出版社,1987。
⑤ 北京大学图书馆馆藏稿本丛书编委会编辑:《汪荣宝日记》("北京大学图书馆馆藏稿本丛书"第1册),962页,天津,天津古籍出版社,1987。

（10 月 2 日）草宪法第四章按语，凡成六条。①

（10 月 7 日）草宪法第四章按语。②

（10 月 8 日）续草第四章按语，凡六条，饭后封送陈侍郎。③

（10 月 17 日）草宪法第四章按语，伏案竟日，成五条。④

  从这些记录来看，汪荣宝肯定是第一章和第四章按语的起草者。但第四章按语是否已经起草完毕，无从判断。⑤

  10 月 17 日之后，《汪荣宝日记》中虽然还有关于制宪工作的记载，但再未提起过起草按语一事。此时距 11 月 2 日清廷宣布将制宪权交给资政院（从而使汪、李二人所起草的宪法成为废案）已只有半月之久。即使汪荣宝在 17 日之后还有起草按语之举，但按照前期起草按语的进度，在这半月之中，无论如何也不可能将其余宪法条文的按语起草好。

  当然，在制宪过程中，汪荣宝和李家驹可能有分工，二人分别为不同条文起草按语。9 月 5 日汪荣宝记道："柳溪来谈，商榷招待议员

---

① 北京大学图书馆馆藏稿本丛书编委会编辑：《汪荣宝日记》（"北京大学图书馆馆藏稿本丛书"第 1 册），1010 页，天津，天津古籍出版社，1987。

② 北京大学图书馆馆藏稿本丛书编委会编辑：《汪荣宝日记》（"北京大学图书馆馆藏稿本丛书"第 1 册），1015 页，天津，天津古籍出版社，1987。

③ 北京大学图书馆馆藏稿本丛书编委会编辑：《汪荣宝日记》（"北京大学图书馆馆藏稿本丛书"第 1 册），1016 页，天津，天津古籍出版社，1987。

④ 北京大学图书馆馆藏稿本丛书编委会编辑：《汪荣宝日记》（"北京大学图书馆馆藏稿本丛书"第 1 册），1025 页，天津，天津古籍出版社，1987。

⑤ 10 月 9 日，"第四章按语已经清出，二公各无异词，惟删去一句"。观此，似乎第四章的按语已经起草完毕。但 17 日又记："草宪法第四章按语，伏案竟日，成五条。"可知 9 日所记"已经清出"的第四章按语，是指已经起草好了、准备进呈给摄政王的部分。参见北京大学图书馆馆藏稿本丛书编委会编辑：《汪荣宝日记》（"北京大学图书馆馆藏稿本丛书"第 1 册），1017、1025 页，天津，天津古籍出版社，1987。

事，开一名单与之。又将第三章参考条文面致，请加按语。"①观此可知，第三章的按语应该是李家驹起草的。

纂拟宪法班子在将宪草条文依序分批进呈给摄政王的时候，都附有按语。到 10 月底，他们已经在进呈第四章的内容了，可知前三章及第四章部分（也可能是全部）条文已经起草好了按语。

问题是，第一、第三、第四章以外各章的按语是如何分工的？李家驹是否已将其余各章条文的按语起草好？《汪荣宝日记》没有提示。在其他证据出现之前，草案的所有条文是否都加具了按语，只能存疑。②

四、关于"参考条文"

《汪荣宝日记》中有两次提到参考条文。

第一次是在 8 月 1 日："又令书记将第一、第二条参考条文及按语抄出，细阅至七时许而散。"③

第二次是在 8 月 7 日："与陈侍郎督书记将前五条参考条文及按语誊真。"④

所谓"誊真"，是指用标准的官方楷体（馆阁体）誊写。誊真之后，立即进呈。前五条的参考条文和按语一起誊真了，似乎说明，在进呈工作的起始阶段，制宪五人组是准备将参考条文一道进呈的。

但不知基于什么考虑，10 日进呈的时候，则只进呈了正文和按

---

① 北京大学图书馆馆藏稿本丛书编委会编辑：《汪荣宝日记》（"北京大学图书馆馆藏稿本丛书"第 1 册），983 页，天津，天津古籍出版社，1987。

② 迟云飞认为："汪荣宝等起草宪法草案时，每一条都写了按语。"（迟云飞：《清末预备立宪研究》，303 页，北京，中国社会科学出版社，2013。）这一判断匆促了些。

③ 北京大学图书馆馆藏稿本丛书编委会编辑：《汪荣宝日记》（"北京大学图书馆馆藏稿本丛书"第 1 册），948 页，天津，天津古籍出版社，1987。

④ 北京大学图书馆馆藏稿本丛书编委会编辑：《汪荣宝日记》（"北京大学图书馆馆藏稿本丛书"第 1 册），954 页，天津，天津古籍出版社，1987。

语，参考条文未进呈。①

第二次以后的进呈，就再未见讨论参考条文，更不用说将参考条文眷真了。

这种情况表明，在进呈的时候，有一个从拟将参考条文一并进呈到放弃进呈的变化过程。

不过，在进呈条文的时候虽然不再考虑参考条文，但在起草按语的时候，还是以参考条文为参考对象的。前引汪荣宝9月5日的日记里，就有"将第三章参考条文面致，请加按语"②之句，可知是汪荣宝先拟出了参考条文，要李家驹据以起草该章各条的按语。

由此也就可以知道，虽然进呈的文件中没有参考条文，但在起草宪法的过程中列出了参考条文，则是不争的事实。

因此，将来的幸运儿，叩开"岩居"访到了这一"壁经"的时候，可能是有参考条文的，也有可能是没有参考条文的。有参考条文的，是更原初的草案，而没有参考条文的，则是进呈本。

五、若干章的起止信息

根据《汪荣宝日记》，我们可以知道，第一章是第一条至第十九条，第二章从第二十条开始，第三章的最后一条是第二十五条，第四章从第二十六条开始。

关于第一章共有十九条，俞江已有揭示。在《两种清末宪法草案稿本的发现及初步研究》一文中，俞江论道："《汪荣宝日记》并没有详细记录'李汪宪草'的每章条文数目，但仍可以知道其'皇帝'一章共有19条。"③而本书前面的相关章节则揭示了第一章从十八条变为十九条又

---

① 北京大学图书馆馆藏稿本丛书编委会编辑：《汪荣宝日记》（"北京大学图书馆馆藏稿本丛书"第1册），955页，天津，天津古籍出版社，1987。

② 北京大学图书馆馆藏稿本丛书编委会编辑：《汪荣宝日记》（"北京大学图书馆馆藏稿本丛书"第1册），983页，天津，天津古籍出版社，1987。

③ 俞江：《两种清末宪法草案稿本的发现及初步研究》，载《历史研究》，1999(6)。

变为二十条最终确定为十九条的经过。

第一章既然总共有十九条，则第二章自然从第二十条开始。

关于第三章的末条和第四章的第一条分别是宪草第二十五、第二十六条，需从进呈过程推断。让我们再回顾一下进呈宪草的情况。8月10日，"本日由两邸将第一条至第五条正文及按语进呈"①。8月20日，"两邸又将第六条至第九条进呈原本宣示"。同日，"先将第十条至第十五条清理，豫备进呈"。② 9月10日，"将第十六条至第十九条按语清出，由陈侍郎于明日监督誊真，豫备进呈"③。从这些记录可以判断，第一章分四次进呈，第一次进呈第一至第五条，第二次进呈第六至第九条，第三次进呈第十至第十五条，第四次进呈第十六至第十九条。

对第二章的进呈情况，《汪荣宝日记》无记载。对第三章的进呈情况，10月1日记道："叙斋贝子前蒙召见，奉谕：进呈宪草，不必俟泽公销假（时以病痢请假），可接续办理。因约今日会议，将第三章缮齐，于明日进呈。"④由此可知，第三章（"领土"）是单独进呈的。考虑到"摄政""领土"在宪法中均只有寥寥数条，第二、第三章既未一并进呈，则第二章（"摄政"）当系单独进呈，而无分两次或多次进呈之理。也就是说，第五次进呈的是第二章，第六次进呈的是第三章。

对第四章的进呈，《汪荣宝日记》有多处记载。10月4日，"第四章前六条，定明日进呈"⑤。12日，"早起，冷水浴。饭后，以豫备进

① 北京大学图书馆馆藏稿本丛书编委会编辑：《汪荣宝日记》（"北京大学图书馆馆藏稿本丛书"第1册），957页，天津，天津古籍出版社，1987。

② 北京大学图书馆馆藏稿本丛书编委会编辑：《汪荣宝日记》（"北京大学图书馆馆藏稿本丛书"第1册），975页，天津，天津古籍出版社，1987。

③ 北京大学图书馆馆藏稿本丛书编委会编辑：《汪荣宝日记》（"北京大学图书馆馆藏稿本丛书"第1册），988页，天津，天津古籍出版社，1987。

④ 北京大学图书馆馆藏稿本丛书编委会编辑：《汪荣宝日记》（"北京大学图书馆馆藏稿本丛书"第1册），1009页，天津，天津古籍出版社，1987。

⑤ 北京大学图书馆馆藏稿本丛书编委会编辑：《汪荣宝日记》（"北京大学图书馆馆藏稿本丛书"第1册），1012页，天津，天津古籍出版社，1987。

呈宪草入内，仍由叙斋贝子填写正文（自三十二条至三十七条），予与柳溪装订圈点"①。21日，"饭后到焕章殿，会议第九次进呈稿本"②。既然10月21日预备的是第九次进呈，加上已知10月2日进呈了第六次，则10月4日所言将于次日进呈必是第七次，10月12日预备进呈必是第八次。由此可以推断，第四章的第七条是宪草的第三十二条，而该章第一条是宪草的第二十六条，第三章的末条是宪草的第二十五条。

《汪荣宝日记》中，有一处对以上推论形成挑战，须加以辩证。8月27日，汪荣宝记道："拟改第三章第二十六条条文，参考各书。"③这不明明是说第二十六条属于第三章吗？怎么能说第三章末条是第二十五条，第四章第一条是第二十六条呢？

如前所述，在8月15日议决于第一章内新增一条为第十九条④之后，21日，汪荣宝和李家驹又有在该章再增加一条的打算，且将条文都起草好了⑤。但到了28日开会讨论的时候，汪荣宝又觉得第二十条

---

① 北京大学图书馆馆藏稿本丛书编委会编辑：《汪荣宝日记》（"北京大学图书馆馆藏稿本丛书"第1册），1020页，天津，天津古籍出版社，1987。

② 北京大学图书馆馆藏稿本丛书编委会编辑：《汪荣宝日记》（"北京大学图书馆馆藏稿本丛书"第1册），1029页，天津，天津古籍出版社，1987。

③ 北京大学图书馆馆藏稿本丛书编委会编辑：《汪荣宝日记》（"北京大学图书馆馆藏稿本丛书"第1册），974页，天津，天津古籍出版社，1987。

④ "早起，冷水浴。以建议增加第十九条，草具按语。九时入内……旋又议决，以制定皇室大典之事，于本章内特设一条，为第十九条。"［北京大学图书馆馆藏稿本丛书编委会编辑：《汪荣宝日记》（"北京大学图书馆馆藏稿本丛书"第1册），962页，天津，天津古籍出版社，1987。］

⑤ "又与柳溪讨论第四章，修改文字，增加一条。傍晚，就寺旁散步。柳公以日本宪法第三十一条，余未经采入，颇有疑义。余因谓此条殊不可解，与其于第四章内采用此条，不如以大权事项非列举所能尽之旨，酌采依藤及穗积诸人学说，明白规定，列入第一章之末，作为第二十条。柳公大以为然。因酌拟条文，彼此商定而罢。"［北京大学图书馆馆藏稿本丛书编委会编辑：《汪荣宝日记》（"北京大学图书馆馆藏稿本丛书"第1册），968页，天津，天津古籍出版社，1987。］"依藤"，原文如此，当为"伊藤"，指伊藤博文。

文义不妥，要求下届再商。① 到了 9 月 3 日再次开会的时候，索性"将增加第二十条之议作为罢论"②。于是，第一章最终确定只有十九条。问题是，第一章是十九条还是二十条，将对以后各章的起止产生影响。8 月 27 日，汪荣宝心中的宪草，第一章有二十条，因此，他此日所记"第三章第二十六条"，在 9 月 3 日以后，就应该是"第三章第二十五条"了。故其日记中"第三章第二十六条"之记载，并不妨碍我们的推论。

关于各章的起止，尚有一点需要辩证。

俞江曾经提出，宪草第十章"附则"由两条组成。③ 他的这一判断无疑是通过研读《汪荣宝日记》做出的。但细察《汪荣宝日记》，这一判断似乎有些仓促。

汪荣宝对起草"附则"一章的第一次记录出现在 9 月 17 日："夜，与柳公讨论改正宪法程叙。草附则三条。"④观此可知，最初起草的时候，第十章是三条。

到了 19 日，汪荣宝又记道："晚饭后，又商酌附则，修改字句，为两条。"⑤俞江判断"附则"是两条，根据应该在此。

但是，汪荣宝对这一章还有一处记载，那就是 20 日："早起，于附则复加修正。与柳公商榷定稿。"⑥

因为不知道 20 日"复加修正"的具体内容，窃以为，不能断定"附

---

① 北京大学图书馆馆藏稿本丛书编委会编辑：《汪荣宝日记》（"北京大学图书馆馆藏稿本丛书"第 1 册），975 页，天津，天津古籍出版社，1987。
② 北京大学图书馆馆藏稿本丛书编委会编辑：《汪荣宝日记》（"北京大学图书馆馆藏稿本丛书"第 1 册），981 页，天津，天津古籍出版社，1987。
③ 俞江：《两种清末宪法草案稿本的发现及初步研究》，载《历史研究》，1999(6)。
④ 北京大学图书馆馆藏稿本丛书编委会编辑：《汪荣宝日记》（"北京大学图书馆馆藏稿本丛书"第 1 册），995 页，天津，天津古籍出版社，1987。
⑤ 北京大学图书馆馆藏稿本丛书编委会编辑：《汪荣宝日记》（"北京大学图书馆馆藏稿本丛书"第 1 册），997 页，天津，天津古籍出版社，1987。
⑥ 北京大学图书馆馆藏稿本丛书编委会编辑：《汪荣宝日记》（"北京大学图书馆馆藏稿本丛书"第 1 册），988 页，天津，天津古籍出版社，1987。

则"一章一定是两条。

综上，在各章的起止方面，我们所能得到的确切信息仅仅是：1911 年 9 月 3 日以后的宪草，第一章是第一至第十九条，第二章从第二十条开始，第三章的最后一条是第二十五条，第四章的第一条是第二十六条。如果将来有人看到一份宪法草案，而其章节起止与此不同，即可断定，其不是汪荣宝和李家驹所执笔的宪草。但是，考虑到此前的稿子也有可能尚存留于世，因此，人们将来所见的宪草，相关章节的起止也可能与此不同。

六、若干条文信息

《汪荣宝日记》中提示的关于具体条文的信息也颇少。我们能判定的，只有如下几点：第一，第八条是关于君主命令权的；第二，第十九条是关于皇室大典的制定的；第三，对既定预算，宪草认定是议会的权力（当在第五章"帝国议会"）；第四，惩戒行政官吏的机构，称为"弹劾惩戒院"（可能在第六章"政府"或第七章"法院"）。

关于第八条，《汪荣宝日记》有三处记载：

（7 月 9 日）草拟第一章，至第八条规定命令权，余欲采普鲁士等国宪法主义，不取独立命令，而略采俄罗斯宪法之意，加入委任命令一层。议久不决，遂搁笔。①

（7 月 10 日）与柳公讨论独立命令问题，卒定议采日本宪法主义，而条件加严。②

---

① 北京大学图书馆馆藏稿本丛书编委会编辑：《汪荣宝日记》（"北京大学图书馆馆藏稿本丛书"第 1 册），925 页，天津，天津古籍出版社，1987。
② 北京大学图书馆馆藏稿本丛书编委会编辑：《汪荣宝日记》（"北京大学图书馆馆藏稿本丛书"第 1 册），926 页，天津，天津古籍出版社，1987。

（8月17日）余与柳溪讨论第八条疑义，拟加入消极条件，而以法律未有规定时为限。辨难半日，仍定议用原文。①

从这些记载，我们不但可以知道第八条是关于君主命令权的，而且可以知道，汪荣宝开始时准备不仿日，而采取普鲁士、俄罗斯等国的做法，对君权稍加限制，但在与李家驹讨论之后，落笔的时候，还是仿日了，在随后的讨论中，就要不要对君主的这一大权加以限制，二人依然有辩难，但最终还是用了仿日的原稿。

关于第十九条，《汪荣宝日记》中也多有记载，诸如：

（8月8日）决议将皇室大典之制定加入本章内，作为第二条之第二项。②

（8月15日）旋又议决，以制定皇室大典之事，于本章内特设一条，为第十九条。③

（9月10日）旋将第十六条至第十九条按语清出，由陈侍郎于明日监督誊真，豫备进呈，并将第二、三章正文及按语呈两邸。④

观此可知，在玉虚观起草的第一章初稿中，并无制定皇室大典的相关内容。回京之后，在焕章殿的制宪会议上，制宪五人组先是于8月8日议决将这一内容作为第二条的第二项，一个星期后，又议决作

① 北京大学图书馆馆藏稿本丛书编委会编辑：《汪荣宝日记》（"北京大学图书馆馆藏稿本丛书"第1册），964页，天津，天津古籍出版社，1987。
② 北京大学图书馆馆藏稿本丛书编委会编辑：《汪荣宝日记》（"北京大学图书馆馆藏稿本丛书"第1册），955页，天津，天津古籍出版社，1987。
③ 北京大学图书馆馆藏稿本丛书编委会编辑：《汪荣宝日记》（"北京大学图书馆馆藏稿本丛书"第1册），962页，天津，天津古籍出版社，1987。
④ 北京大学图书馆馆藏稿本丛书编委会编辑：《汪荣宝日记》（"北京大学图书馆馆藏稿本丛书"第1册），988页，天津，天津古籍出版社，1987。

为第十九条。

关于"既定预算"一条，汪荣宝在泰山旅行时对此颇费研究，最终决定，采用伊藤博文等人的学说，认定"既定预算"是议会的权力而不是君主大权。

至于惩戒行政官吏的机构名称，也是汪荣宝登岱期间的日记中提示的信息。9 月 18 日，汪荣宝记道："改国务审判院为弹劾惩戒院。"①观此可知，惩戒行政官吏的机构，初始时拟称为"国务审判院"，后改为"弹劾惩戒院"。

以上关于这一宪法草案的要素，希望对于揭开其真实面貌有所助益。

---

① 北京大学图书馆馆藏稿本丛书编委会编辑：《汪荣宝日记》（"北京大学图书馆馆藏稿本丛书"第 1 册），996 页，天津，天津古籍出版社，1987。

征引文献

一、史料

北京大学图书馆馆藏稿本丛书编委会编辑：《劳乃宣公牍手稿》（"北京大学图书馆馆藏稿本丛书"第9册），天津，天津古籍出版社，1987。

北京大学图书馆馆藏稿本丛书编委会编辑：《汪荣宝日记》（"北京大学图书馆馆藏稿本丛书"第1册），天津，天津古籍出版社，1987。

卞孝萱、唐文权编：《辛亥人物碑传集》，北京，团结出版社，1991。

恩华纂辑，关纪新整理、点校：《八旗艺文编目》，沈阳，辽宁民族出版社，2006。

顾鳌编：《约法会议纪录》，见沈云龙主编：《近代中国史料丛刊》（186），台北，文海出版社，1968。

故宫博物院明清档案部编：《清末筹备立宪档案史料》（上下册），北京，中华书局，1979。

胡寄尘编：《清季野史》，上海，广益书局，1913。

李明勋、尤世玮主编：《张謇全集》，上海，上海辞书出版社，2012。

林绍年撰，康春华、许新民校注：《林文直公奏稿校注》，北京，中国书籍出版社，2013。

刘晴波主编：《杨度集》，长沙，湖南人民出版社，1985。

骆宝善、刘路生主编：《袁世凯全集》，郑州，河南大学出版社，2013。

萍乡市政协、浏阳县政协、醴陵市政协合编：《萍、浏、醴起义资料汇编》，长沙，湖南人民出版社，1986。

《清实录》，北京，中华书局，1987。

邱涛点校：《直省谘议局议员联合会报告书汇录》，北京，北京师范大学出版社，2013。

上海商务印书馆编译所编纂，蒋传光点校：《大清新法令（1901—1911）》，北京，商务印书馆，2011。

上海市工商业联合会、复旦大学历史系编：《上海总商会组织史资料汇编》，上海，上海古籍出版社，2004。

沈桐生辑：《光绪政要》，见沈云龙主编：《近代中国史料丛刊》（345），台北，文海出版社，1969。

王彦威、王亮编：《清季外交史料》，见沈云龙主编：《近代中国史料丛刊三编》（016），台北，文海出版社，1985。

吴剑杰编著：《张之洞年谱长编》，上

海，上海交通大学出版社，2009。

谢俊美编：《翁同龢集》，北京，中华书局，2005。

载泽：《考察政治日记》，见钟叔河主编：《走向世界丛书》第9册，长沙，岳麓书社，2008。

张侠、杨志本、罗澍伟等合编：《清末海军史料》，北京，海洋出版社，2001。

赵德馨主编：《张之洞全集》，武汉，武汉出版社，2008。

中国第一历史档案馆编：《光绪朝朱批奏折》，北京，中华书局，1995。

中国第一历史档案馆编：《光绪宣统两朝上谕档》，桂林，广西师范大学出版社，1996。

中国第一历史档案馆藏：录附奏折、朱批奏折、资政院全宗。

中国人民政治协商会议全国委员会文史资料研究委员会编：《晚清宫廷生活见闻》，北京，文史资料出版社，1982。

中国史学会编：《辛亥革命》，上海，上海人民出版社，1957。

朱寿朋编，张静庐等校点：《光绪朝东华录》，北京，中华书局，1958。

［日］北鬼三郎：《大清宪法案》，东京，经世书院，明治四十二年。

［日］泷井一博：《伊藤博文演说集》，东京，讲谈社，2011。

［日］伊藤博文编，［日］金子坚太郎、［日］平塚笃校订：《宪法资料》，东京，宪法资料刊行会，昭和九年。

报刊：《北洋法政学报》《大同报》《东方杂志》《广东地方自治研究录》《广益丛报》《每日新闻》《民报》《民声》《内阁官报》《普通学报》《秦中官报》《清议报》《申报》《盛京时报》《时报》《时事采新汇选》《时务报》《顺天时报》《宪政杂志》《协和报》《新民丛报》《新世界》《预备立宪公会报》《政府公报》《政治官报》《直隶教育杂志》

二、著作

卞孝萱：《〈三国志集解〉的学术价值》，载《沈阳师范学院学报（社会科学版）》，2002(6)。

卞孝萱：《〈三国志集解〉著者卢弼考》，见南京大学古典文献研究所编：《古典文献研究》总第5辑，南京，江苏古籍出版社，2002。

陈丹：《清末考察政治大臣出洋研究》，北京，社会科学文献出版社，2011。

陈丰祥：《日本对清廷钦定宪法之影响》，见"中华文化复兴运动推行委员会"编：《中国近代现代史论集》第16编，台北，台湾商务印书馆，1986。

陈照亚：《光绪三十四年八月初一日颁布开国会年限解读》，载《历史档案》，2010(2)。

迟云飞：《清末预备立宪研究》，北京，中国社会科学出版社，2013。

储玉坤编著：《中国宪法大纲》，上海，中华书局，1937。

冯绍霆：《李平书传》，上海，上海书店出版社，2014。

"国史馆"史料处主编：《中国铁路沿革史（光绪十五年至民国七年）》，台北，"国史馆"，1984。

韩策：《宣统二年汪荣宝与亲贵大臣的立宪筹谋及运作》，载《广东社会科学》，2016(5)。

韩大元：《论日本明治宪法对〈钦定宪法大纲〉的影响——为〈钦定宪法大纲〉颁布100周年而作》，载《政法论坛》，2009(3)。

贺嘉：《清末制宪》，西安，陕西人民出版社，2011。

侯宜杰：《二十世纪初中国政治改革风潮——清末立宪运动史》，北京，中国人民大学出版社，2009。

侯宜杰：《清末预备立宪时期的杨度》，载《近代史研究》，1988(1)。

侯宜杰：《清廷宣布了召开国会年限》，载《近代史研究》，2008(6)。

侯宜杰：《袁世凯传》，天津，百花文艺出版社，2003。

冀满红、李慧：《袁世凯幕僚与清末立宪》，见苏智良、张华腾、邵雍主编：《袁世凯与北洋军阀》，上海，上海人民出版社，2006。

鞠方安：《中国近代中央官制改革研究》，北京，商务印书馆，2014。

孔祥吉：《〈戊戌奏稿〉的改篡及其原因》，载《晋阳学刊》，1982(2)。

刘伟、彭剑、肖宗志：《清季外官制改革研究》，北京，社会科学文献出版社，2015。

罗华庆：《载泽奏闻清廷立宪"三利"平议》，载《近代史研究》，1991(2)。

潘崇：《清末五大臣出洋考察研究》，北京，中国社会科学出版社，2014。

彭剑：《"乙全本"不是"李汪宪草"》，载《史学集刊》，2015(6)。

彭剑：《清季宪政编查馆研究》，北京，北京大学出版社，2011。

彭剑：《清季预备立宪九年清单并未宣布开国会年限》，载《近代史研究》，2008(3)。

尚小明：《"两种清末宪法草案稿本"质疑》，载《历史研究》，2007(2)。

孙燕京、周福振：《善耆与革命党》，载《清史研究》，2005(3)。

孙燕京、周福振：《善耆与清末新政——以20世纪初十年的北京新政改革为视点》，载《北京社会科学》，2005(1)。

唐论：《也谈预备立宪中的国会年限问题》，见朱英主编：《近代史学刊》第11辑，北京，社会科学文献出版社，2014。

陶菊隐：《筹安会"六君子"传》，北京，中华书局，1981。

王凤霞：《文明戏考论》，广州，广东高等教育出版社，2011。

王宏斌：《光绪朝"政府"词义之嬗变》，载《近代史研究》，2007(6)。

王世杰、钱端生：《比较宪法》，北京，商务印书馆，1999。

王晓秋：《清末政坛变化的写照——宣统年间〈汪荣宝日记〉剖析》，载《历史研究》，1989(1)。

徐学林：《精于理财，拼命存古——近代出版家刘世珩传略》，载《出版史料》，2003(1)。

叶晓青：《光绪帝最后的阅读书目》，载《历史研究》，2007(2)。

余元启：《清季预备立宪九年清单没有宣布开国会年限吗？——与彭剑博士商榷》，载《近代史研究》，2008(6)。

俞江：《两种清末宪法草案稿本的发现及初步研究》，载《历史研究》，1999(6)。

张朋园：《立宪派与辛亥革命》，上海，上海三联书店，2013。

张朋园：《中国民主政治的困境，1909—1949：晚清以来历届议会选举述论》，上海，上海三联书店，2013。

章开沅：《开拓者的足迹——张謇传稿》，北京，中华书局，1986。

赵林凤：《汪荣宝评传》，南京，南京大学出版社，2012。

赵润生、马亮宽：《辛亥滦州兵谏与滦州起义》，天津，天津人民出版社，2003。

《中国近代兵器工业》编审委员会编：《中国近代兵器工业——清末至民国的兵器工业》，北京，国防工业出版社，1998。

左玉河：《暗杀：义烈千秋的壮举》，哈尔滨，北方文艺出版社，2011。

［日］林包民：《政治论纲》，东京，自印，明治十四年。

［日］穗积八束：《宪法大意》，东京，八尾书店，明治三十年。

［日］穗积八束：《宪法提要》，东京，有斐阁，明治四十三年。

索　引

跋：沟崖访古

2016 年 9 月 3 日中午，我从北京西站出发，前往沟崖访古。同行者章君博、彭君贺超、林君哲艳。

沟崖即沟沟崖，古代的文人雅士则写作岣峋崖。1911 年，汪荣宝和李家驹奉命为大清起草宪法时曾游览此地，在位于中峰的玉虚观小住数日，《大清帝国宪法》第一条就是在这里起草的。这激起了我的访古幽情，遂请林君帮忙，带我前去寻访。

自元代以来，沟崖就是道教圣地，道观林立，香火鼎盛，玉虚观为诸观之首。不意时至 20 世纪，却遭遇劫难，道观被毁，道士还俗，风光不再。

曾几何时，此地被建成风景区，名曰"沟崖自然风景区"。

又曾几何时，因有人从悬崖掉下殒命，风景区关门大吉，不再接待游客。从零星游记得知，欲游沟崖，只能走小道。因此，当到达景区正门，我们未敢造次，而是右拐前行，寻觅上山小路。

时值早秋，阳光尚有热度，草木繁盛，蚊虫活跃，蛛网扑面。跌跌撞撞，寻寻觅觅，费去一小时，难登终南捷径。我们终于明白，这个季节，无法从小路上山。

大门无缘入，小道不可行，大概此行只能无功而返了。

但林君不死心。在往回走的路上，遇本地渔翁，她上前询问，被告知：景区大门内尚有工作人员，向其说明来意，定会放行。方知游记误我，尽信书不如无书。不过终于踏上正途，我们心情大好。工作人员说，脚力好的，不要两小时便能到玉虚观。我们自信脚力不差，相信能在日落前回到景区门口。

景区里面是一条宽阔的山路。虽有坡度，但风景绝佳。数里之后，前方有一提示牌：塌方，游人免进。而右侧山崖上，有可以登临的石阶。于是我们拾级而上。

听说开始登崖，意味着行程过半，而我们体力尚佳，因此信心满满。但下午三点的阳光相当强烈，而石阶陡峭，爬得又急，因此不多久，我们就气喘如牛。来到一处有点树荫的地方，我们稍事休息，继续攀登。

途中经常遇见岔道，左右为难，不好抉择。这时才深切体会到"沟沟崖"的真意：千沟万壑，错综交织。景区停运已久，石阶上没有任何景点指示牌。但当看到一棵硕大的银杏树时，我们觉得自己的选择是对的。因为不止一篇游记说，有一处景点叫作银杏王，玉虚观离此不远。

告别银杏王，我们继续攀登。虽然石阶越发陡峭，左盘右旋，没有尽头，阳光透过树叶，照得人眼花缭乱，但我们坚信，只要一直向上，很快就能见到玉虚观。

然而，当我们喘着粗气爬上一段陡峭的阶梯，拐弯处，石阶不再向上，而是突然向下。我们马上认定，我们已到山顶。但是，玉虚观却不见踪影！

看来，此行确实与玉虚观无缘。

我突然没了力气，坐下来喘息。

林君想用微信定位功能来确定身在何处，但信号非常不好，无法确定位置。我们听到人声，却不见人影。林君和彭君大声喊话，人声如故，却无人回应。

已经下午四点。我决定放弃寻找，下山。毕竟，安全最重要。林君颇沮丧，自责前期工作没做好。我倒已经释然，告诉她，此行虽未达到目的，但已领略沿途风光，收获已经很多了。

话虽这么说，但其实我尚未死心。于是，我们不走原路返回，而是沿着眼前的下坡路前进，幻想着从这面下山，或许能巧遇玉虚观。

峰回路转。石阶向下延伸了一段之后，竟然又变成朝上了。原本以为从此下坡，没有想到，那只是一个小小的波折。我们身在阴面，抬头看去，阳光照着山顶岩石，熠熠生辉。那道光如此耀目，我们觉得，那里肯定无比开阔，开阔到足以容下一座宏大的道观。

因此，虽然疲乏已极，但仍鼓勇而上。七弯八拐，手足并用，气喘吁吁，终于登顶。然而，并没有什么开阔处所，更不见寺观踪影。那只是一座山峰，它的前面是郁郁苍山、嶙峋丑石。石阶再度向下，似乎没有尽头。

巧遇玉虚观的梦想再度被击碎，且担心由此路下山，不知会下到山的哪一面，因此，我们决定原路折回，确保回到起点。

但人心不死。在一个岔路口，我们没有走原来的石阶趋向银杏王，而是走了另一条路。"巧遇"的幻想又复活了。

这回也未能"巧遇"玉虚观，但遇到了几个修剪山林的护林员。虽然依旧见不到人，但从声音判断，他们就在我们头顶的山崖。林君请他们帮忙，我也在一旁帮腔。不一会，一位护林员顺着灌木，下到了我们的眼前，手持柴刀，在前引路。原来，我们刚才所走的方向完全是对的，只因无人指点，不敢相信自己。

当再次来到那座阳光照亮的山峰，我们稍事休息。护林员告诉我们，此地离玉虚观，只有一刻钟的路了。

果然，翻越了几个起伏的山崖之后，我们来到了一处较为开阔的所在。护林员高兴地说："看，就是这棵银杏树！"这是另一棵银杏树。不，应该叫银杏家族。古树周围有大树，大树周围有小树，小树周围有更小的树，团团簇簇，至少已经五世同堂。

我则注意到了山泉叮咚。定睛一看，从绝壁之上，有细小山泉垂直落下。当年汪荣宝也注意到了，他说，玉虚观的用水，都是从这里的一个水池里汲取的。水池已不见踪影，我拿起空空如也的水瓶，打开瓶盖，靠在绝壁上，注满泉水，仰头痛饮。

顺着银杏家族右侧的石阶向上，不多远，有遗址一处。再往上，终于来到了玉虚观。山门犹在，门楣上，"护国中峰顶玉虚观"数字依稀可辨。山门修在绝壁上，门外两米开外，就是悬崖。

进得山门，数米外，又有数级石阶。石阶之上，才是道观殿宇。落日余晖之中，但见一片狼藉，残垣犹在，断瓦无存。杂草丛中，倒着两块石碑，但碑头与碑身都已分离。其中一块碑头上有"沟沟崖中峰顶玉虚观碑记"字样，另一块碑头上有"万古流芳"字样。

玉虚观被破坏得很彻底，只能依稀辨出西厢墙址。汪荣宝和李家驹两位为大清起草宪法时，就住在西厢。

玉虚观后面石崖上的玉皇阁，大概因为更加险峻，破坏程度浅一些。登高之后，尚可看到阁顶的梁木。下榻玉虚观期间，汪荣宝和李家驹曾多次登临玉皇阁，吟诗作对，吊古怀今。

多次失望之后，巧遇热心护林员指引，居然得睹玉虚观遗址，堪称有幸。

归途中，还"偶遇"瑞峰庵遗址，那就更是意外收获了。当年，汪荣宝和李家驹参观了定陵之后，乘坐肩舆上沟崖，曾在此小憩。他们下山的时候，也曾在此驻足。

沟崖之行，本是一次寻常访古。但因信息不全，加以景区歇业，所以访古途中，心灵感受异常丰富，远非笔墨可以描摹。我的一位旅伴感叹，沟崖是个值得一游的好地方，因为能感悟人生。我深以为然。

但寻访途中，我的感悟，多与《大清帝国宪法》相关。

汪荣宝和李家驹的制宪工作被革命洪流打断，他们草就的宪法条文，从此下落不明。制宪期间，汪荣宝曾经感叹："谁向岩居问壁经？"其实，20世纪80年代以来，已有很多学者参与到寻访他们所起草的"壁经"的行列中。但反复搜寻，迄无所得。

当迷失在沟崖群峰之中，我曾悲观地想，他们所起草的宪法条文，大概和玉虚观遗址一样，无缘得见了吧。

但是，寻找玉虚观的剧情发生逆转之后，我又有点乐观起来。只要不轻言放弃，只要不死心，说不定，哪位幸运儿终有见到这部宪草真容的一日呢。

行文至此，不但沟崖访古之旅要打上句号了，就是我的寻访《大清帝国宪法》之旅，也要告一段落了。大清宪法的真容虽未觅到，但自觉一路风景尚佳。且其中景致对于感悟朝代兴衰，也有些许助益。

有心之人，请继续轻叩岩居，寻访壁经吧。

图书在版编目（CIP）数据

钦定、协定与民定：清季制宪研究/彭剑著. —
北京：北京师范大学出版社，2020.10
（中华学人丛书）
ISBN 978-7-303-26396-7

Ⅰ．①钦… Ⅱ．①彭… Ⅲ．①预备立宪－研究－中国－
清后期 Ⅳ．①K257.507

中国版本图书馆 CIP 数据核字（2020）第 201568 号

营　销　中　心　电　话　　010-58808006
北京师范大学出版社谭徐锋工作室微信公众号　　新史学 1902

QINDING XIEDING YU MINDING QINGJI ZHIXIAN YANJIU

出版发行：北京师范大学出版社 www.bnup.com
　　　　　北京市西城区新街口外大街 12-3 号
　　　　　邮政编码：100088
印　　刷：北京京师印务有限公司
经　　销：全国新华书店
开　　本：730 mm ×980 mm　1/16
印　　张：20.5
字　　数：325 千字
版　　次：2021 年 6 月第 1 版
印　　次：2021 年 6 月第 1 次印刷
定　　价：79.00 元

策划编辑：谭徐锋　　　　　责任编辑：刘浩冰　曹欣欣
美术编辑：王齐云　　　　　装帧设计：王齐云
责任校对：段立超　　　　　责任印制：马　洁